互联网经济中滥用市场支配地位的反垄断法规制

裴轶◎著 //////////////

HU LIAN WANG JING JI ZHONG
LAN YONG SHI CHANG ZHI PEI DI WEI DE
FAN LONG DUAN FA GUI ZHI

中国政法大学出版社

2019·北京

图书在版编目（ＣＩＰ）数据

互联网经济中滥用市场支配地位的反垄断法规制 / 裴轶著. —北京：
中国政法大学出版社, 2019. 12

　ISBN 978-7-5620-9345-9

　Ⅰ.①互…　Ⅱ.①裴…　Ⅲ.①网络经济－反垄断法－研究－中国
Ⅳ.①D922.294.4

　中国版本图书馆CIP数据核字(2019)第274558号

出版者	中国政法大学出版社
地　址	北京市海淀区西土城路 25 号
邮　箱	fadapress@163.com
网　址	http://www.cuplpress.com（网络实名：中国政法大学出版社）
电　话	010-58908435（第一编辑部）58908334（邮购部）
承　印	固安华明印业有限公司
开　本	880mm×1230mm　1/32
印　张	10.125
字　数	254 千字
版　次	2019 年 12 月第 1 版
印　次	2019 年 12 月第 1 次印刷
定　价	46.00 元

前　言

　　随着互联网信息技术的快速发展与普及，作为知识经济典型代表的互联网行业正成为各国新的经济增长点以及各国之间竞争的关键力量，互联网不仅是越来越深入人们日常生活的方方面面，更深刻地改变了许多传统产业的经济结构，而且在促进经济提质增效、实现创新驱动战略、保障和改善民生等方面也发挥着重要的作用。

　　作为一种发展迅速、高度依赖知识产权、并以创新能力为核心竞争力的新经济现象，互联网经济的发展与繁荣也给传统反垄断法的适用提出了新的挑战，司法实践中诸多案件的发生与判决的不统一，急需反垄断法立法对此作出回应。而本书研究的重点即在于分析互联网经济中的限制竞争行为与传统经济中的限制竞争行为的表现与实质究竟有何不同，尤其着眼于现实中最常见、同时也是危害最严重的支配地位滥用行为的特点与表现方式，从而找到更有效、更具体、更有针对性的规制方法。

　　双边市场、网络效应与锁定效应，以及平台理论的发展都是互联网经济明显区别于传统经济的特殊之处，正是因为其具备的这些特点才使得反垄断法的传统适用规则与调整模式出现了新的困境。本书的研究逻辑即在于以梳理传统反垄断法对于涉嫌垄断行为规制的一般规则为理论起点，结合互联网经济的这些特殊性，并综合比较各国尤其是欧盟和美国的立法与判例，以中国当前大量涌现的互联网企业反垄断诉讼案例为研究资料，对于互联网经济给反垄断法提出的挑战进行分析与回应，尤其是集中于经营者滥用支配地位的规制这一具体领域展开讨论，并在最后试图提出一套更适合调整互联网经济中支配地位滥用行为（包括相关的其他涉嫌垄断行为，如纵向垄断协议与经营者集中）的反垄断法规则，以保证反垄断法在新经济形势下的确切实施、统一适用。

本书内容共分为六章，每一章基本的逻辑线索都是遵从"从一般原理到特殊适用，并辅之以典型案例进行说明"的思路。在第一章和第二章中，本书将对于互联网经济的范畴与特点进行简单的归纳总结，对之后各章节涉及的基本概念进行语义上的澄清，并着重介绍给反垄断法的适用带来挑战的互联网经济的特性——双边市场与网络效应的一般理论与相关典型案例。之后会单设第三章对反垄断法领域中举重若轻的逻辑起点——相关市场的确定问题——从其一般原理到互联网中的特殊应用进行分析与归纳。之后分列第四章与第五章，对互联网经济中经营者支配地位的认定与涉嫌垄断的具体行为进行考察，并得出对于互联网经济中的涉嫌滥用支配地位的规制轨迹为："市场力量的确定"——"经营者客观占有支配地位"——"经营者实施了滥用该支配地位的行为"——"发生了损害竞争的结果"——"该结果所产生的效率不足以抵消竞争带来的损害"——"反垄断法对该行为进行消极的评价"。最后一章作为本书分析和探讨的一个初步成果，以共享经济这一互联网经济中最新出现的经济现象为依托，分析互联网经济发展的最新特点，并得出：就互联网经济而言，加强完善反垄断法的私人实施制度以及公平审查制度是一个规制支配地位滥用以及保障反垄断法实现的有力举措。

　　这本书最早是笔者的博士毕业论文，在博士学习的三年中，笔者本人也几乎是伴随着中国反垄断法的实践在重新学习和熟悉这门"经济宪法"，从一开始的原理掌握到之后交叉领域的特殊适用，一步步推进对于这门法律的理解。虽然到 2018 年中国的《反垄断法》颁布实施才整整十年，但这十年恰逢国家大步发展经济、大力推动经济体制改革、格外重视建设知识产权强国、知识智造大国的契机，所以反垄断法的司法实践可以说是含着金钥匙出生、哪吒一样见风就长，迅速积累了大量适用经验和经典案例。尤其是互联网领域中的案件，由于中国互联网行业的迅猛发展，可以说不论是司法经验还是行政管理心得还是企业对此的应对策略，中国都远超欧美等发达国家，中国反垄断法的相关实践也对世界反垄断法理论做出了重要贡献。

　　现实发展的快速与法律的滞后必然会发生冲突，尤其是新经济形态下法律如何正确适用的问题，这不仅是中国面临的问题，更是世界各国都会遇到的挑战。中国互联网行业发展快、发展新，此时我们也没有已成范式的在先经验可去借鉴，那么中国的反垄断法就应该立足国情、完善自身、应对挑战，为世界各国提供更有建设性的参照蓝图。

　　这本书成文于 2017 年，但是修改完成于 2018 年底，这期间国内外的互联网领域又相继发生了许多经典案例，英国通过了号称史上最严格的《通用数据保护条例》，中国《关于知识产权领域的反垄断指南》也通过了专家审议即将颁布，所以在书稿修改时候本书也将上述相关的最新内容补充进了关联章节之中，希望可以进一步完善本书的逻辑结构。

裴　轶

2019 年 11 月

于北京 中国政法大学校园一隅

法律文件全简称对照表

（本书中所引用的法律文件全简称对照如下，正文中
涉及以下相关法律文件名称时均为简称）

本书名称（缩略语）	规范性法律文件名称
《宪法》	《中华人民共和国宪法》
《环境保护法》	《中华人民共和国环境保护法》
《立法法》	《中华人民共和国立法法》
《预算法》	《中华人民共和国预算法》
《行政许可法》	《中华人民共和国行政许可法》
《行政复议法》	《中华人民共和国行政复议法》
《行政处罚法》	《中华人民共和国行政处罚法》
《行政诉讼法》	《中华人民共和国行政诉讼法》
《治安管理处罚法》	《中华人民共和国治安管理处罚法》
《刑法》	《中华人民共和国刑法》
《刑事诉讼法》	《中华人民共和国刑事诉讼法》
《民法通则》	《中华人民共和国民法通则》
《侵权责任法》	《中华人民共和国侵权责任法》

本书名称（缩略语）	规范性法律文件名称
《物权法》	《中华人民共和国物权法》
《合同法》	《中华人民共和国合同法》
《仲裁法》	《中华人民共和国仲裁法》
《民事诉讼法》	《中华人民共和国民事诉讼法》
《反垄断法》	《中华人民共和国反垄断法》
《消费者权益保护法》	《中华人民共和国消费者权益保护法》
《反不正当竞争法》	《中华人民共和国反不正当竞争法》
《价格法》	《中华人民共和国价格法》

目　录

第一章　互联网经济与反垄断法

一、互联网经济的概念

"互联网经济"（Internet Economy）也被称为"网络经济"或"新经济"，起初并不是一个经济学或法学概念，只是媒体领域对互联网相关行业经济活动及现象的统称，通常指的是"基于互联网所产生并依赖信息技术、知识专利而得以开展的所有经济活动的总和，在当今发展阶段主要包括电子商务、互联网金融、即时通讯、搜索引擎和网络游戏五大类型"[1]。随着信息技术的持续发展，移动互联网技术与相关行业也在其中占有越来越高的比例，所以本书认为这一概括加列举式的定义还应当将"移动互联网技术（主要是应用软件行业）"[2]也纳入考察范围。

同时，"互联网经济"也时常被"新经济"一词替代。"新经济"（New Economy）这个英文词组最早出现于美国《商业周刊》1996年12月30日发表的一组文章中，指的是在经济全球化背景下、由信息技术（Information Technology）以及信息技术革命所带动的、以高新科技产业为龙头的全部经济形态。我国正式提出这一

---

〔1〕　陈荣辉等："福建省信息经济学学科发展报告"，载《海峡科学》2016年第1期。

〔2〕　工业和信息化部电信研究院政策与经济研究所、腾讯互联网与社会研究院：《中国互联网法律与政策研究报告（2013）》，电子工业出版社2014年版，第83页。

概念是在第十二届全国人大四次会议闭幕后，李克强总理在人民大会堂答记者问时，李克强总理提到"要发展'新经济'是要培育新动能，促进中国经济转型"[1]，并且在之后的新闻发言中进一步解释道"新经济的覆盖面和内涵非常广泛，涉及一、二、三产业，不仅仅是指三产中的'互联网＋'、物联网、云计算、电子商务等新兴产业和业态，也包括工业制造当中的智能制造、大规模的定制化生产等，还涉及一产当中像有利于推进适度规模经营的家庭农场、股份合作制，农村一、二、三产融合发展等等"[2]。

由此可见，在中国当前经济形势的语境下，"互联网经济"与美国所指的"新经济"的内涵与特征略有区别：美国的"新经济"是信息化、技术化所带来的经济文化成果，具有低失业、低通货膨胀、低财政赤字、高增长的特点，其整个经济现象都具有"持续、快速、健康"发展的特征。而中国所提出的"新经济"的外延则较为狭窄和确定，指的就是依托互联网和信息技术产业所产生和发展的一切经济形态。但从反垄断法的角度考察二者时，都是将其视为一种典型的知识经济来对待，从其所具备的区别于传统经济形态的特殊性（如双边市场的特点、网络效应、锁定效应的存在等）方面来考量，所以在本书之后的展开中，尤其是从反垄断法的角度展开分析与法律评价时，笔者将不再对"新经济"和"互联网经济"二词作出特别的区分。

而"网络经济"一词则具有非常确切的经济学意义。有学者将其概念定义为"网络经济为经济体之间以节点和链路构成的系统为

---

〔1〕 "李克强作 2016 年政府工作报告（全文）"，http：//www. scio. gov. cn/ztk/dtzt/34102/34261/34265/Document/1471601/1471601. htm，最后访问日期：2018 年 9 月 10 日。

〔2〕 "李克强详解'新经济'内涵"，http：//finance. sina. com. cn/roll/2016-03-16/doc-ifxqhnev6203666. shtml，最后访问日期：2017 年 3 月 21 日。

主要作用方式的经济现象";[1] 并认为"网络经济是具有网络经济效应等网络经济学特征的网络产业"。[2] 这一经济现象伴随着互联网的出现而诞生，并随着信息技术的普及使用和深入发展而繁荣，之后繁荣于 20 世纪 90 年代，主要涵盖了信息技术产业、通信产业、互联网及相关产业，包括利用了网络技术的金融业和零售业等传统产业，可以被认为是包括一切以信息和计算机网络为核心的信息和通信技术的产业群体。

　　如前所述，互联网经济产生于信息网络化的时代，并以信息技术和知识为其主要推动力，那么经济学意义上的"网络经济"就可以视为互联网经济的一种主要运行机制，由此可见，"网络经济"指的就是"产生于全民经济信息化基础之上，各类企业利用信息和网络技术整合各式各样的信息资源，并依托企业内部和外部的信息网络进行动态的商务活动，研发、制造、销售和管理活动所产生的经济"。[3] 并且，经济学意义上的"网络经济"通常有两个明显区别于传统经济现象的经济学特征：其一，网络是各个经济体之间互相发生作用的方式或平台，且这里的网络应当包括实体的网络（如传统行业的通信电话、邮政运输等）和虚拟的网络，后者主要指的就是互联网或相关的信息技术网络；其二，具有网络外部性这一重要特点。网络外部性（Externalities）是经济学上一个非常重要的概念，也叫做网络效应、外部效应或外部经济效应等，作为经济学中经常提到的一个专业术语，指的是"一个经济主体的行为对另一经济主体的福利产生影响，而这种影响并没有从货币或市场交易

---

〔1〕 张小强、卓光俊："论网络经济中相关市场及市场支配地位的界定——评《中华人民共和国反垄断法》相关规定"，载《重庆大学学报（社会科学版）》2009 年第 5 期，第 91 页。

〔2〕 张小强：《网络经济的反垄断法规制》，法律出版社 2007 年版，第 23 页。

〔3〕 吴君杨："网络经济研究——网络对经济活动影响的规律性探析"，中共中央党校 2002 年博士学位论文。

中反映出来，如果这种影响增加了他人的收益，就是正的外部性，反之，若造成他人损失，则称之为负的外部性；而网络外部性就是一种积极的外部性，也就是说它具有增加他人收益的正的外部效应"。[1] 网络外部性这一特征不仅是网络经济的重要特征，也是互联网经济中集中表现出的一种特点，所以经济学意义上的"网络经济"与我们即将分析的"互联网经济"因此而得以产生交集。

互联网经济中之所以会集中体现这种网络外部性，其主要原因在于互联网产业中普遍存在的锁定效应这个规律。关于锁定效应和网络外部性的详细解释与分析，将在本书后面的相关章节中集中体现。当网络在规模上领先时——其市场领先地位也会不断得到加强。当变化发生，特别是技术的转变使原有网络过时的时候，这种正向的增强才会停止。由此可见，为了提升经济能力，经营者通常会偏爱网络正外部性的出现，尤其是在互联网经济这种特殊的经济形式中，网络正的外部性体现为互联网持续不断增加的客户数量，导致在互联网中的生产和消费环节产生的效益已经溢出了传统企业的边界，这不仅会为经营者创造更多的收益，同时还会衍生出如百度百科等完全利他的互联网产品（这种利他性的产品往往是免费提供的并开放资源的，由此普通用户会自行修改其中的内容，但是这种免费产品的提供并非完全不能获利，而是利用互联网经济的平台效应从另一平台获得利益，关于平台理论和传导效应的分析，本书将会在下文第四章第二节中详细介绍），进一步达到信息资源的刺激与共享。

也正是因为网络外部性和锁定效应的存在（以及双边市场互联网经济的特点），使得反垄断法的规制在互联网经济中经常遇到障碍，最明显的体现就在于难以界定正确的相关市场以及难以认定确

---

[1] 刘姗姗："网络经济条件下的相关市场界定研究"，西南财经大学 2010 年硕士学位论文。

切的市场力量。网络的外部性会导致价格机制失效，也会导致企业转移成本使得在反垄断评估时难以确定市场份额或竞争力，或者由于网络经济的创新速度非常快、技术竞争异常激烈，而使得反垄断法审查时难以运用一些诸如"需求替代性分析"这样的工具与方法去界定相关市场。也就是说，仅在相关市场的界定这一基础性的问题上（而相关市场的界定正是反垄断法相关制度能否正确实施的关键前提），互联网经济这些新的变化和特征都会给反垄断法的适用带来新的挑战，而互联网经济的这些特征恰恰也是网络经济特征的集中体现，因此可以说，作为互联网经济的一种运行机制，分析网络经济本身的特征也是极为必要的。

如前所述，在互联网经济中，正是由于网络外部性效应的存在，导致市场秩序发生了结构性的改变。传统的反垄断法理论中，作为行为主义的反垄断法，其关注的是行为人的涉嫌垄断的行为本身是否会对相关市场上的竞争产生负面效应（运用效果原则进行效率的比较），而并不关注垄断力量的来源，且在传统行业中，如果一个相关市场内有支配地位企业的存在，则从竞争者的数量角度考察就可以初步推测该市场上有可能存在损害竞争的垄断行为。但是在互联网经济中，由于网络外部性的存在，使得经营者之间存在着相互影响的可能性，并且其核心竞争力已经不再是传统行业那样表现为资源的占有，而是创新和研发能力，因而在"垄断事实"[1]存在的情况下，相关市场内依然有可能存在着激烈的竞争，那么此时如果仍然照搬传统反垄断法的理论去进行市场力量和损害结果的判断，显然有可能适用不能；并且，由于互联网经济中，创新研发能力已经成为核心竞争力甚至是垄断势力的来源，反垄断法的关注

---

〔1〕"垄断"一词本应当是一个中性的概念，这种事实状态本身并不一定受到法律的负面评价而予以干预，只有"损害竞争的垄断事实"才受到反垄断法的干预。这一点将在第三章"支配地位滥用行为的违法性分析"一章里详细展开。

点不得不从传统的行为主义扩展到"垄断势力来源"这样的客观状态，以预防可能产生的垄断局面。

同时，传统的反垄断法中，由于其关注的是经营者涉嫌垄断的行为，那么仅仅考察某一经营者是否由于不正当竞争的行为获得支配地位就可以，但是在新经济的形势中，有些经营者的支配地位是由于网络效应、锁定效应而获得的，此时无法再适用传统反垄断法的一般规则。要解决上述适用困境，就必须结合互联网经济的特殊性以及反垄断法的一般原理，而对传统反垄断法的理论和适用规则作出修正以及调整，以适应新经济形态下的市场发展需求，这也正是本书的写作目的与逻辑起点。

综上所述，由于互联网经济中蕴含了许多新的经济学特征和法律适用难题（如前所述的相关市场界定问题、市场力量认定问题等），反垄断法无可避免地要给予回应并且作出修正，以适应司法实践需求与学科发展规律。传统反垄断法需要与时俱进，作出富有针对性的相应调整与纠偏，否则传统反垄断法不仅不能有效地对互联网经济中的限制竞争行为、涉嫌垄断行为进行规制，甚至会因为生搬硬套传统理论而对竞争产生负面的影响与阻碍效果，这也是本书写作的意义之一，即通过分析互联网经济的特殊性，并结合反垄断法的一般原理而试图提出新的修正建议，尤其是针对互联网行业中比较常见的支配地位滥用行为的规制作出具体分析。关于"互联网经济"的确切范畴和特点，本书将在之后的第二章里进行详细的解读。

二、反垄断法与互联网经济

互联网经济对我国而言有重要的战略意义，作为知识产权密集使用的典型行业与知识经济的代表产业，这一经济形态的发展符合我国"发展知识产权密集产业"与"知识经济"的国家经济发展战略。2014 年 12 月 10 日，中国国务院办公厅发布了《深入实施国家知识产权战略行动计划（2014-2020年)》（以下简称"行动计划"），提出"大力推动知识产权密集型产业发展"，由此中国正式提出了"知识产权密集型产业"这个概念并将其提升至国家发展战略高度，作为其中的代表行业，互联网经济也得以进一步的发展和引起重视。

与美国、欧盟、日本等发达国家相比，中国的知识产权密集型产业研究起步较晚，产业发展水平也不充分，如国家知识产权相关负责人在"2014-2015中国经济年会"上报告的"我国知识产权密集型产业对GDP的贡献率只有27%左右，远低于发达国家的平均水平"，对此我们可以借鉴发达国家经验并在具体部门法领域予以配套调整，从而加快推动知识产权密集型产业的发展。而其中与反垄断法相关的产业主要集中于专利权与软件版权行业，其中专利密集型产业的衡量标准是产业的专利密度高于平均水平，而版权密集型产业的衡量则可以参考WIPO（世界知识产权组织）的《版权相关的知识产权经济贡献指南》将其界定为"需要版权发挥显著作用的产业"，这两个行业也是目前我国互联网经济中的支柱产业。而互联网经济中对反垄断法提出挑战的主要是具有"双边市场"和"网络效应"的产业。值得说明的是，软件版权产业虽然不一定都具备双边市场和网络效应的特点，但是仍然可能出现由于知识产权滥用问题（如拒绝许可）而给反垄断法带来新的适用规则。所以本书中也将其纳入考察范围，以避免例外的讨论对整体思路的中断。

与此同时，中国的互联网产业也在蓬勃发展。该产业中的交易活动具有开放性、无形性、突破地域性、免费性等诸多特征，终端用户范围极其广阔，网络接入方式也非常多样，网络为竞争提供了更丰富的场所与活力，可以认为，在新经济时代或者称为互联网经济时代，建立在原工业经济社会基础上的竞争理论，对新兴的互联网经济的解释力度大为不足，互联网经济的特征向反垄断法提出了新的挑战，互联网产业核心竞争力的改变也正在突破传统的竞争规制理论。这具体表现在：知识产权的保护与反垄断法的协调成为难题，网络效应使得竞争效果的评价更加困难，平台经济与双边市场的出现使得反垄断法的相关市场界定分析更加复杂，互联网本身的动态性也会引发《反垄断法》实施的争议，如果过度使用行政权力或司法权力干预互联网市场的整合，就有可能与反垄断法的出发点及维护自由竞争精神相悖。因此在互联网市场中进行反垄断法的执法，相比传统行业的规制，需要执法者更加小心谨慎，确立"谦抑性的反垄断法执法理念"。[1]

如前所述，互联网经济因为其具备一些区别于传统行业或传统经济形态的特征，所以在适用反垄断法时难免会有新的问题出现。在本书的第二章中，笔者会对其特点进行一一分析，并运用现有的反垄断立法与一般规则先对其进行一般化的适用分析，如果遇到适用不能，再结合具体案例展开修正的描述。

三、国内外研究现状

目前我国关于互联网经济中反垄断法适用的文章和专著主要集中在某个具体的领域或行业，而缺乏较为系统的研究。在中国知网上，有关"互联网与反垄断法"综合研究的博士论文从2011—2016年只有湖南大学张坤博士的一篇，[2] 而"反垄断法与互联网企业支配地位滥用"这一相对具体领域的博士论文也只有尚芹博士2014年的博士论文"互联网企业滥用市场支配地位的反垄断法规制研究"[3]、蒋潇君博士2014年的博士论文"互联网企业滥用市

〔1〕 张素伦："互联网背景下反垄断法实施理念研究"，载《河南师范大学学报（哲学社会科学版）》2016年第4期。

〔2〕 张坤："互联网行业反垄断研究"，湖南大学2016年博士学位论文。

〔3〕 尚芹："互联网企业滥用市场支配地位的反垄断法规制研究"，辽宁大学2014年博士学位论文。

场支配地位行为的反垄断法规制研究"[1] 这两篇。相关的期刊文章虽然数量略多于博士论文，但是也只是浅尝辄止地从反垄断法的一般规律角度出发进行了介绍，大概限于篇幅，很少有文章可以将反垄断法的适用与互联网经济、互联网行业的特殊性有效结合起来，进行对症下药的分析。然而，笔者始终认为，分析一个具体的法律适用时，必须依托某一具体的客观法律事实，以本书为例，互联网经济的特征对反垄断法规制的影响，是互联网企业滥用市场支配地位的反垄断法规制的理论和实证研究基础，因而脱离开互联网经济的本质特征谈反垄断法的调整显然是空中楼阁，不值得推敲。因此本书之后不仅会对互联网经济反垄断法规制的相关制度的专门研究文献进行考察，而且还会将相关的研究文献和国内外相关立法与政策纳入考察范围，毕竟这些现有文献中存在的问题正是本书研究力图解决的关键点。

目前国内外对此研究的文献主要可以分为以下几类：

（一）从经济学的角度出发论证互联网经济的特征

国内有一些学者是从"网络经济"的角度谈反垄断法在互联网产业中的适用，如张小强博士在其博士论文及专著《网络经济的反垄断法规制》中就主要从经济学的角度，以经济学上网络经济的特点及其带来的反垄断法新问题切入，并以反垄断法的理论与制度体系为逻辑主线，整体考察研究了反垄断法规制网络经济的一般理论与具体制度。这部著作对于本书的写作有很大的帮助，为本书提供了一个较为完整的思路，张小强博士在研究经济学与法学的交叉课题时，综合运用的经济学常识（主要是对网络经济的不确定特征的详细阐述）与法律分析方法，以及其工科背景所给予他的驾驭这一选题的优势，都对本书的写作有很大的启发与帮助。遗憾的是，这

---

[1]　蒋潇君："互联网企业滥用市场支配地位行为的反垄断法规制研究"，对外经济贸易大学 2014 年博士学位论文。

部著作成文于我国《反垄断法》正式生效之前，所以对于法条的分析和立法现状的考察只能基于当时的《反垄断法》草案和征集意见稿进行，并且成文时间过早，缺乏必要的国内案例支持与分析，而且过多地着重运用经济学的知识，而忽略了反垄断法本身的特征与原理，所以显然难以适用于当前的经济形势与互联网经济。

许延东教授认为"网络经济的特点是高固定成本投入和极低的边际成本、网络效应与锁定规律、急速的科技创新与动态的竞争市场。"[1] 网络经济的竞争市场具有不同特点，使得经营者垄断地位的形成具有一定的规律和必然性，网络产业也具有向"自然垄断"发展之趋势，具体表现为：①网络经济产品特殊的成本结构导致价格与产品差异化，使得差别定价、搭售、掠夺性定价等不法行为较为普遍；②由于网络效应所引致的正反馈效应使得经营者之间的竞争发生了极大的改变，赢者通吃和标准战争的现象已是非常普遍；③由于网络经济的产品需要依托某个系统才能发挥作用，而网络效应所导致的锁定规律会使得消费者一旦被锁定便难有自主选择的空间，于是经营者通过这种锁定策略在消费者身上赚取巨额的利润。

其他一些国内的期刊文章，主要都是从具体行业的涉嫌垄断的具体行为进行分析，并多集中于"腾讯诉奇虎360公司"以及"百度诉人人案"这样的具体案例，主要探讨了互联网行业中的支配地位滥用问题以及互联网经济中相关市场的界定方法，并且也会涉及一些"平台经济"与"双边市场"的讨论，这些具体问题本书都会在之后的具体章节中进行阐述。然而纵观已发表的论文，对于互联网经济的整体特点，以及为什么这个行业需要反垄断法的特殊调整，都没有做出系统的总结；并且对于此行业中其他两个重要的反垄断法问题"经营者集中"的规制和"垄断协议"的调整都鲜有

---

〔1〕 许延东："网络经济视角下滥用市场支配地位行为的法律规制——兼评'360与QQ事件'"，载《西南石油大学学报（社会科学版）》2012年第4期。

涉及，这对于整个学科的发展和从整体上指导反垄断法的实施显然是不利的。同时，对于反垄断法的实施问题，主要是法律责任制度的构建，虽然也有学者分别从刑事、民事、行政责任的角度进行了分析与建议，但是这些结论都仅仅涉及反垄断法实施制度的整体理论，而并没有针对互联网经济的特点做出特殊的规则设计，这也是本书在最后一章需要解决的问题。

（二）从互联网行业经营者的特征分析互联网经济的特殊性

互联网行业的经营者也是本书的研究对象，其不同于传统行业的经济特点将决定其滥用行为的特殊性。运用反垄断法对其滥用行为进行规制时，要结合互联网行业经营者的特点有针对性地进行分析与解读，否则将会把原本合法的行为认定为违法，误导互联网行业经营者的行为，这不但不会促进竞争，反而会遏制互联网经济的发展。在对现有的学术文献进行梳理后，笔者认为理论界有一批研究互联网行业经营者滥用市场支配地位的文献，这些文献的研究重点不同，故而对互联网行业经营者特性的分析也存在显著差异，具体表现如下：

仲春教授指出："互联网企业市场支配地位的获取与互联网经济的以下特点密切相关：注意力经济、双边平台效应、需求方规模效应，以上这些特点相互作用，使得互联网行业存在天然的垄断倾向。"[1] 章俊棋博士则认为互联网产业具有双边市场特性、较强的网络效应、技术创新性和全球性等特征。吕明瑜认为在网络产业中，对互联网市场产生更大影响力的特点是网络效应、用户锁定、产品兼容。寿步教授认为互联网市场具有的特点是产业网络外部性、高技术创新性、服务模式新颖性，致使传统基于价格理论的定性标准并不适用于互联网市场。

---

[1] 仲春："互联网行业反垄断执法中相关市场界定"，载《法律科学（西北政法大学学报）》2012 年第 4 期。

　　虽然不同学者对互联网企业的特点持有的观点不同，但是，大部分学者都从互联网行业双边或多边市场特点的角度进行了分析。大卫·S. 埃文斯（David S. Evans）认为："法律应当持续关注那些在互联网重点领域出现的占有优势地位的经营者，这些经营者的经济和技术的性质将导致人们对他们所从事行为之合理性、合法性产生持续争议。"[1] 他还指出："大部分互联网经济的经营者都具有多边平台的特点，互联网行业正在迅速发展之中，其行业轮廓开始成形，我们有理由相信一些在全球范围内占支配地位的经营者将发挥显著作用。主要互联网企业都是经济学家所称的'多边平台'，他们服务于多个相异但相互依存的客户群体。例如，谷歌服务于搜索网络的人群，也服务于想要传达给这些用户信息的广告商，还服务于使用谷歌（Google）软件开发配套产品的应用程序开发人员。"[2] 李剑教授则认为："互联网企业具有传统企业不具有的双边市场特性，应用双边市场理论进行分析。在单边市场中，不同的客户群体之间并不相互影响，在双边市场中，企业面向的是两个或两个以上的消费群体且群体之间存在关联性。"[3]

　　由此可见，虽然国内外学者对互联网经济中经营者的特点表述各异，但是总的来说都认为这一经济现象中的行业（互联网市场）具有以下特点：①互联网是双边市场，最显著的特点就是网络外部性。②技术创新对商业成功的贡献往往受限于互联网经济的特性。③互联网市场具有平台特征性，产品或服务又具有随意组合性。④关键设施的知识产权控制。

---

〔1〕 David S. Evans, "ANTITRUST SSUES RAISED BY THE EMERGING GLOBAL INTERNET ECONOMY", *Northwestern University Law Review*, Fall 2008.

〔2〕 David S. Evans, "ANTITRUST SSUES RAISED BY THE EMERGING GLOBAL INTERNET ECONOMY", *Northwestern University Law Review*, Fall 2008.

〔3〕 李剑："双边市场下的反垄断法相关市场界定：'百度案'中的法与经济学"，载《法商研究》2010 年第 5 期。

（三）从互联网经济的反垄断法规制角度研究

随着互联网经济的发展，关于互联网经济的反垄断法规制方面的研究著作主要有：2008 年蒋岩波教授的专著《网络产业的反垄断政策研究》[1]，该书在对网络产业及其市场结构进行全面研究分析的基础上，提出对网络产业市场垄断与竞争关系认识的基本原理与方法。2007 年张小强博士的专著《网络经济的反垄断法规制》[2]，该书从网络经济及其带来的新的反垄断问题切入，以反垄断法理论和制度体系为逻辑主线，系统考察并研究了反垄断法规制网络经济的一般理论与具体制度，并结合我国网络经济反垄断规制与反垄断立法现状，探讨了我国反垄断法在规制网络经济上应如何完善等问题。2008 年唐要家教授的专著《反垄断经济学：理论与政策》[3]中则有专章阐述"网络产业中的限制竞争行为"，从网络产业的经济特征出发，研究了传统的反垄断经济学理论和反垄断法在新兴的网络产业中是否适用的问题。

许光耀教授所翻译的《联邦反托拉斯政策——竞争法律及其实践》[4] 则是本书的另一重要参考资料。这本书的英文版于 2005 年面世，中文版的译作则于 2009 年 7 月出版。全书对于美国反托拉斯法的基本规则、原则和问题都进行了详细全面的讨论，并在具体的章节中涉及了互联网经济的反垄断法规制问题，如在第三章的市场力量和市场界定，第八章的掠夺性定价以及其他排挤性行为，第十章的搭售、互惠、排他性交易和特许合同，第十一章的对销售世家的品牌内部限制，第十四章的价格歧视和《罗宾逊—帕特曼法》，以及第十七章的损害赔偿中，都提到了当时美国互联网行业中的具

---

[1]　蒋岩波：《网络产业的反垄断政策研究》，中国社会科学出版社 2008 年版。

[2]　张小强：《网络经济的反垄断法规制》，法律出版社 2007 年版。

[3]　唐要家：《反垄断经济学：理论与政策》，中国社会科学出版社 2008 年版。

[4]　[美] 赫伯特·霍温坎普：《联邦反托拉斯政策——竞争法律及其实践》，许光耀、江山、王晨译，法律出版社 2009 年版。

体案例。然而由于这部著作是对于美国反托拉斯政策及法律的一个综述介绍，主要为我们提供的是美国反托拉斯法实践中的整体规律，对于针对具体行业尤其是互联网经济这一新经济形态的调整规则，则缺乏确定的指引，因此对于本书的帮助只限于一般原理的介绍和案例的提供。

2015 年兰磊博士翻译的《创造无羁限：促进创新中的自由与竞争》[1] 一书，则是从知识产权密集型产业的反垄断法调整角度，对互联网经济的特殊性（主要是由于其知识产权密集使用的特性）给反垄断法提出的新挑战作了更为细致的分析。这本书从保护互联网的核心竞争力——创新的角度出发，以促进创新为立足点，以实践中的突出问题为导向，重点运用法经济学和法证科学的方法，对反垄断法及与之相关的、知识产权法的交叉规则进行了深度的审视，分析探讨了反垄断法和知识产权保护在各自促进领域中的内在机制，又在两种法律制度之间相互借鉴，并提出对策建议，视野开阔，视角新颖独到，尤其是在运用法经济学的方法对反垄断法的实现效果进行具体分析的方面，给予本书重大的研究方法启发。

许光耀教授主编的《欧共体竞争立法》[2] 与《欧共体竞争法经典判例研究》[3] 为本书的写作提供了丰富的外国立法资料与经典案例。其中，《欧共体竞争立法》一书是许光耀教授于 2006 年翻译的欧共体内现行竞争立法的合集，包括《欧共体条约》中的全部竞争法条文以及欧共体内部的横向协议、纵向协议、技术转让协议和"现代化一揽子方案"以及"企业集中控制"六大部分，这本译著填补了我国反垄断法研究领域内外国立法例的严重空缺，不仅

---

〔1〕 ［美］克里斯蒂娜·博翰楠、赫伯特·霍温坎普：《创造无羁限：促进创新中的自由与竞争》，兰磊译，法律出版社 2016 年版。

〔2〕 许光耀主编：《欧共体竞争立法》，武汉大学出版 2006 年版。

〔3〕 许光耀：《欧共体竞争法经典判例研究》，武汉大学出版社 2008 年版。

为本学科的研究提供了丰富的研究素材和研究框架，也为中国的反垄断法立法提供了一个成熟的借鉴与参照对象，并且由于书中涉及大量的欧共体竞争法上的实体与程序问题，因而对于我国《反垄断法》的实施也有很强的参考价值。而《欧共体竞争法经典判例研究》一书，则挑选了欧共体内部的八个经典案例，详细介绍了反垄断法的一些重大问题，如支配地位的认定、排他性销售协议、共同支配地位、关键设施理论以及著作权拒绝许可行为等。这些经典案例的翻译与分析，既有助于我们对成文法和反垄断法原理的梳理与理解，同时也为反垄断法的实践提供了许多现成的参考，尤其是对一些具体垄断行为的分析，为中国反垄断法的实施提供了现成的参考标准。而且该书中所运用的经济与法律的双重分析方法，以及涉嫌垄断行为的要件分析法，也从方法论的角度为本书的书写提供了丰富的材料与借鉴。

上述学术文献开启了我国对互联网行业反垄断法规制研究的先河，但是，对于互联网企业支配地位滥用行为的研究只是浅尝辄止，并未展开深入、系统的研究，对互联网企业滥用市场支配地位的反垄断法规制缺乏理论指导性。这大概是源于我国互联网行业属于新兴行业，近几年才出现少量滥用市场支配地位的案件，因此有关互联网企业滥用市场支配地位的反垄断法规制的成书专著较少，不过随着这类案件的出现，却出现大量与互联网企业滥用市场支配地位的反垄断法规制的具体制度相关的论文。这些论文一般从以下几个方面展开研究：

1. 互联网企业相关市场的界定。仲春教授认为互联网经济为相关市场界定工作提出了新的挑战。互联网产品创新的加速使其可替代性增强，产品间的替代速度与科技发展方向往往超过执法机构的预测，替代产品认定的难度加大。同时，时间市场和地理市场的意义也发生了变化。互联网产品可初步区分为"全新信息交换类产品和在互联网上销售的传统产品，两类产品的市场界定需分别重视纵向互联网行业内与横向传统行业内同类产品的竞争关系"[1] 单一价格标准方法在互联网产品市场界定中具有局限性，应注重创新因素的考察以及时间市场的界定，着重进行供给替代分析。

蒋岩波教授认为美国反垄断执法当局和学者们提出的界定相关市场的方法适用于互联网行业时，"通常会在一些问题上遭到非议：'将平台作为一个独立产品进行相关市场界定；将平台一边的市场进行相关市场的界定；模糊相关市场的界定问题；法院在审理互联网产业反垄断案件时，采取相对保守的态度，不去主动界定相关市场'"[2]。

经济合作与发展组织［Organization for Economic Co-operation and Development，简称经合组织（OECD）］则认为界定网络经济中的相关市场可以采用品质代替价格的测试方法。即"考察如果一个产品性能的提高能否导致其被另外的产品替代，如果答案是肯定的，那么即使产品基于两个相互排斥的技术也应该被界定成一个相关产品市场。"欧盟委员会则采用"盈利方式"标准，依据交易模式中收费主体和对象不同，即交易主体的特殊性，将三种网络交易模式认定为三种不同的相关市场：为用户提供网络接入服务的相关市场、网络广告服务市场和有偿网络内容服务市场。但是，寿步教授认为，欧盟通过交易主体或者销售模式界定的相关市场存在范围太宽泛的问题。例如，按照网络广告服务是网站向广告投放者收费的标准来界定相关市场，由于涉及该业务领域的互联网企业太多，将导致相关市场太大，进而导致无法认定本来占据市场支配地位的企业。吴韬教授和寿步教授都认为，由于互联网的快速创新性，要

---

〔1〕 仲春："互联网行业反垄断执法中相关市场界定"，载《法律科学（西北政法大学学报）》2012年第4期。

〔2〕 蒋岩波："互联网产业中相关市场界定的司法困境与出路——基于双边市场条件"，载《法学家》2012年第6期。

认真对待供给替代性方法的适用，一些潜在竞争者的产能也应计入相关产品市场。

2. 互联网企业市场支配地位的认定。关于互联网企业市场支配地位的认定问题，学者们一致认为，由于互联网经济有不同于传统经济的特征，需要对传统的反垄断法对市场支配地位的认定规则进行修正或改革：

张素伦教授认为，服务的免费属性并非是对否定市场支配地位的合理解释；一边市场的支配地位不能推断出另一边市场的支配地位，因为经营者在双边市场上的支配地位并不存在必然联系；计算市场份额要考虑网站访问量和浏览量、搜索引擎的搜索请求量等销售量（额）之外的因素；市场进入障碍的分析要以网络效应为基础，"对免费互联网服务而言，由于'转移成本'的存在和'锁定用户'策略的使用，相关市场的网络效应相对强烈，市场进入壁垒往往较高，新进入者一般很难短期内以较小的成本吸引较多用户"。[1]

张小强、卓光俊则认为确定支配地位的标准包括市场结构和市场行为两个主要因素。前者分为静态与动态的市场结构，静态市场结构主要考察市场占有率，动态市场结构主要考察进入壁垒大小；后者的行为标准包括了企业限制竞争的行为能力与实施的反竞争行为两类。

3. 互联网经济中经营者滥用市场支配地位的认定。信息咨询公司互联网实验室在一份研究报告中称，"互联网行业的垄断行为主要是滥用市场支配地位，具体表现有捆绑搭售、限定交易和拒绝交易、歧视性垄断"。[2]

---

〔1〕 张素伦："互联网服务的市场支配地位认定"，载《河北法学》2013 年第 3 期。

〔2〕 互联网实验室："中国互联网行业垄断状况调查及对策研究报告"，载《中国科学报》2011 年 3 月 26 日。

　　寿步教授认为，"认定经营者滥用市场支配地位必须满足四个要件：其一，实施滥用行为的主体具有市场支配地位；其二，具有市场支配地位的经营者实施了滥用行为；其三，滥用行为削弱了市场竞争，损害了市场竞争秩序；其四，无抗辩事项"。[1] 寿步教授还认为，由于互联网市场具有产业网络外部性、高技术创新性、服务模式新颖性（很多服务都是免费的）的特点，传统基于价格理论的定性标准并不适用于互联网市场。所以，适用于互联网市场的条款只有非价格的条款以及《反垄断法》第 17 条第 1 款第 7 项的兜底条款。

　　而国外的学者们也有大量的文献对此进行分析，其中对我们的研究最有启发的就是对"双边市场"理论的分析。

　　事实上双边市场这种商业模式已有数千年的存在历史，只是没有学者进行系统的研究，直到银行卡反垄断案[2]频发，传统的仅

---

　　〔1〕　寿步："互联网市场竞争中滥用市场支配地位行为的认定"，载《暨南学报（哲学社会科学版）》2012 年第 10 期。

　　〔2〕　1998 年 10 月，美国司法部起诉 Visa 和 MasterCard 两大信用卡公司，指控他们违反《谢尔曼法》。诉由一是"双重控制"，即两大卡公司的董事会由同一批银行控制，共谋联合主宰市场；二是"排他性竞争"，两个公司分别对其成员行作出禁止发行 American Express 和 DISCOVER 信用卡的规定。2004 年 10 月 4 日，美国最高法院判定 Visa、MasterCard 两大信用卡公司"排他性竞争"行为违法，但两大卡公司的"双重控制"并没有违反法律。美国银行卡业界普遍认为此案影响重大，其意义可与微软案相提并论，该案的判决结果对美国信用卡产业乃至全球银行卡产业均产生了重大影响。其中非常重要的原因是提出了"网络效应"和"客户锁定效应"的分析，法庭认定被告方在网络服务市场有市场影响力。而在此之前的 20 世纪 70 年代，美国银行卡市场上就已经发生过类似诉讼。1971 年 DEAN WITTER（DISCOVER 卡的母公司）就曾向法院起诉，要求法院认定 NBI（VISA 的前身）对其成员作出的排他性竞争规定的行为违法，但当时 NBI 获得胜诉。1974 年，NBI 为防止日后遭受其他发卡机构提起的类似诉讼风险就曾请求美国司法部正式下文批准禁止银行同属两大银行卡组织的规定，但在一年后司法部正式表态予以拒绝。因此，NBI 为了减少日后不可预期的庞大诉讼成本自动停止了排他性竞争规则的适用，至此，两大卡组织相互开放了成员机构。某种意义上可以说是美国司法部促成了双联制的形成。

适用于单边市场的以产业组织理论为经济学基础的反垄断分析方法开始面临巨大的适用困难。之后，伴随着双边市场理论的完善以及双边市场领域在互联网经济环境下的不断扩展，以及互联网反垄断案件激增，国内外学者也开始着手双边市场的反垄断问题研究。如大卫·S. 埃文斯（2003）[1] 教授对双边市场的反垄断问题进行了全面分析，而怀特（Wright）[2] 教授则提出，简单地将单边市场竞争分析方法应用在双边市场会导致明显错误，他以支付卡行业为例进行分析，认为如果只关注持卡人一边，那么显然会失去对银行据此所获收益的监管。之后大卫·S. 埃文斯和诺伊尔（Noel）[3] 则提出，多边平台会是反垄断分析未来发展的重要部分。

与此相应的反垄断分析中，相关市场的特殊界定依然是互联网经济中反垄断分析的关键环节，学者们对此展开的著述颇多。凯滋（Katz）和史普瑞尔（Shaprio）（2003）[4] 提出在司法实践中，执法机构进行合并审查的核心内容就是相关市场的界定；而在双边市场中，相关市场的界定，面临着更复杂的竞争约束和利润构成、相互关联的需求、免费产品以及技术进步不断改变市场边界等问题，这些都使得相关市场的界定面临极大挑战。大卫·S. 埃文斯教授（2009）[5] 还认为在对涉及双边平台企业的案件进行相关市场的界定时，应当将能够约束涉案企业价格及其他商业策略的所有潜在竞

---

〔1〕 具体参见：Evans, David S. （2003b），"The Anti-trust Economics of Multi-Sided Platform Markets"，*Yale Journal on Regulation*，20（2）.

〔2〕 具体参见：Armstrong M. and Wright（2007），"Two-Sided Markets, Competitive Bottlenecks and Exclusive Contracts"，*Economic Theory* Vol. 32，No. 2.

〔3〕 具体参见：Evans, David S. and Michael D. Noel（2005a），"Defining Antitrust Markets When Firms Operate Two-sided Platform"，*Columbia Business Law Reviews*.

〔4〕 具体参见：Katz, M. and C. Shapiro（2003），"Critical Loss：Let's tell the Whole Story"，*Antitrust*. 17（2）.

〔5〕 具体参见：Evans, David S. （2009），"Two-sided Market Difinition"，*Market Difinition in Anti-trust：Theory and Case Studies*，*ABA section of Anti-trust Law*.

争者都纳入考察范围。

还有部分学者是根据相关的涉案行为展开的论述，尤其集中于互联网经济中更加"便捷"和"隐蔽"的搭售行为。大卫·克莱顿（David Claton）[1] 认为在众多反垄断法的基本理论和概念当中，对以前一直带有贬义的"搭售"行为的认识变化将涉案行为的研究变化表现得淋漓尽致。事实上，无论是司法还是行政执法政策，美国和欧盟对搭售行为所持的立场都与早年的判例形成鲜明的对比。截至当前，世界主要的反垄断司法辖区都审查了大量涉及双边市场中搭售行为的案件，其中不乏互联网经济案件，谷歌、微软等著名的互联网公司也牵涉其中。

美国最高法院对"搭售"行为宣布："许多捆绑安排，即使是那些包含专利和条件的捆绑，也是完全符合自由竞争市场精神的。"[2] 此后，美国的反垄断机构重申，"在评估知识产权捆绑协议时仍应适用'合理法则'（the rule of reason）。考虑到现实中这类协议在缺乏市场力量的企业中得到普遍使用，且对提高经济效率具有明显效果，这种做法通常并不妨碍竞争"。[3]

欧盟也表明了类似的观点："搭售和捆绑销售是普遍的做法并且通常没有阻碍竞争的后果……将两个或多个元件组合而成一个产品是许多经济活动的基本组成部分。这种捆绑销售可以带来生产、运输和交易成本的大大节省并提高产品质量。公司从事捆绑销售也可能是出于与质量、声誉以及对其机器的良好使用有关的原因。"[4]

---

〔1〕 具体参见：Carlon D. W. 2007, "Market Definition：Use and Abuse", *Competition Policy International* 3（1）, 2007.

〔2〕 Illinois Tool Works Inc. v. Independent Ink, Inc., 126 S. Ct. 1281（2006）.

〔3〕 《反托拉斯执法与知识产权：促进创新与竞争报告》，由美国司法部和联邦贸易委员会于 2007 年 4 月发布。

〔4〕 HDC Med., Inc. v. Minntech Corp. 411 F. Supp. 2d 1096（D. Minn. 2006）；P. Areeda & H. Hovenkamp, Antitrust Law. 1757b, c（2004）.

也就是说，欧盟对此的做法是：一个技术上具有整体性、并能给消费者带来新的益处的产品不能也不应该以"搭售"为由而被起诉。

通过上述研究可以发现，首先，关于双边市场的反垄断法规制问题的中文文献在总体数量上少于外文文献。这大概是由于我国学者接触反垄断法年代相对较晚（20 世纪 80 年代），且中国《反垄断法》实施年限相比于美欧来说年代较近，在国内的法学教育中，反垄断法更是隶属于经济法学，只占其中方寸之地，甚至在中国的法律职业资格考试中，反垄断法相关的考察点也是可以忽略不计的，相较于其他成熟的部门法，无论是在司法实践、学科研究上还是在大众的观念普及上，我国的反垄断法都还处于起步阶段，与欧美发达国家及地区存在一定差距。

其次，我国对在互联网经济中滥用支配地位具体行为的研究不够深入。只有部分文献涉及了双边市场带来的相关市场界定或市场力量认定的困境，但是对于具体行为的构成要件、违法性判断都很少涉及；同时对于互联网经济中一个重要的问题"纵向垄断协议与支配地位滥用的联合"这种行为表现，不仅没有文献研究，甚至在司法判决中也多次出现混淆（关于纵向垄断协议与支配地位行为的区分与联合，本书将在之后的第五章第四节中进行专门论述）。

需要指出的是，近年来中国在互联网领域所取得的举世瞩目的成就，以及过往一段时间该行业内集中爆发的多起与反垄断法有关的案例，导致互联网行业比我国任何一个行业都更需要建立明确的竞争规则。这种诉求必然影响到我国在互联网反垄断方面的研究。可以说，截至目前，这方面中国的既有研究成果较欧盟来说已更为先进、超前，也同时逐步拉近了与美国之间的差距；国内反垄断法学者得以与美欧等反垄断经验较丰富的国家和地区的学者、执法人员、法官等进行越来越频繁的交流、沟通，最终使得我国对于互联网行业排他性交易的研究具有了一定突破。

总之，通过国内外文献检索的过程，笔者意识到我国关于互联网行业反垄断规制的现有研究成果存在一定不足，也了解了我们应当在哪些具体方面对国外的制度进行借鉴，哪一部分又是我国尚未涉及但国外已形成研究成果的领域，这些都为本书的写作框架和体系提供了重要帮助。上述这些文献、专著以及相关司法判例则为本书的写作提供了丰富的研究资料与思路的启发，尤其是其中所介绍的案例与立法政策更是成为本书非常重要的研究对象和素材，在此不胜感激，特别致谢。

四、研究思路和方法

（一）研究思路

双边市场、网络效应、锁定效应以及平台理论的发展都是互联网经济明显区别于传统经济的特殊之处，也是其被称之为"新经济"的"新颖"之处，新经济所具备的这些特点使得反垄断的传统适用规则与调整模式出现了新的困境。本书的研究逻辑即在于以梳理传统反垄断法对于涉嫌垄断行为规制的一般规则为理论起点，结合互联网经济的这些特殊性，并综合比较各国主要是欧盟和美国的立法与判例，以中国当前大量涌现的互联网企业反垄断诉讼案例为研究资料，对于互联网经济给反垄断法提出的挑战进行分析与回应，尤其是集中于经营者滥用支配地位的规制这一具体领域展开讨论，并在最后试图提出一套更适合调整互联网经济中支配地位滥用行为（包括相关的其他涉嫌垄断行为，如垄断协议与经营者集中）的反垄断法规则，以保证反垄断法的确切有效实施。

（二）研究方法

工欲善其事必先利其器，采取不同的研究方法可能会导致完全不同的研究结果，所以列举和选择合理的研究方法，不仅仅是为了符合研究成果的格式要求，更是一项研究的起点和指引。具体到本书，采取了下述四种方法进行研究：

1. 跨学科分析法。反垄断法涉及了方方面面的知识，本书又着重从知识产权和互联网经济的产业特征角度进行研究，这就必然涉及其他许多相关学科的知识，所以会在文中利用不同学科的分析范式进行综合考察，并且采取不同角度进行论述，以期望可以得出更为精确、合理的结论。

2. 比较研究法。我国反垄断法制定得较晚，相关方面的研究也较为分散，不像欧美等发达国家和地区那样已经形成了独立完整的体系，因此研究别的国家和地区的现行理论和制度就成为我们的必然选择，也是站在巨人肩膀的捷径。尤其是研究美国和欧盟的相关立法与判例，再结合我国当前的司法适用情况进行分析，可以起到事半功倍的效果。

3. 文本研究法。反垄断法被誉为"经济宪法"，在许多国家或国际组织的成文法系统中都有所体现，因此，对于相关法律和条约的研读就显得尤为必要，同时也必须厘清一些语义上的混淆。如中文的"垄断"一词，其实并不能表达"欲使之垄断"的使动意义，而这对于涉嫌行为的违法性判断显然非常重要。所以本书中也会占用一些篇幅对于各国立法的文字进行表述，并且提出完善的建议，避免因语义混乱导致的适用错误。

4. 法经济学分析法。法经济学作为法学研究中较为深奥的交叉研究领域，近年来被越来越多的法学学者用来分析法律现象，以使法学研究更加符合经济学规律。本书也将采用经济学的理论和方法，研究反垄断法规制互联网经济中经营者滥用支配地位行为的法律原则和法律制度。鉴于互联网经济本身存在的网络性、双边性、创新性等特征，使得在研究其反垄断法规制的过程中，运用法经济学分析方法辅助互联网经济中相关市场的界定、支配地位的认定和滥用市场支配地位行为的认定，可以有效提高反垄断法规制互联网经济中经营者滥用行为的精确性、普适性和科学性，促进反垄断法维护互联网市场公平竞争秩序、保护消费者权益和提高创新效率之基本宗旨的实现。法经济学分析法是贯穿本书的基本研究方法，对本书内在逻辑的展开和创新性成果的探索具有重要意义。

五、本书的创新与不足

(一) 本书创新点

首先，如前所述，由于当前国内的反垄断法研究多数还集中在反垄断法的一般原理层面，或者将其作为经济法的一个分支进行探讨，并没有因为行业的不同特征而进行细分。尤其对于互联网经济与互联网行业的特殊性缺乏系统总结，也没有详细阐述为何这一新经济产业会给反垄断法的实施带来适用上的困境，所以本书力图紧密结合互联网经济的本质特点来分析反垄断法在该领域的特殊适用规则，并试图构建更完善的法律责任体系，为经营者的行为提供一定的事先指引与预测。

其次，鉴于之前学者在研究方法上还是多数侧重于经济学的研究方法，本书希望可以在借鉴其他学科的研究方法的基础上回归法律本身的研究分析，所以在文章中会立足中国本土的案件，并借鉴其他国家有代表性的案例，更多地从法律本身的分析角度，结合这些案例与中国的《反垄断法》《关于相关市场界定的指南》《关于滥用知识产权的反垄断法指南》等中国本土的相关竞争法律法规与政策进行分析与研究。

再次，由于互联网产业适用反垄断法的疑惑和不同的声音很多，本书从产业特征出发归纳出现有案例及其争议中大部分困惑产生的根源是互联网产业诸多特征中的两个根本特征，即双边市场、网络型产业中的网络效应。并且对于总结出的这两个产业特征分别进行了经济学、法学方面理论的综述和梳理，并找出了产业特征与反垄断法适用之间的关系。本书认为这两个特征都并非互联网产业兴起后全新产生的，在传统产业中也有类似的现象和相应的法律规制经验。进而对传统产业中相似情况的法律规制理论、案例进行了梳理，寻根溯源地为解决互联网产业的滥用行为规制找到思路和可借鉴的资料。在此基础上分析互联网经济中相对于以往传统经济模式中的类似特征有了哪些新的变化，以及法律应相应进行怎样的调整以适应这些新的变化。

最后，本书将重点集中于"互联网经济中经营者的支配地位滥用行为"这一具体的领域，既紧密结合互联网企业滥用支配地位的新特点来进行反垄断法分析，同时也通过具体的案例来将反垄断法规制的另外两大领域"垄断协议"和"经营者集中"连接起来，并且重点阐述互联网经济的两个基本特征"双边市场"与"网络效应"给反垄断法的具体调整规则所带来的挑战与新的规则调整。

（二）本书未尽之处

虽然互联网的兴起与发展的时间不过近一二十年，但这个产业给社会生活和经济生产所带来的变化之大之快史无前例。在新兴产业迅速发展的时期，对产业的特征进行抽象总结非常困难，也随时有可能被最新的发展所突破甚至否定。同时，互联网时代到来，中国互联网产业与欧美老牌发达国家相比也并未相差很远，可以说在如何理解互联网产业特殊性并恰当适用法律进行规制这个问题上，各国都在探索中，成熟的立法、成熟的判例很少。本书对于互联网经济的诸多分析可能是不够成熟的。另一方面，由于笔者本人对于经济学的知识了解很浅，而经济学的理论支持和分析工具恰恰是反垄断法的重要部分。因此在这方面几乎没有深入涉及，在很多问题的分析中只能给出基于法学视角的定性分析而无法作出更有说服力的定量分析。

同时，关于互联网经济中经营者滥用市场支配地位的具体行为，除了本书重点分析的互联网企业四个典型的涉嫌垄断行为——价格歧视、搭售行为、掠夺性定价、拒绝交易与纵向协议的联合外，还有其他行为如限定交易、不公平定价等，但由于时间和篇幅限制、我国执法、司法实践提供的评价样本以及本人掌握的文献资料的限制，暂时还无法进行全面分析并给予相关建议，以待未来有机会得以进一步完善。

第二章 互联网经济中的反垄断法规制基本问题

要研究互联网经济的反垄断法规制，首先应当厘清与互联网经济有关的一些基本概念，并对各种概念进行分析和归纳，从而较为清晰地界定互联网经济的内涵与特征，然后分析互联网经济及其具体承载者——互联网行业的特征，从而看到这一经济现象给反垄断法的适用带来的新挑战和新问题，提出如何运用传统反垄断法规则进行调整，或传统反垄断法规则无法调整时如何设置特殊规则以做到准确适用和实施。

第一节 互联网经济的范畴

一、互联网经济的范畴与特征

"互联网行业"这一概念并非一个具有法律意义的定义，而只是经济产业划分领域的一个名词，其中与反垄断法发生关系的定义也就是互联网行业涉及反垄断法调整的范围，从这一角度，可以将其限定为"以网络技术及平台为中心，包含电子商务、即时通讯、搜索引擎、社交网络、网络游戏、电子支付等服务并因此获得利润的产业"，然而这一概括加列举式的定义，只是描述了互联网经济的表现形态和赖以实现的平台，并没有表述清晰为什么这种经济形态会给反垄断法提出新的挑战。

而"互联网经济"这一概念是在互联网或者更广泛的称谓"信息技术"出现与繁荣之后，才受到广泛关注[1]，可惜目前在法学界依然缺乏一个公认的权威表述来概括究竟何为"互联网经济"以及互联网经济之所以需要反垄断法介入的本质原因是什么。目前我国学者们对互联网经济的定义可以粗略作出以下几种类型的区分：

（一）经济学上的定义

第一，将"互联网经济"限制为一项特定的经济活动。如盛晓白教授认为，"互联网经济是建立在由现代通讯网络、电子计算机网络所形成的信息网络基础之上的一切经济活动"。[2] 在这个定义里，盛教授所强调的是互联网经济这种经济活动所赖以发生的平台和载体，而没有说明这一经济活动包含了哪些具体的内容。乌佳培教授则将互联网经济的概念进行了广义和狭义的区分，他认为"狭义的互联网经济指的是基于互联网所发生的一切经济活动"[3]，而"广义的互联网经济则指以信息网络为基础和平台、以信息技术和信息资源应用为特征的、信息和技术起重大作用的一切经济活

---

[1] 目前与新经济概念近似的表述还有知识经济、信息经济、网络经济、互联网经济等。对于何谓新经济，目前学者的认识也多有差异，但一般认为整体经济可被相对划分为两个组成部分：旧经济（或称传统经济）与新经济。旧经济是指由传统行业所带动的经济部分；新经济是指基于信息技术的全球化经济，是整体经济中以新型企业和新行业为主、成长潜力巨大的部分，从时间上看，由于出现于 20 世纪 90 年代，因此被称为新经济。美国芝加哥学派的代表人物波斯纳以及后芝加哥学派代表人物夏皮罗、萨罗普、贝克尔等表述其为 New Economy，国内学者也多译为新经济，本书主要讨论的互联网经济也是指此，所以后文将用"互联网经济"代替。

[2] 盛晓白：《网络经济通论》，东南大学出版社 2003 年版，第 2 页。

[3] 盛晓白：《网络经济通论》，东南大学出版社 2003 年版，第 2 页。

动"〔1〕。这个定义同样只是对于这种经济活动所产生的平台与空间进行了列举性的描述，而缺乏一般标准的概括；辛向前博士则描述"互联网经济"为"利用互联网组织分工和专业化的所有经济活动的总称"〔2〕。这个定义虽然提到了互联网经济一个非常重要的特点"专业化"（主要是专利集中）和"组织分工"，但仍然缺乏基础性的原理概括，也就是无法通过这一概念去进行一般性的分类与定义，不具有普适性。以上提到的诸位学者有一个共同的特点，即都是将"互联网经济"概括定义为"某种形式的经济活动"，将经济活动的产生基础限定为"互联网络、信息技术"，即"互联网经济"是基于"互联网络、信息技术、因特网"而发生的所有"经济活动"这样的公式。

第二，将"互联网经济"概括为某种特定的经济形态。薛伟贤教授指出"互联网经济是以经济全球化为背景，以现代电子信息技术为基础，以知识和信息为核心，以电子网络为载体，以电子商务为重要表现形式，以中介服务为保障，实现信息、资金、物资流动，促进整个经济持续增长的全新经济形态"〔3〕；程名望教授则认为，互联网经济指的是"由于计算机互联网络在社会经济生活中的广泛应用，使得所有的经济活动都基于统一在互联网平台上的信息流的传递和处理，经济信息成本急剧降低，从而导致信息替代资本在经济中起主导作用，并最终成为核心经济资源的一种全球化经济形态"〔4〕；陶长琪教授认为，"互联网经济是在知识背景下以 Inter-

---

〔1〕　乌家培："关于网络经济与经济治理的若干问题"，载《当代财经》2001 年第 7 期。

〔2〕　辛向前："网络经济若干理论问题研究"，中共中央党校 2002 年博士学位论文。

〔3〕　薛伟贤：《网络经济效应及测度研究》，经济科学出版社 2004 年版，第 15 页。

〔4〕　参见程名望、石峡："加入 WTO 后网络经济对我国经济的影响及其对策分析"，载《世界经济研究》2002 年第 6 期。

net 为核心，以电信网，通讯网和企业内部网等系列网络为基础，以信息产业为主导产业，以全球市场为导向，进行以信息和知识的生产、交换、分配和消费为主要内容的全部经济形态"[1]。这些定义的共同点为，都是用"某种经济形态"来定义和限制"互联网经济"，而且都依然只是强调了互联网经济发生的平台和介质是因特网、信息技术，并没有指出这种发生在因特网上的经济形态为何不能适用传统的反垄断法调整规则，并且各个定义之间的区别只在于不同学者对其特征的表现形式进行了区别性的描述，而实质上描述的都是一个基本的特征，即：这种经济形态其发生的重要载体是互联网（平台），主要获益的资源是信息技术（而非传统的自然资源），并且这种经济形态具有全球化和规模化的特点。

第三，立足于"互联网行业"这一概念进行界定。这种定义方法主要是强调互联网经济这一经济现象所发生的平台，重点在于解决"何为互联网行业"这个命题。互联网行业是基于互联网技术的蓬勃发展和广泛运用而产生的，从 20 世纪 80 年代以来，互联网行业或者称为产业迅速成长为对世界经济社会的发展影响最为深刻的行业，以中国为例，2016 年 8 月 3 日中国互联网络信息中心（CNNIC）已完成第 38 次《中国互联网络发展状况统计报告》[2]，报告中详细分析了中国网民规模情况，截至 2016 年 6 月，中国网民规模达到 7.10 亿，半年共计新增网民 2132 万人，半年增长率为 3.1%，超过全球平均水平 3.1 个百分点。基于互联网行业所发生的经济现象早已渗透人民生活的各方各面，而虽然"互联网行业"（Internet Industry）一词已被学界和社会大众广泛使用，但是迄今为止，理论界与实务界对于互联网行业的概念仍然没有统一的界定

---

〔1〕 陶长琪等：《新概念经济》，江西人民出版社 2005 年版，第 100 页。

〔2〕 详见"《中国互联网络发展状况统计报告》"，全文请参见 www.cac.gov.cn/2018-08/20/c_ 1123296882.htm。

与概括，对其范围的理解也因人而异。

1999 年美国德克萨斯大学发表的一份研究报告对互联网行业进行了四个基本层次的划分，即：互联网基础设施层（Internet Infrastructure Layer）、应用基础设施层（Internet Application Layer）、电子媒介层（Intermedia Layer）和互联网商业层（Internet Commercial Layer）。这是国际上较早对于互联网行业范畴的一种分类，之后学者们也基于此分类将互联网经济定义为"基于互联网技术所产生的经济活动的总和，在当今发展阶段主要包括电子商务、互联网金融（ITFIN）、即时通讯、搜索引擎和网络游戏五大类型"[1]，由此类定义可以推出互联网经济是信息网络化时代产生的一种崭新的经济现象，是基于互联网产业而产生与发展的所有经济现象的综合体现。

国外学者，如美国芝加哥学派的代表人物波斯纳以及后芝加哥学派代表人物夏皮罗、萨罗普、贝克尔等国外学者则用"New Economy"（国内学者也多译为新经济）这一词汇来定义互联网经济。波斯纳教授认为："新经济包括三个截然不同但相互联系的行业：计算机软件的制造；互联网企业（互联网接入提供者，互联网服务提供者，互联网内容提供者）提供的服务，比如美国在线（AOL）和亚马逊电子商务（Amazon.com）；以及为前面两个行业提供支持的通讯服务和通讯设备"[2]，这个定义从经济学的角度出发，对互联网行业以及其产生的经济现象进行了概括，具有一定的普适性，但是也是偏重于列举具体的行业模式而缺乏可以推而广之的原理概括。然而由于本书主要讨论的互联网经济跟这个概念（主

---

〔1〕 蒋泓峰："论互联网经济与实体经济的均衡管理"，载《新商务周刊》2015 年第 6 期。

〔2〕 ［美］理查德·A. 波斯纳：《反托拉斯法》，孙秋宁译，中国政法大学出版社 2003 年版，第 289 页。

要是行业表现）也多有重合，所以本书认为也可以用"互联网经济"代替"新经济"一词来使用，并将其界定为"以互联网和信息技术为主要作用方式的全部经济现象"，之所以将其定义为一种经济现象，是因为笔者认为与上述的经济活动或经济形态相比，互联网经济本身并不是一种全新的经济活动，那么用经济活动来定义互联网经济就显得过于武断；同时互联网经济也不是一种全新的经济形态，而是传统经济形态及经济活动在信息化与网络化之后所呈现出来的新特点、新现象而已，因此用经济现象来定义互联网经济似乎更符合当前互联网发展的特点（关于这些发展特点也将在本章之后进行详述）。

上述经济学上的定义，虽然都指出了互联网经济发生的场所或者说介质是"互联网"，但是都只是将其表述为一种客观的"现象"或"形态"，而没有关注到这种新的经济"现象"或"形态"所具备的新特点对反垄断法提出了何种挑战，更不会关注到这些新挑战会给分析方法和步骤上带来哪些新的特点，所以还需要进行法学上的定义和分析。

（二）法学上的定义

前文提到，目前的学者多数只阐述了互联网经济作为一个经济学概念的特征和意义，如果需要将其列为一个法学的研究对象尤其是反垄断法研究的对象，则需要将经济学上的概念转化为法律概念。也就是说，必须分析清楚互联网经济这一经济现象本身究竟有何特殊性从而导致传统反垄断法规则的适用不能，以致于需要设立特殊的规则或调整手段去规制这种新经济现象。

法律上的概念明显区别于经济学上的定义，法律概念或法律定义应当是兼具客观性、权威性、概括性、普遍适用性的高度抽象概念，而经济学上的概念则只需要对经济关系进行一种假设性概括即可。而且，法学上的概念需要对法律事实进行明确的界定与分类，而经济学上的概念只要可以作出假设并符合逻辑即可，不需要其是确定的、现实的。由此可见，我们在研究时可以将"互联网经济"作为一个不确定的经济学假设，并且可以从不同的研究角度以及研究方法出发对其进行限制与概括，但如果要将它作为一个法律的研究对象甚至启动某个部门法对其进行干预与规制时，就必须存在一个确定的法律事实（以反垄断法为例，启动反垄断法介入某一行为的根本标准即在于对"损害竞争"这一事实结果的判断），然后从法律的角度出发对其进行明确的、可普遍适用的定义，尤其是要明确、清楚地限制其范围以避免法律的滥用。

以前文提到的 1999 年美国德克萨斯大学发表的研究报告为例，该份报告对于互联网行业进行了四个基本层次的划分，即：互联网基础设施层（Internet Infrastructure Layer）、应用基础设施层（Internet Application Layer）、电子媒介层（Intermedia Layer）和互联网商业层（Internet Commercial Layer）。这种划分从经济学的角度看只是出于分类的方便，但站在反垄断法的角度却有现实的意义。前文经济学角度提到的"互联网经济是一种形态或现象"的表述，其本身都不必然会被纳入反垄断法的调整范畴，反垄断法对于互联网行业本身并不必然关注，它只是关注相关市场内的竞争问题，那么一个行业就可能包含多个相关市场，此时这种层次的划分就可以作为划分相关市场划分和界定的依据，显然对于反垄断法的司法适用大有裨益。

综合以上论述，本书可以得出这样的结论：互联网经济指的是，基于互联网技术而产生及维持、并展开活动的一种经济现象（概括），须具有网络经济效应等网络经济学特征（特征描述）以及双边市场的特点，主要涵盖了信息技术与通信技术行业、互联网（包括电子商务）及相关产业（如以电子支付、电子理财为代表的利用互联网技术的电子金融业）（列举）。具体指以互联网（Internet）为基础建立起来的，为用户（消费者、企业、组织）提供某项基于信息技术而生产的商品（包括产品和服务）的行业，也就是说互联网经济中主要涉及的行业需要包括以互联网为基础的应用（程序）和服务行业两大部分，这种概括加列举式的定义方式也会贯穿本书的写作始终。

由此可见，互联网产业或者是"新经济"形态相比传统行业涉及反垄断法调整领域时具有以下特点：

1. 互联网经济赖以存在的基础是网络及互联网，其本质是知识经济。如前所述，"网络"一词在中文中含义广泛，包括真实的网络（具有连接点的诸多对象及其联系）与虚拟的网络（主要指的就是互联网以及信息技术）。互联网作为虚拟网络的典型代表，依托其建立的"互联网经济"除了是以知识、技术为核心内容的经济形式以外，还应当具备通俗意义上网络经济的经济学特征（即具有一定的网络效应与网络外部性），并且还应当是基于虚拟网络（互联网及信息技术）而存在，以创新和知识技术为核心竞争力的新的经济现象。

举例而言，微软公司主打出品的 Windows 电脑操作系统是该公司主要的产品，曾经在全球的电脑操作系统市场上占有相当大的份额。使用该操作系统的全部客户就构成了一个典型的虚拟网络，与此同时，使用同一个标准下的产品的用户也同样构成了一个虚拟网络（即电脑操作系统构成了一个独立的相关产品市场），然而不论是哪种虚拟网络（基于共同的消费习惯所形成还是基于相同的需求替代性所形成），其共同的经济学特征都是需要具备"网络外部性"这一根本特征。但是互联网经济赖以存在的基础应当被限定为狭义的互联网技术，包括软件（应用程序）和硬件（电脑、电话、电视机等承载软件的载体）。以软件行业为例，这个产业虽然具有网络效应，但并不是物理性的网络，然而互联网行业以及互联网经

34

济都必须借助软件得以实现，同时该行业又具备一些自己本身的特点，如在平台经济中体现得尤其明显（关于网络外部性、双边市场、平台理论的介绍与分析，本书还将在之后进行更清晰的分析与介绍），且该行业的核心竞争力是知识产权，因此软件行业理所应当的也被纳入互联网经济进行考察。

2. 互联网经济的网络效果（Network Effect）与锁定效果（Lock-in effect）是互联网经济现象的本质特点，同时也是给反垄断法带来新挑战的重要原因。网络外部性是数字经济时代一个最主要的特征，指的是一个产品对于一个消费者的效用取决于使用这个产品的其他消费者的数量和互补产品的质量和数量，这里还要区分直接的网络外部性和间接的网络外部性。一个产品如果消费者的数量众多，很容易在同类产品中胜出，同时这个产品相应有依赖性的互补品越多，高质量的互补品的质量越高，那么这个产品对于消费者的价值就越大。此时就有可能产生市场锁定的效应。在同类的产品竞争过程中，当一个产品的用户规模越大，它的互补性越多，有更多的消费者选择，那么在互联网经济时代就会出现"赢者通吃"的现象，这种网络经济下"赢者通吃"（winner-take-all）的特性早已被国内外学者所关注并且分析，但相关的文献更多地集中在研究方法的对比分析与总结上，经济学类的文章更是着重在模型构建等技术层面，而鲜有站在企业竞争策略以及双边市场理论的角度来讨论在"赢者通吃"效应的影响下，企业的关键竞争要素和核心竞争力。或者会出现这个相关市场上只有少数竞争者胜出的情况，其他的竞争对手和胜出的竞争者之间的市场力量相差悬殊，那么对于消费者来说使用这种产品是最有价值也是最有吸引力的。

锁定市场之后就会增加消费者的转移成本，也就是说如果有同类竞争产品出现在市场上，哪怕是质量更高，消费者转移到新的产品中也不像之前那样非常容易了，这就是增加了消费者的转移成本。这种锁定效应同时还会形成市场进入的壁垒。现在竞争者的市场份额决定了后续潜在竞争者的进入难度，高的市场份额就会产生一个结构性的壁垒，由于这个产品竞争者开发了一系列的互补品，与前述产品组成一个所谓数字产品的系统，这种情况下就会出现纵向一体化的策略，会把这个产品向下游延伸，这同样会增加潜在竞争者的竞争成本或者进入市场的成本。以20世纪90年代美国的微软案为例，微软公司同时提供操作系统、网络浏览器以及媒体播放器，对于媒体播放器和浏览器的竞争者来说无疑是产生了进入的难度。2017年欧盟查处谷歌的案件中也是如此，谷歌也提供了一系列的产品以及同时从基本的搜索引擎往下游的线上购物服务市场的延伸，这都是企业在采取纵向一体化的策略。这种战略性的措施就被称之为策略性的壁垒，既是互联网经济中垄断势力的新来源，也是阻止潜在竞争者的主要手段。

之前有学者提出，"要研究互联网经济中的反垄断法问题，必须从产业组织理论的角度来分析互联网经济，也就是说应该从互联网产业经济学的视角来界定互联网经济"。[1] 个人认为这种提法有待商榷。本书认为，要运用反垄断法来调整互联网经济，并非必须运用产业组织理论为必要工具来分析，而是应当首先从"相关市场"这一角度出发。反垄断法事实上并不关注市场力量的来源，而只是关注当事人的行为对某一独立相关市场造成的竞争效果的影响。而在一个涉嫌垄断的争议中，往往还有可能存在多个独立的相关市场，因此当我们分析这个行为的竞争效果时，首先运用确定的、明确的方法去界定相关市场，进而进行相关市场内竞争效果的正负比较分析。

对于互联网经济而言，进行反垄断法分析的时候，考察其网络

---

〔1〕 张小强：《网络经济的反垄断法规制》，法律出版社2007年版，第98页。

效果与锁定效果的目的在于考察经营者垄断力量的来源。具备网络效果与锁定效果的企业或行为人往往意味着具备不同来源的垄断力量（或称之为优势力量或支配力量）。网络效应本身并非互联网经济的本质特征，如传统的网络经济代表（电话网络或软件行业）也具备网络效应。而在互联网经济中，是通过网络产品或服务来体现网络价值的。在许多的经济学著作中，一般认为网络效应和网络的外部性是一个概念而并不加以区分，但笔者认为二者还是有明显不同的。定义"网络外部性"的关键在于确定其具有"外部性"即正面的影响效果（也被称之为"网络的溢出效应"）；而网络效应则指的是"某种行为对他人强行征收了不可补偿的成本，或给予了他人无需补偿的收益的情形"[1]，这种行为的本质，是对他人产生了不会反映在市场价格中的间接效应。而网络效应本身即是网络外部性的一种体现。网络效应的作用机制可用下图来表示：

图 1-1　网络效应的作用机制[2]

3. 互联网经济中产品的边界模糊。这种边界模糊主要有两个

---

〔1〕　凯滋和史普瑞尔把网络中尤其是虚拟网络中所发生的对他人产生的外溢效应称为"网络外部性"，实质指的是不能被内部化的网络效应。鉴于二者的区别，本书之后会将研究对象界定为网络效应影响下的企业竞争策略（即互联网产业的核心竞争力），更多关于网络效应的定义与介绍可以参见 Michael K L, Shapiro C. Network externalities, "Competition and Compatibility", *American Economic Review*, 1985, 75 (3).

〔2〕　傅瑜："网络规模、多元化与双边市场战略——网络效应下平台竞争策略研究综述"，载《科技管理研究》2013 年第 6 期。

发展趋势：一是产品越来越精细化，二是市场越来越特定化。比如现在手机的主流市场基本都是智能手机产品，在智能手机的基础上又产生了所谓的美图手机、拍照手机等细分的产品类型，这都是根据不同消费者的需求而推出的具有差异性的、特定化的产品。同时数字产品还有一个平台化的趋势，并且这个平台提供了综合的产品服务，很多企业最初推出的一个数字产品都是局限于某一个功能，比如说支付宝的支付功能、微信的社交功能，现在支付宝平台提供了大量的其他附加的服务，同时微信的平台上也同样推出了很多其他的功能。包括其他音乐软件也是一样，一开始我们只是播放音乐，现在实际上音乐的播放软件也整合了大量的社交功能以及购物功能等。这种产品的边界越来越模糊、转化越来越迅速，同时依赖网络效应会迅速转化消费者到经营者的其他产品上去，所以在互联网产业中，最重要的资源和产品其实是"用户"而不再是某种具体的商品或服务。

4. 互联网经济往往有较强的寡头垄断性。这主要是由于互联网产业的双边市场属性导致的。传统行业的市场是依据买卖双方的直接交易而形成的，供需双方无需借助第三方平台或场所来进行交易。而互联网行业交易的实现，通常需要借助第三方平台才能完成，因此被称之为双边市场。那么在互联网行业中，如果其中一个企业获得了一个提供低价甚至免费服务的平台且这个平台已经在市场中占有优势地位，那么当其利用此平台提供其他付费服务的时候，这种优势地位所带来的垄断效果就可以通过网络效果和锁定效果传导到其他付费的服务市场从而使企业获利。对于这个双边市场而言，两边任一方的加入或退出或变更，都会对该市场产生极大的影响，可以说依据此市场产生的各项交易和获利都会由于任一方相关市场的变动而发生改变，这也是双边市场区别于单边市场的本质特征。因此，由于其很强的双边市场特性，互联网行业天然具备寡头的可能性。

然而，值得注意的是，互联网行业中的电子支付、电子商务、电子理财等产业是不存在双边市场的，其本质只是传统行业的信息化而已，对于这些商业模式仅适用传统的反垄断法即可调整，不需要为此特设规则。而且还需说明的是，双边市场并不等于平台，双边市场，顾名思义必须存在"一对"市场，而非一个单独的平台，并且这组市场必须相互依存，缺一不可。所以互联网经济基于平台产生，但并非双边市场就等同于平台市场。关于这一点的区别，现有文章和著作都较少提到，大多数研究都是将二者等同而言的，这就会导致在司法实践中出现适用错误，如"奇虎诉360"案中，虽然法官的判决是正确的，但是对于相关市场和双边市场的论述就出现了错误，将双边市场作为一个平台，从而在界定相关市场的时候出现了误差。

5. 该行业专利集中，科研创新是其赖以生存的基础与核心竞争力。作为知识产权密集型产业的典型体现，互联网行业依托知识产权而产生，其核心竞争力"创新"更是知识产权的首要保护目标，专利技术与创新是互联网行业的核心竞争力，因此，如何解决知识产权滥用在该行业中导致的反垄断法无法实施问题就变得尤为重要。以中国的司法实践为例，与知识产权相关的反垄断法案件也大量集中在互联网行业，协调好知识产权法与反垄断法的关系，是这个行业得以发展的一个重要保障。当然，知识产权的行使与反垄断法的实现发生冲突时，本身是可以利用现有规则如著作权法（外观）与专利权法进行干预的，所以在具体案例中应当区别对待，首先确定发生竞争的相关市场。

此处必须作出说明的是，事实上互联网经济中只有同时具备双边市场和网络效应特征的行业或产业才会给反垄断法的适用带来新的挑战，因为双边市场的存在会带来相关市场界定的麻烦，而网络效应的存在则会带来市场力量认定的困难，这两方面问题恰巧又都是反垄断法的逻辑起点和违法性判断的根本问题。双边市场这一特点在反垄断法进行互联网经济的相关市场界定时，可能导致多个相关市场的存在，并且双边市场的存在，其本质是导致反垄断法的考察需要跨市场进行，包括市场支配地位的认定（本书的第三章会对此进行更详细的解读）以及排斥效果的分析，都需要反垄断法执法机构跨市场来进行更准确、明确的考察。对于市场力量的考察也会出现跨市场的分析。不过双边市场这一特征只存在于互联网产业中，而网络效应和锁定效应则不限于互联网产业存在，虽然反垄断法一般不关注不同时具备这两个特点的互联网经济现象，如软件产业，但是软件产业毕竟也依托互联网这一介质而存在，为了不被例外地打破整体的行文逻辑，也为了符合主流的表述（如大多数研究并不区分"互联网"和"网络"这两个用语的使用，一般都是互换通用的，但事实上在反垄断法领域，"互联网"是狭义的概念，"网络"则同时包括传统的网络经济如邮政或电话通讯）。这种传统的网络经济显然并不在本书的讨论之列，同时，如果只是传统经济如购物依托互联网这个介质而发生（电子购物等），事实上也不在本书讨论的范围。也就是说，反垄断法并不必然关注整个互联网经济或依托互联网产生的所有行业，而只是关注具备双边市场和网络效应特征的经济现象。

6. 双边市场和平台效应是互联网企业给反垄断法带来适用困难的根本原因。互联网企业往往处在双边市场，乃至多边市场之上。最常见的模式是，我们使用各种免费的互联网产品，但在同时，我们留下各种自身的信息，用户以自己的信息来换取免费服务，这些信息就可以被这些企业用来在另外一端，比如说进行产品的推销，广告的推送等等，这样它就可以盈利了，所以这是一个典型的双边市场建立在免费市场获取信息的基础之上。

　　同时，现在很多互联网企业典型的特点是平台化，也就是说一个企业已经不再单纯地提供一种互联网服务，往往是有多种服务。多种服务最大的好处是它能从不同角度，收集用户多种类型的信息，这些信息还可以交叉检验。越来越多的信息被企业给收集了，用这些信息又可以提供更好的服务，所以平台会越做越大，平台上聚集的服务越来越多。

　　互联网产业对于反垄断法而言的特殊性主要就是市场力量的来源不同，互联网服务的边际成本几乎为零，传统的以市场份额为中心的支配地位认定方法、相关市场界定步骤都要因此做出改变，而网络效应、锁定效应、双边市场和平台效应的存在又使得消费者的转移成本大大增加，愈加无法选择，对这些问题更详细的分析将在接下来详细展开。

二、互联网经济给反垄断法带来特殊问题的关键——双边市场

（一）互联网经济中的"双边市场"[1]

　　"双边市场"是近年来广泛受到关注的经济学理论，最早源于伊万斯（David S. Evans）等西方经济学者的概括，近几年也逐渐进入中国经济学者的视野而开始对其进行分析与研究。由于在双边市场下的经营模式往往会有一些经济学上的特征，如相互依赖性、免费性和外部网络性等，这些特点都会对反垄断法的分析和执法产生一定程度的影响，并且还会提出新的挑战。与此同时，"双边市场"的理论不仅在理论界得到了广泛关注，在司法实践中，许多国家和地区都出现了涉及双边市场的案例，可以说，这一经济学理论看似高深莫测，实际上并不难理解，并且与我们的生活息息相关。以中国的司法实践而言，"唐山人人诉百度案"和"腾讯诉奇虎360案"

---

　　〔1〕 双边市场的英文原文是 Two-Sided Platforms Market，如果直译的话应为"双边平台市场"，但是出于表述习惯及方便，本书论述有提及双边市场均指双边平台市场。

（即俗称的3Q大战）均涉及了双边市场的认定问题，关于这两个案例的具体讨论详见本书第三章第三节"互联网经济中相关市场的界定"。

而目前国外的代表学者如罗科特（Rochet）和珍·蒂罗尔（Jean Tirole）（2003）[1]，布莱恩（Brian）[2]，阿姆斯特朗（Armstrong）和怀特（Wright）（2004）[3]等均为此提供了丰富的学术论证。这些学者将双边市场分为四种类型：交易平台、媒体、支付工具和软件平台，其中伦敦大学学院的阿姆斯特朗教授将"交易平台"概括为"在某些经济活动中，有些市场交易必须在某个交易平台上进行，该交易平台通过一定的价格策略向交易双方提供产品或服务，并且努力促使双方在交易平台上实现交易的市场即为双边市场"。[4]这一定义强调了双边市场存在的前提是有"一个固定的平台"，也提到了同时存在的两个市场是相互依存的，但是没有说明在互联网经济中，往往平台两边的其中一方通过极其廉价甚至免费地提供商品（包括产品和服务）来锁定消费者，并在另一边市场盈利的根本特征。这种说法使"平台说"与"双边市场"理论有所混淆，事实上双边市场是一组相互依存的市场，而非一个平台，关于这一点许多学者都没有指出二者区别，有待进一步研究去厘清。

1. 三种类型的双边市场。下面我们将分别从这三个类型的双边市场定义着手来分析与介绍究竟何为双边市场以及为何该特征会

---

[1] Jean-Charles Rochet and Jean Tirole, "Two-sided Markets: A Progress Report", *The Rand Journal of Economics*, vol. 37（March 2006）.

[2] Brian W. Arthur, "Competition Technologies, Increasing Returns, and Lock-In by Historical Events", *The Economics Journal*, Vol. 99（March 1989）.

[3] Mark Armstrong, "Competition in Two-sided Markets", *The Rand Journal of Economics*, Vol. 37（March）2006.

[4] 李允尧、刘海运、黄少坚："平台经济理论研究动态"，载《经济学动态》2013年第7期。

给互联网经济提出新的挑战：

第一，交易中介型。这一类型最早是珍·蒂罗尔教授在 2007 年提出的。[1] 他们以学术期刊为例，发现出版社在对所发行的期刊进行定价时，期刊的质量往往取决于不同的定价模式。读者付费购买期刊、作者获得稿酬是传统的期刊定价模式，而美国近年来兴起的一个趋势却是读者免费阅读但由作者付费刊登。此时假设发表文章对作者有一定的好处，同时阅读文章对读者也有一定的益处，那么便可以得出一个结论为：假设期刊的边际成本很低，那么期刊应当向读者免费开放阅读（转而向作者收取版面费或刊登费等）。

而在互联网经济中，电子期刊或电子读物的发行显然更符合这个特点。由于信息技术的发展，新型读物的印制与传播成本都得到了极大的降低，因此从社会最优质资源配置的角度考虑，电子期刊或读物是比较适合免费向读者发放的。同时，由于阅读文章的正外部性相对比较高（广告的效应），那么这一结论在当前社会对于纸质期刊也是可以推广适用的。但在这个定义中，没有考虑到的是期刊的实际质量，如果期刊主办方的目标是读者利益的最大化或是本期刊的影响力因子，那么这种收费模式的转变就有可能对期刊质量产生不好的影响。因为通常而言，向读者收费的期刊显然更具有高质量高要求的现实可能性，那么这种收费模式的转变是否会对产品的质量产生负面的影响，则是罗科特教授忽略讨论的问题。

在交易中介说的定义中，平台竞争就成为一个亟待考察的问题。在互联网经济中，如果假设存在一个垄断中介或交易平台，通常而言平台会倾向于在其中一边以较低的价格来吸引消费者的参与，而将另一边作为平台获益的主要场所或市场，其中具体的价格水平与双方的需求、需求弹性及成本均有关联。需要注意的是，现

---

〔1〕 李允尧、刘海运、黄少坚："平台经济理论研究动态"，载《经济学动态》2013 年第 7 期。

实中如果有多个平台同时存在，那么还会产生（跨）平台之间竞争的问题。然而这种分析并没有注意到"双边市场"的本质特点，即同时存在两种需求的相互依存的一组市场，而非一个供需关系，所以这种定义或类型的划分并不能很好地解释为什么双边市场会给互联网经济的反垄断法适用带来挑战。

目前的文献中，关于这种平台型双边市场的模型主要有两类，其一是假定市场的参与者类型是不同的，实现利润最大化目标的一个关键决策即在于这些市场的参与者是否参与平台的竞争；其二是假设市场参与者的类型是相同的（具有同质性），那么相应的参与者的数量也会是固定的。这两种假设都有可能导致一个重要问题即多重注册现象（Multihoming），指的是"某些消费者会因为其同样的需求而同时加入或注册多个并存的平台"，[1] 如同时使用多个搜索引擎或杀毒软件，或同时使用不同的即时通信软件等等。这就使得在判定相关市场的时候更加复杂化。之后阿姆斯特朗教授于2006年也证明了存在多重注册的平台竞争，而且"该平台会对多重注册的一边垄断定价，而对于非多重注册的一边，则制定一个近似于边际成本的价格"。[2]

第二，媒体型。媒体类型的双边市场在传统的经济领域中更为常见，如报纸、杂志等，在互联网领域中最典型的是门户网站与新闻资讯客户端（软件应用）。这种类型平台的特点在于：平台通过提供"内容"来吸引"消费者（读者）"，且这种"内容"往往是免费的，并进一步通过读者或观众的粘性来吸引潜在的广告客户而获利。在早期的相关研究中，并没有考虑到媒体产业的双边市场

---

〔1〕　Caillaud B，B Jullien. Chicken & Egg，"Competition Among Intermediation Service Providers"，*RAND Journal of Economics*，2003（34）.

〔2〕　Armstrong M，J Wright，"Two-Sided Markets，Competitive Bottlenecks and Exclusive Contracts"，*Economic Theory*，2007（32）.

特性，这主要是由于在传统的媒体产业中，这种提供内容的服务往往是收费的，所以付费的读者或观众加上所提供的内容以及付费的广告而构成一个完整的产业链。

但在互联网经济中，由于出现了网络的外部性和锁定效应，从而可以使得一方市场的影响传递到相关的另一市场中去，于是在新兴媒体产业中，双边市场就成了必须要考察的内容。以软件上附着的广告为例，"广告"这一服务产品本身在反垄断法上并没有特殊性，只需要按照传统的商品在其相关市场进行考察即可。前文提过双边市场应当具备的特征是"一次满足两种需求"，广告就无法做到一次交易满足两种需求，因为消费者最终是否为该产品"买单"，并非由用户数量来决定，也不是由产品的广告而决定，而是由产品本身的质量来决定。

以常见的软件为例。如腾讯公司的 QQ 等即时通信工具软件，虽然也属于传统经济学上的媒体型平台，但是其双边市场一方是免费的即时通讯服务，一方是广告商付费的广告投放业务，这两个市场获利的关键是用户数量（或称之为流量）而非广告本身。此外，常见的软件平台如操作系统、视频游戏以及社交网络等，这些平台不仅在日常生活中很常见而且构成了互联网经济的主体。这种类型的双边市场中，双边中的其中一方被称之为"卖家（seller）"，另一方则被称为"买家（buyer）"。买家必须通过平台（可以是软件也可以是硬件）来实现对卖家商品的使用（包括产品和服务，有形与无形），因此也有学者将此类平台称为"共享投入平台（shared-input platform）"。[1] 与此同时，软件平台一般还会涉及多边的市场。以电脑的操作系统为例，一般都会包括硬件（提供商）、应用软件（提供商）和终端用户的三边市场，但由于关于双边市场的结

---

〔1〕 Evans S D, A Hagiu, R Schmalensee, "A Survey of The Economic Role of Software Platforms in Computer-Based Industries", *CESifo Working Paper*, 2004.

论在多边的情况下并没有本质的区别，因此，多边市场依然可以用双边市场的理论来分析。

　　第三，支付工具型。在传统的双边市场和平台理论的研究中，银行卡作为一个主要的支付工具而被反复分析。这里的银行卡包括了储蓄卡/借记卡以及贷记卡/信用卡。在这个双边市场中，两边分别是持卡人（消费者）和商户，只有消费者（持卡人）和商户同时决定使用该产品时该支付工具才得以实现，持卡人和商户之间由此而具有间接的外部性。并且在支付工具的双边市场中，还包括了发卡行和收单行，以中国的"银联"[1]为例：发卡行需要向消费者发行该行的银行卡，收单行则负责收费，包括向商户支付销售款项，也包括向发卡行支付交易手续费用来弥补发卡和营销的成本。在这种模式中，消费者愿意持卡消费的主要原因是因为发卡行会提供许多优惠，同时由于信用卡消费可以为消费者提供良好的信贷记录，有助于消费者在后期发卡行进行短期无息贷款或长期的信用贷款；至于商户愿意接受持卡消费，则是由于消费者的持卡消费意愿可以提高销售量，这就是典型的间接外部网络效应。而在互联网经济中，电子支付工具其本质上无非是传统支付工具的网络化与信息化，对于双边市场的发卡行来说，节省的不过是制卡的成本，发卡行依然需要通过交易费用来获利；而接受持卡消费的商家，也依然

---

〔1〕　中国银联是经国务院同意，中国人民银行批准设立的中国银行卡联合组织，成立于2002年3月，总部设于上海。作为中国的银行卡联合组织，中国银联处于我国银行卡产业的核心和枢纽地位，对我国银行卡产业发展发挥着基础性作用，各银行通过银联跨行交易清算系统，实现了系统间的互联互通，进而使银行卡得以跨银行、跨地区和跨境使用。在建设和运营银联跨行交易清算系统、实现银行卡联网通用的基础上，中国银联积极联合商业银行等产业各方推广统一的银联卡标准规范，创建银行卡自主品牌；推动银行卡的发展和应用；维护银行卡受理市场秩序，防范银行卡风险。通过银联跨行交易清算系统，实现商业银行系统间的互联互通和资源共享，保证银行卡跨行、跨地区和跨境的使用。参见：http：//corporate.unionpay.com/infoComIntro/infoCompanyIntroduce/zhongguoyinliangaikuang/file_3945122.html，最后访问日期：2018年3月15日。

是通过间接的网络外部效应，接受持卡消费从而扩大本商家的宣传与销售量；对于持卡人或消费者而言，其获得的好处依然是来自于发卡行的积分与持卡消费的便利和良好的信用记录，因此从这一角度出发的互联网经济，无论是电子支付还是电子理财，都可作为传统的行业去进行反垄断法的规制，并不存在任何的特殊性。

值得注意的是，对于支付工具竞争的传统研究会涉及两个方面，一是发卡行之间的竞争，二是支付工具本身层次间的竞争，如银行卡还是现金之间的竞争。在这两种竞争类型中，都有可能存在之前所述的消费者多重注册的问题，然而这种多重注册的竞争问题并不会损害市场的竞争秩序，"相反还会促进社会福利"，[1] 传统而言，人们普遍认为使用信用卡的成本较高，而使用现金支票等的成本较低，但在互联网经济中，由于信息技术的普及与发展，以及消费者文化的改变，人们会更认同使用电子支付或信用卡，但这种不同层次间支付工具的竞争，本身对于相关市场内的影响是无害的，因此也无需反垄断法的特殊介入。

综上所述，双边市场可以界定为：若某种产品或者服务的供求双方之间具有交叉或间接的网络外部性，从而可以促使企业将买卖双方同时吸引到一个交易介质中，并且该介质存在的目的即在于促使双方的交易，此时交易双方与该介质即形成一个独立的市场，且该市场的一边往往提供低于边际成本甚至免费的服务来留住最终消费者，并通过网络效应和锁定效应将这一边的用户传导到另一边去，从而在另一边市场上获利。双边市场本身并不是平台，而是"一对"同时存在的市场，在这组市场中，会因为一次交易发生两个需求。

2. 双边市场的反垄断审查。相比于单边市场，双边市场中交

---

〔1〕　Chakravorti. S, W. R. Emmons, "Who Pays for Credit Cards", *Journal of Consumer Affairs*, 2003（4）.

叉网络外部性的存在使得其市场集中度、勒纳指数[1]等传统指标更加难以度量，这也就加大了双边市场反垄断审查的难度。而且，当前双边市场的反垄断问题研究相对缺乏，还没有形成一个系统理论，所以本书也仅仅是对这一领域做一个简介。

如第一章所提到的，伊万斯教授最先考察了双边市场的反垄断问题。其研究结果表明，相比于传统的单边市场，双边市场存在着一些自身的固有特性：其一，双边市场不再遵循边际成本定价法则；其二，平台向双边征收两个不对称的价格使得其自身利润最大化；其三，平台的福利分析需要综合考虑平台定价水平、定价结构以及双边用户的参与规模。这些要素都影响着双边市场的反垄断分析[2]。

岳中刚教授分别对垄断的平台定价策略和竞争的平台定价策略进行了研究。研究表明，双边市场两边用户的间接网络外部性的存在降低了平台企业的市场势力（垄断定价能力），竞争性平台对产品差异程度小、网络外部性强的一边收取较低的价格（甚至是零价格或负价格），这使得与单边市场相比，价格结构的不对称性以及交叉补贴形式的存在不再是平台企业进行不正当竞争所实施的策略。[3]

3. 互联网产业中双边市场的反垄断分析。尼古拉斯（Nicholas）和伊万格劳斯（Evangelos）研究了封闭平台和软件平台的双边市场竞争。他们通过构建软件产业平台的定价模型，以微软和

---

[1] 勒纳指数，也叫垄断力勒纳指数，指的是以垄断势力强弱来衡量市场结构的方法，反映产业绩效量度指标，表示价格与边际成本的偏离率。该方法避免了必须从销售资料推算垄断势力的问题，是判断市场力量的一种常用方法。

[2] Evans, "The Industrial Ornanization of Markets with Two-sided Platforms", *Competition Policy International*, 2008（3）.

[3] 岳中刚："双边市场的定价策略及反垄断问题研究"，载《财经问题研究》2006年第8期。

LINUX 为平台的典型代表研究了各自的产业结构，并对价格、销售、利润和社会福利的竞争结构和产业影响进行了分析。他们指出，当一个平台是专利（封闭）的，平台、应用程序及平台的接入费用的均衡价格都低于边际成本时，在软件产业中，基于一个开放资源平台的专利应用程序的部门利润可能比整个专利平台产业的利润更大。当使用者对应用程序种类有强烈偏好时，专利产业的全部利润要大于基于开放资源平台的产业的全部利润。并且如果一个平台是开放的，那么它的应用程序的软件数量将会更大。[1]

伊万斯教授则从双边市场的视角对互联网产业进行了研究。研究表明，在采用临界损失分析的情况下，如果利用传统的方法估算需求弹性，则可能导致计量方程得出的结果偏小，相关市场的界定过窄；而如果利用勒纳指数来估算实际损失，则会低估平台一边的市场势力，从而使得市场的界定过宽。此外，在双边平台定价策略中，常常会导致一边价格为零，甚至是企业提供补贴。[2]

然而上述分析都只是从双边市场的角度对互联网产业的特征进行了描述，而缺乏对双边市场反垄断问题的量化分析。如何像单边市场的反垄断理论一样选取合适的指标对其市场力量等进行度量值得思考。

笔者认为，反垄断机构可以从以下两个方面着手：在市场力量的度量方面，在单边市场中，如果某企业对产品的定价高于其边际成本，则称其具有一定的市场势力。但是正如前文所述，双边市场中平台对双边用户征收的价格一般会脱离其边际成本。因此，在双边市场中应该检验总的价格水平是否明显高于边际成本。当然，在

---

〔1〕　Nicholas, Evangelos, "Two-sided Competition of Proprietary vs. Open Source Technology Platforms and the Implications for Software Industry", *Management Science*, 2006, 52 (7).

〔2〕　Evans, "The Industrial Organization of Markets with Two-sided Platforms", *Competition Policy International*, 2008 (3).

大多数情况下，双边市场中价格及边际成本的度量并不是有效的手段，但是对于价格总水平与总的边际成本的度量至少在现实案例中可以尝试。在进入壁垒的度量方面，和传统经济学理论相同，双边市场中的高集中度会对新进入者形成高壁垒。再者，双边用户的偏好可以在一定程度上阻止某些买者或卖者。因此，互联网企业是否具有阻止其竞争对手将双边用户拉拢到另一平台进行交易的能力将是至关重要的。在反垄断审查时，应该重点考察竞争平台吸引另一平台双边用户能力的大小。

（二）平台理论

平台理论与双边市场理论一样是互联网经济中为反垄断法带来新挑战的新理论。传统的市场上只是简单地对卖家和买家双方进行分析，但由于双边市场是以"平台"为分析核心的，通过增强两种或多种类型顾客之间的接触而获利。

传统的平台理论中，可以借用以下几个实例来分析：在日常生活中以发行刊物、贷记卡消费（信用卡）和电脑操作系统来获利的模式都会构成相应的独立平台。以刊物而言，读者和广告客户分别为平台双方的两边，二者所发生的联系是指读者看了广告客户在报纸上登的广告；对于贷记卡而言，持卡人和商户是两边的客户，所发生的接触则是指终端消费者（持卡人）在商户消费时，用贷记卡来进行消费结算；而对于电脑操作系统来说，用户和应用软件开发商是平台两边的顾客，所发生的接触就是用户通过操作系统进行电脑上各种应用软件的使用。结合上述实际的例子，罗科特和蒂罗尔（2006）提出了一个双边市场的定义："如果通过提高向一边的收费，同时同等程度地降低向另一边的收费，则平台可以改变交易量，那么就称这一市场是双边市场"。[1] 也就是说，在双边市场

---

[1] Chakravorti. S. W. R. Emmons, "Who Pays for Credit Cards", *Journal of Consumer Affairs*, 2003 (4).

中，价格结构会导致交易量的显著差异，所以一个合理的交易平台应当尽可能地设计更适合吸引两边参与者的价格结构。这两个理论在互联网经济中的集中体现就是软件平台，包括了如操作系统、视频游戏、各种其他应用程序、手机移动应用程序等。如前所述，在软件平台的双边市场中，买卖双方的交易必须通过介质（可以是软件，也可以是硬件）来实现。

介质竞争作为当下互联网竞争的主要形式，也是各大互联网企业技术竞争最激烈的领域，这些互联网经济中的主要经营者都先后宣布进入介质战略时代。互联网经济的很多特征，例如"网络外部性、消费者粘性、网络的兼容性和标准性"[1]等也通过互联网应用平台经营模式而得以充分显示和发挥。互联网应用介质产业是具有典型双边市场特征的产业。这种产业不是由一类企业作为供给方和一类用户作为需求方所构成的单边市场，而是通过运营商提供介质和应用服务，两类或者多类用户通过介质实现交换的双边市场或者多边市场。

张江莉教授认为平台竞争可以通过三个维度去理解，即"平台的多端维度，平台的技术维度，平台的产品维度"，[2]且这三个维度是"相互交织"、互相发生作用的。多端维度指的是例如，对于通信软件QQ而言，在用户维度上，它连接了各个相互独立又相互影响的终端客户群，由于互联网应用介质是具有双边市场特征的产业，这种产业并非由一类企业作为供给方和一类用户作为需求方所构成的单边市场，而是通过运营商提供平台和应用服务，两类或者

───────────

〔1〕　关于互联网本身的特点，更多详细介绍可参见蒋岩波：《网络产业的反垄断政策研究》，中国社会科学出版社 2008 年版，第 31 页；张小强：《网络经济的反垄断法规制》，法律出版社 2007 年版，第 33 页；郭立仕："网络经济时代中竞争政策的新课题"，载《网络法律评论》2004 年第 2 期。

〔2〕　张江莉："互联网平台竞争与反垄断规制——以 3Q 反垄断诉讼为视角"，载《中外法学》2015 年第 1 期。

多类用户通过该平台实现交换的双边市场或者多边市场，反之双边市场也被定义为一种向两个不同终端的用户提供产品和服务的平台，"这个平台试图对于每一种不同的终端用户设定差别价格，从而使平台的双边处于同一平面（board）之上"。[1] 而"产品维度"指的是平台除了终端客户群以外，所连接并维系的一系列产品。平台上所承载的一系列产品是维系客户的根本，但是对于互联网经济而言，其所承载的产品和服务往往是免费的，如 QQ 软件作为一个平台所提供的聊天、邮件、小游戏和社交网络服务等，这些产品或服务往往又提供一些"补足产品"作为其产品组合，如杀毒软件的安装往往附加了搜索引擎等，所以经营者所经营的这个平台，因为"补足产品"越多而价值越高，从而可以吸引更多的终端消费者而获利。"平台的技术维度"指的则是平台作为一种技术接口、一种介质，将终端客户与产品组合连接在一起。这三个维度可以很好地帮助我们理解"平台"这个概念，并进一步理解第二章将要详细介绍的"相关市场"的理论。

（三）双边市场的实证分析：腾讯 QQ 诉奇虎 360

然而需要指出的是，目前关于双边市场的文章，不论国内外法学领域还是经济学领域，绝大部分都限于理论研究，相关的实证分析文章相对还比较少。因此在未来的研究中，案例考察这样的实证研究应该是重点之一，因此本书接下来将结合"腾讯诉 360"的案件对此做一个简要展开。

腾讯与 360 公司的反垄断诉讼（以下简称为 3Q 大战或 3Q 案）对于互联网时代我国《反垄断法》的实施具有极其特别的意义。与以往的案件不同，3Q 大战是我国《反垄断法》实施以来真正具备

---

〔1〕 Sujit Chakravorti Roberto Roson, "Platform Competition in Two-sided Markets: The case of Payment-Networks", *FRB of Chicago Working Paper*, No. 2004 - 09, see http: // papers. ssrn. com/sol3/papers. cfm? abstract-id+564564##，最后访问日期：2018 年 1 月 9 日。

专业水平且原被告双方实力相当的一场反垄断诉讼：首先，这两家大型互联网公司在相关市场上都占有极大的市场份额，并且都具备完善专业的智囊团团队（包括互联网专业知识、平台技术和诉讼能力）；其次，代理双方进行反垄断诉讼的都是非常专业且极具实力的顶级律师团队与专家证人，因此原被告双方从起诉书到庭审答辩，所展开的对于涉案问题的讨论对于类似的案例都极具借鉴价值；最后，法院对此案的判决书都有一定专业层面的展开，"无论一审法院还是终审法院都进行了深入而细致的专业分析与探讨，详细剖析了互联网经济背景下的相关市场界定、垄断力量的判定以及市场优势地位滥用等问题，并且充分解析了互联网产业竞争区别于传统产业竞争的根本特征，并且还总结归纳了《反垄断法》在互联网经济中实施时所需要特别关注的问题。这一判决对于后续相关案件的判决与探讨具有很高的借鉴价值"。[1]

　　本案的基本案情为：腾讯 QQ 和奇虎 360 是当时中国用户量最多的两个客户端软件，其中腾讯公司以 QQ 这一即时通信软件为平台，同时综合开展各项互联网行业相关的业务，并以其强大的市场占有率和庞大的客户群体以及最重要的 QQ 即时通信软件（截至案件发生时候，腾讯 QQ 这一软件的活跃用户已达 6.125 亿）而成为当时中国互联网市场上最大的互联网公司。而奇虎 360 公司则凭借着推出保护互联网安全的"360 安全卫士"软件迅速成为当时国内市场上最大的安全软件提供商，之后还以该上网杀毒软件客户端为基础而延伸出免费的系统杀毒软件、浏览器等互联网产品，同样在相关市场上获得了巨大的成功。并且由于奇虎 360 的安全软件采取永久免费（并保持动态升级）的策略，从而牢牢占有并锁定了一部分忠实的客户群。

---

　　[1]　张江莉："互联网平台竞争与反垄断规制——以 3Q 反垄断诉讼为视角"，载《中外法学》2015 年第 1 期。

2010 年，腾讯公司将其公司的系统维护软件（QQ 软件管家）与即时通信软件（QQ）捆绑并自行给客户的电脑捆绑安装了"QQ 医生"这一杀毒软件，同时还在网络上公开发布了《致广大 QQ 用户的一封信》，公开禁止其用户使用奇虎公司的杀毒软件，否则将会停止 QQ 软件服务。360 公司认为腾讯公司此举是逼迫用户做出非此即彼的二选一选择，根据我国《反垄断法》第 17 条第 1 款，构成了"限制交易行为"[1]；2012 年 4 月，奇虎 360 公司针对腾讯公司此举而发起的反垄断诉讼在广东省高院开庭公开审理。奇虎 360 公司诉称腾讯公司在前述（2010 年 3 月）3Q 大战期间滥用市场支配地位（逼迫用户二选一，放弃使用奇虎公司的杀毒软件）；还诉称腾讯公司采取技术手段，阻止安装了奇虎浏览器的用户访问腾讯公司的社交平台（QQ 空间），由此导致奇虎公司流失大量的用户；以及腾讯公司将 QQ 软件管家与即时通信软件相捆绑的做法涉嫌捆绑销售；奇虎公司依照我国《反垄断法》的第 17 条第 1 款而对腾讯公司提起诉讼，认为其损害限制了竞争，影响了市场竞争秩序，因此向法院提出"判令腾讯公司停止滥用市场支配地位、赔礼道歉并赔偿奇虎 360 公司 1.5 亿元的请求。"[2]

2013 年 3 月 20 日，经过广州高院初审，认定本案的相关市场为全球即时通信软件及服务市场，在这一市场上腾讯并无支配地位，因此其行为也不构成滥用支配地位行为。奇虎公司对这一判决

---

　　[1] 参见《反垄断法》第 17 条第 1 款："禁止具有市场支配地位的经营者从事下列滥用市场支配地位的行为：①以不公平的高价销售商品或者以不公平的低价购买商品；②没有正当理由，以低于成本的价格销售商品；③没有正当理由，拒绝与交易相对人进行交易；④没有正当理由，限定交易相对人只能与其进行交易或者只能与其指定的经营者进行交易；⑤没有正当理由搭售商品，或者在交易时附加其他不合理的交易条件；⑥没有正当理由，对条件相同的交易相对人在交易价格等交易条件上实行差别待遇；⑦国务院反垄断执法机构认定的其他滥用市场支配地位的行为。"

　　[2] 张江莉："互联网平台竞争与反垄断规制——以 3Q 反垄断诉讼为视角"，载《中外法学》2015 年第 1 期。

不服，从而向最高人民法院提起上诉。2014 年，二审法院基本维持了原判，即：其一，判决书采用 SSNIP "假定垄断者测试法"将相关市场界定为中国大陆地区即时通信服务市场（一审判决相关市场为全球的即时通信软件及服务市场）；其二，之后采用传统的支配地位认定方法，根据"市场份额、相关市场的竞争状况、被诉经营者控制商品价格、数量或者其他交易条件的能力、该经营者的财力和技术条件、其他经营者对该经营者在交易上的依赖程度、其他经营者进入相关市场的难易程度"[1]，判定腾讯在相关市场上并无支配地位；其三，对于"二选一"行为，判决书认定其在相关市场即"即时通信市场"上不仅没有"排除、限制竞争的效果"，反而对这一市场上的竞争产生了"促进作用"："由于非支配企业的单方行为不受反垄断法管辖，因而这一判决等于为腾讯从事任何排斥性行为'开放绿灯'；同时，由于反垄断法只管辖对竞争产生排除、限制效果的行为，这一判决也意味着任何经营者从事'二选一'行为均不受禁止"[2]，这与反垄断法的核心使命"保护竞争"明显背道而驰。

同时，从平台说的角度来分析，3Q 大战的争议点也是典型的平台竞争，在这种竞争关系中，双方争夺的焦点与核心资源，不再是传统产业中的市场份额或者客户，而是各自平台的客户端基础。因此可以认为本案中点燃双方矛盾的导火索并不是市场份额或某种产品的竞争，根本原因在于腾讯公司也介入了"杀毒软件"这一相关市场，利用其即时通讯软件的影响力与传导效应而推出了自己公司的杀毒软件，从而与本来占有杀毒软件市场优势地位的 360 奇虎公司在该市场上展开了竞争，抢夺了奇虎公司杀毒软件的市场份

---

〔1〕　陈萍：《试论互联网产业中相关市场的界定——以奇虎诉腾讯滥用市场支配地位案为例》，载《公民与法（法学版）》2016 年第 1 期。

〔2〕　参见中华人民共和国最高人民法院民事判决书（2013）民三终字第 4 号。

额，并且最终夺取了奇虎公司的客户资源（大量客户迫于二选一的压力而放弃了原有的 360 杀毒软件）。同时，由于腾讯公司向客户免费提供 QQ 这一即时通信软件，并以此软件为平台基础，也采取与奇虎公司一样的免费策略而向其客户提供腾讯杀毒软件"QQ 电脑管家"，这一杀毒软件作为 QQ 即时通信软件这一平台向最终客户提供的补足产品而被推广向所有 QQ 软件客户，同时巩固了原来的客户群体，也借助此平台吸纳了更多的新客户，也就是说，腾讯公司通过补充产品（杀毒软件）而同时巩固了原有平台的竞争力并且冲击了新的相关市场。

事实上，对于杀毒软件市场的争夺只是双方利益冲突的表层体现，进一步的矛盾实际上在于腾讯公司抢夺了奇虎公司利用双边市场而运营的免费经济—盈利模式的平台，并最终导致奇虎公司的终端客户大量的流失。因此，奇虎公司对于腾讯公司的回击也是针对其平台而不仅仅是针对某一产品的。由此可见，在平台之间发生的竞争环境中，企业会通过增加补充产品或附加产品来争夺平台客户资源。而腾讯公司最后要求其用户必须做出"二选一"的选择，所利用的筹码正是客户对于该平台的忠诚度与依赖性（消费习惯的影响）。这种用户粘性是基于平台整体的产品系统，而非其中某个单一的产品或某一独立的相关市场。

遗憾的是，本案虽然判决结果合理，但在判决的分析过程中，关于"双边市场"和"相关市场"理论的解释却存在错误。该案判决中仍然将双边市场视为一个平台，而没有指出其本质是三个相互依存且各自独立的相关市场，具体而言，虽然仍然适用"需求替代性"的标准，但是应当看到由于双边市场的存在，事实上是三种需求同时存在，那么也应当同时界定三个相关市场，并且在后续支配地位的考察时，还要考虑这三个市场间的关联。法院的判决论述中没有考虑到上述因素，是为遗珠之憾。

综合上文的分析，笔者认为互联网经济中的平台竞争会对反垄断法的适用带来以下这些新的挑战：

第一，免费经营模式与体验式消费模式。传统经济模式是一种二维的经济关系，通过消费者付费购买服务与产品而与商家建立联系。但是在互联网经济中，商家的获利不再仅仅是通过直接的售卖而获得差价，反而很多情况下是免费地提供产品来所锁定顾客，可以说互联网经济中很多时候都是基于免费的商业模式而展开，因此客户的锁定才显得尤为重要。而平台的竞争也是通过提供免费服务来锁定不同客户端群体之间、不同产品之间"交叉补贴"而最终获得整体上的利益。但是按照传统的SSNIP测试步骤，需要通过解读和分析相关的数据来假定涉嫌垄断的经营者有将价格维持在高于竞争价格水平的能力，并且还可以维持其提高价格且不丧失用户的能力从而确定相关市场。但是在互联网经济中，免费竞争所造成的新现象导致价格竞争不再是最核心的竞争因素，所以在互联网行业想要依照传统路径而使用SSNIP分析就难免会出现适用困境。

第二，双边市场的新挑战。双边市场的存在也给SSNIP测试法的适用带来了新的难题。并且由于网络外部性和锁定效应的存在，一边市场的价格变化会同时引起双边市场的需求都发生改变。这种改变不仅会波及双方，还会进一步引发相关市场中其他平台的竞争与规模都发生改变，可谓牵一发而动全身，此时就无法单纯适用假定垄断者测试法分析相关案件，否则显然会导致相关市场界定的不准确性。以腾讯与360案为例，无论在二者各自的哪一笔交易中，一次交易的过程必然包含两种需求：一方面是广告商对互联网服务的需求，这种需求的核心是软件所拥有的终端用户（流量）；另一方面是二者分别对终端用户的差别性服务，分别是即时通讯、杀毒软件等的需求，这两种需求虽然同时发生，但是显然有本质区别，并且因此被划分在不同的相关竞争市场当中、面临着不同的竞争产品和竞争者，此时单纯地用"平台说"就无法解释了，会导致"双边市场"与"平台市场"两种交易模式的混淆，并且忽略了既然双边市场的两边同时面对着两种不同质的需求，那么就应当同时为其界定两个相关市场这一问题。

第二节　互联网经济中支配地位滥用行为的违法性判断

对涉嫌垄断行为进行违法性的判断，指的是对于一个具体的限制竞争行为而言，应当以一个怎样的标准和方法来判断其是否违法或违法但反垄断法不予追究。此时不同的涉嫌垄断行为，如垄断协议还是滥用支配地位，其违法性判断标准和评价方式肯定是不一样的。本节将区分这两种行为，分别论述其违法性判断标准与方法。而之所以将"垄断协议"也纳入本书的考察内容，主要是因为在互联网经济中，经营者可能利用"垄断协议"的方式形成"共同支配地位"，从而构成共同支配地位的滥用；还可能利用"纵向垄断协议"与支配地位的联合行为来滥用其优势地位，那么在此时对该行为进行规制时，就不能单纯使用"支配地位滥用行为"的规制方法了。因此即便是要分析与描述"互联网经济中支配地位滥用行为的规制方法"，也难以绕开对"垄断协议"这一重要的涉嫌垄断行为的分析，所以本书单列这一小节对其进行简要介绍与分析，尤其是可能因此构成共同支配地位的"垄断协议"。

一、支配地位滥用行为违法性判断的一般原理与步骤

传统而言，反垄断法有两个最基本的违法性认定原则，其一是合理原则，其二则是本身违法原则。这两种原则的适用主要是针对垄断协议这一行为。

而支配地位滥用行为的违法性判断标准，显然与垄断协议行为

的违法性判断标准还是有明显区别的，因此二者需要单列分析。虽然两种行为适用违法性判断的原则都是从本身违法原则与合理原则出发，但具体适用标准显然不同，对于滥用支配地位应当适用哪个原则，一直以来也是司法和理论讨论的热点，同样也是相关此类案件争议的焦点。

在支配地位滥用行为中，根据我国《反垄断法》第三章的规定，通常的违法性判断路径是：利用第 17 条和第 18 条划分行为属性，确定经营者占有支配地位（第 18 条列举了具体的认定方法），并且实施了滥用该支配地位的行为（如第 17 条列举的掠夺性定价、拒绝交易、独家交易、搭售等行为），并且这种滥用行为损害了竞争，于是反垄断法对其进行干预与规制。同时还应当继续考察，这种"损害竞争"是否具有"正当理由"，如果具备正当理由则此种行为依然不会受到反垄断法的调整（取得豁免）。此时应当注意的是，我国《反垄断法》第 17 条只是列举了可能存在的"支配地位滥用行为"，并且在第 4 款至第 6 款用到了"没有正当理由"这样的表述，却没有在法条中详细说明何为"正当理由"，难免造成法律适用时候的困难。

而在第 15 条垄断协议的违法性判断方面，我国立法也借鉴欧盟立法规定了豁免制度，具体指的是："①为改进技术、研究开发新产品的；②为提高产品质量、降低成本、增进效率，统一产品规格、标准或者实行专业化分工的；③为提高中小经营者经营效率，增强中小经营者竞争力的；④为实现节约能源、保护环境、救灾救助等社会公共利益的；⑤因经济不景气，为缓解销售量严重下降或者生产明显过剩的；⑥为保障对外贸易和对外经济合作中的正当利益的；⑦法律和国务院规定的其他情形。属于前款第 1 项至第 5 项情形，不适用本法第 13 条、第 14 条规定的，经营者还应当证明所达成的协议不会严重限制相关市场的竞争，并且能够使消费者分享由此产生的利益。"[1] 出于立法目的的统一考虑以及逻辑的一致性,我们可以认为有关支配地位滥用行为的"正当理由"的认定,应该借鉴关于垄断协议豁免制度的规定,即正当理由可以被归纳为:技术创新,合理化、专业化整合,中小企业合作(但不是为了通过经营者集中来达到支配地位的目的),公共利益,结构危机,以及出口贸易所必需。至于"正当性"的判断,则可认为是当支配企业从事某种疑似滥用支配地位的行为时,是否能够因此最终获得提高价格的可能性。毕竟真正判断某一项行为是否损害竞争的根本标准即在于经营者是否有独立提高价格(且不影响其获利)的可能性,一旦经营者的行为具备这种可能性,即意味着其从事的行为具备排斥竞争的能力,因此也应当受到反垄断法的规制。

也有学者认为,在我国法律中对于支配地位滥用行为的违法性判断是适用了"合理原则"来评价的。[2] 笔者认为这一表述不够精确,虽然对支配地位滥用行为进行违法性判断的时候,也适用了类似"垄断协议"调整的豁免制度,进行了正负效果的评价,但是这种表述忽略了一个基本的理论问题,即在我国的反垄断立法中,本质上是不存在本身违法原则和合理原则的区分的。美国反托拉斯法中之所以有本身违法原则的提出,其实质是由于美国判例法的传统导致,通过判例法的发展不断对最初适用的法律原则进行修正和补充而发展出更加合理的规则。但是中国反垄断法不论其立法还是司法适用,都与美国法的发展轨迹大相径庭,所以生硬地认为我们的反垄断法在进行违法性判断时是适用了某种原则,就会显得水土不服。

同时,在具体对某个经营者的支配地位滥用行为进行违法性评

---

〔1〕 具体参见《反垄断法》第 15 条的规定。
〔2〕 李小明:《滥用市场支配地位法律规制研究》,知识产权出版社 2008 年版,第117 页。

价时，还应当注意以下具体规则：

首先，就滥用支配地位行为本身而言，相比垄断协议，滥用市场支配地位行为是垄断行为中的高级形态，表现形式更为复杂多样，经营者总会以各种理由来进行抗辩以强调其行为的合理性（正当性），因而如果从理论上对其直接规定允许还是禁止，而不进行具体的效率分析，那么就有可能使那些对经济发展有益的行为受到抑制或阻止。所以在最后一步进行"正当理由"的评估时，必须具体案例具体分析，力求公平合理。

其次，从竞争原理出发，在产业经济中，"对潜在的滥用行为确定可能的效率是非常必要的，因为反垄断执法者既不能打击经营者竞争的积极性，也不能制裁通过合法手段竞争的成功者"。[1] 既然"潜在的滥用市场支配地位行为在某些情况下是可能带来效率的，因此执法者在分析行为的竞争后果时必须考虑效率因素"。[2] 执法机关应当尽量减少对企业价格的管制范围，而着眼于防止支配地位企业实施威胁竞争的排斥性行为，价格应当交由市场机制来调整，而关注行为的反垄断法应着眼于行为本身的违法性判断，有些国家规定了"超高价格"可能构成滥用市场支配地位行为，但如果竞争当局限制其对价格管制的介入，反而会促进市场经济的健康发展。反之如果企业可以预见到在其增长和具有较大市场份额时价格会受到管制，就会打击其创新和进入新市场的积极性，从长远来看，反而会损害最终消费者的权益。

最后，从是否设立豁免制度角度进行分析。如前所述，《欧盟竞争法》第 102 条并没有像第 101 条那样，对滥用市场支配地位直接规定豁免制度，但之后的 1962/17 号条例第 2 条则规定了"违法

---

〔1〕 孔祥俊:《反垄断法原理》，中国法制出版社 2001 年版，第 552 页。

〔2〕 "A Framework for the Design and Implementation Law and Policy", p. 73. 转引自孔祥俊:《反垄断法原理》，中国法制出版社 2001 年版，第 553 页。

否定"制度，即"根据有关企业或企业团体的申请，委员会根据其掌握的事实，可以确认根据《欧盟竞争法》第102条的规定，依据对有关的协议决定或经营行为采取措施"。[1] 也就是说，根据欧盟的竞争法相关司法实践，如果相关企业或企业团体认为其并没有违反滥用市场支配地位的规定，则可以向欧盟委员会提出豁免的申请，由欧盟委员会最终决定是否豁免。

由此可见，欧盟竞争法为滥用市场支配地位行为，规定了有条件的豁免制度。相对于欧盟竞争法对垄断协议规定的责任豁免制度，这种有条件的豁免制度显然更为严厉，究其原因，应该是由于滥用市场支配地位与限制竞争协议相比，前者由于经营者占有市场优势地位，一旦有滥用行为的存在，这对于市场竞争秩序的危害显然更为严重；而限制竞争协议的企业并不必然占有支配地位，因此其限制竞争的行为往往伴随着一些有利的效率，甚至在某些时候限制竞争是取得那些效率的必要代价，这种有条件的豁免制度与本书之前的观点相符，即滥用市场支配地位行为是垄断行为发展的高级形态，在理论上对市场竞争秩序的危害更大，结果更严重。因此，不直接规定豁免制度，就是为了在执法时，对滥用市场支配地位行为进行合理性分析，既不适用本身违法原则一概否定，又能运用反垄断法对其进行多次评价。

二、与垄断协议行为违法性判断的对比

如前所述，虽然反垄断法一般规定了三种主要的涉嫌垄断行为，即"垄断协议""支配地位滥用""经营者集中"，但"经营者集中"这一行为本质上是一种经营者结构性的调整的行政行为，即经营者通过"垄断协议"或"主体合并"而从事损害竞争的涉嫌垄断行为，所以真正构成损害竞争的行为实际上只有两种，垄断协

---

〔1〕 阮方民：《欧盟竞争法》，中国政法大学出版社1998年版，第200页。

议或支配地位滥用。这两个行为无论从行为的认定（构成要件分析）还是违法性的判断方面都既有联系又有区别，因此本书将再次对二者进行对比分析，并借此对比总结支配地位滥用行为违法性判断的一般步骤。

（一）美国与欧盟对此相关规定的对比

1. 垄断协议的违法性判断步骤。对于垄断协议的调整，各国的一般步骤通常都是：首先认定"协议"的成立，其次认定"垄断"事实的存在，然后进行正负效果的比较来确定是否对其进行允许或禁止。然而如何进行正负效果的比较，美国和欧盟的规定则有所区分：

美国反垄断法上对于某些限制性特别严重的协议认定其属"当然违法"，即只要构成这种行为即属非法而不需要考察其实际效果如何；而对于除此以外的其他协议，则分析其对竞争的限制是否是合理的，然后进行效果分析后只禁止那些不合理的限制。这两种规则分别被称为"本身违法规则"与"合理规则"。

这两种规则的区分在美国的判例法上曾经十分鲜明，但随着反垄断法的发展二者也在很大程度上相互融合：本身违法规则日益演化成合理规则的一种简便高效的适用方法。事实上，美国之所以承认本身违法规则的存在，是由于其判例法的传统，不得不运用判例去修正先例，在实践运用中，各国所遵循的步骤与路径本质都是合理规则的体现。世界上其他国家更是主要借鉴欧盟的做法，在反垄断法中一方面对任何限制竞争的协议都予以禁止，另一方面又规定一些豁免（或允许抗辩）的条件，如果限制竞争协议能够满足这些条件，则放弃对限制竞争的禁止与干预。所以说在现实的司法实践中，两大原则更是趋于融合使用，很少有案例进行反垄断法分析时是单纯适用其中一个原则的。尤其随着网络经济、互联网经济等新经济现象的出现，两者的区别更是日趋减小。在本节中笔者将对这两个原则做一个简要的回顾，并且明确在互联网经济中，结合该经济形态的特征，对涉嫌垄断的行为应该具体适用何种违法认定原则。

本身违法原则与合理原则作为两种判定方法，区别明显且各有利弊，但如前所述近年来两种规则也趋于融合适用，而出现了"软化的本身违法原则"。本身违法原则的缺点是不够灵活且过于严厉。许光耀教授就指出："应用该原则案件审理的重心往往过多地集中在寻找共谋的证据，而不是行为的实际后果，许多案件中，被告被处罚，而事后一些年内，该市场的价格反而上升了。这表明执法机关的精力都花在了一些并未产生实际后果的案件上，反而忽略了真正需要关注的领域。这是一种司法资源的浪费。更重要的是，该规则的明确性同时也导致其僵硬性，只着眼于协议的性质，无法灵活适应案情，有时会与实际情况相矛盾，因而其适用受到越来越多的限制，从而使其界限变得模糊"。[1]

不论是采用美国法上的本身违法规则与合理规则的划分，还是采用欧盟竞争法上的豁免制度，其背后的原理是一样的：垄断协议对市场竞争有所限制，但并非都会产生损害，其中有一些还能带来效率效果，因而其合法性取决于积极效果与消极效果的比较权衡，如果其产生的积极效果足以补偿其限制竞争所造成的损害，则不予禁止。本身违法规则、合理规则和豁免制度都是这一原则的体现，是落实这一原则的规则。

美国法上通常判明垄断协议合法性的标准是综合运用本身违法原则与合理原则，欧盟法上则不作此种区分。《欧共体条约》的条文就明确地表达了这种综合运用"从第 101 条（1）之（a）至

---

〔1〕 许光耀："'合理原则'及其立法模式比较"，载《法学评论》2005 年第 2 期，第 87~93 页。

（e）所列协议的限制性虽然十分严重但并不是本身违法的"。[1]

与美国法上两种规则的关系始终处于不明确的状态不同，欧盟法上采用的方法相对而言较为稳定与温和，其基本思路是将所有的协议都按同样的条件来决定是否能得到豁免，而不会像美国法上那样具体案例适用具体规则。美国法上的这种不确定性必然会使经营者无所适从，同时也缺乏法律的指引性和预测性。对 Broadcast Music[2]（价格限定行为适用本身违法规则还是合理规则）之类案件中的原告来说，既然被告的行为属于固定价格协议而固定价格行为根据之前的判例被认为是本身违法的，因此原告提起诉讼，但原告无法预测到恰恰在他所提起的这个案件中，最高法院改而适用合理规则并最终将其认定为合法行为，从而导致了原告的败诉。这显然对于反垄断法的推广普及适用是极为不利的，经营者无法通过判例和立法引导自己的行为，也不符合反垄断法的价值和效率诉求。法律应当具有可预见性，引导和实现规制企业的行为从而降低司法成本，而美国法上的二分法显然不能合格地做到这一点；如果采用欧盟的豁免制度对行为进行二次评价，那么原告就会依据法条和判例事先分析一下被告行为的效率结果，从而决定是否提起诉讼。

欧盟法上的豁免条件则在立法上为合理规则提供了明确的标准并且列出了明确的步骤，"把合理原则予以成文化、具体化，而不完全付诸法官的自由裁量，因而法官并不是直接在适用合理规则，

---

〔1〕　许光耀："'合理原则'及其立法模式比较"，载《法学评论》2005 年第 2 期，第 87～93 页。

〔2〕　韩赤风等：《中外反垄断法经典案例》，知识产权出版社 2010 年版，第 163～175 页之"美国联邦最高法院 Columbia Broadcasting System Inc. v. Broadcast Musia. Inc."案评析。

而是在适用第 101 条（3）所规定的豁免标准"。[1]

前文提到，由于合理规则有诸多弊端导致人们不停探索使其简化的方式。其中霍温坎普教授提出的霍温坎普路线图则可以被视为是比较成熟的探索结果，它把合理规则的适用线索总结成六个问题与步骤："①当事人所施加的限制是不是有可能减少产出、提高价格；②该协议是不是附属性的；③当事人是不是拥有市场力量；④该限制是不是有可能产生效率；⑤是不是无法找到限制性更少的方法来达成同样的效率；⑥对于那些最复杂的案件，则需要对积极效果与消极效果进行仔细的权衡，最后判明积极效果是不是大于消极效果。"其中第一个问题是在考察当事人的行为是否构成垄断协议，这相当于欧盟第 101 条①的功能。第②至第⑤条则相当于提出垄断协议的豁免条件，即其一，行为必须能够产生效率，而只有附属性的协议才有产生效率的空间，因而赤裸裸的协议就是违法的，因为它无法满足效率条件。其二，无法找到限制性更少的方法来达成同样的效率。第⑥条所针对的案件中，积极效果与负面效果同样显著，而二者的比较又无法进行精确的量化，因而仍然需要提供一种相对明确的尺度，路线图则回避了这种必要性，转而将这种尺度的衡量完全交给法官去自由裁量，既提高了司法成本，事实上也给这种自由裁量限定了一定的尺度。

2. 支配地位滥用行为的违法性判断步骤。对于支配地位滥用行为而言，其调整步骤其实与垄断协议是类似的。首先通过界定相关市场和市场力量而确定"支配地位"的存在（即垄断协议中"协议"的存在），其次同样进行竞争正负效果的比较，看此种行为是否会产生效率（类似于垄断协议中"垄断事实"的认定），最后进行是否存在正当理由的评价（类似于垄断协议中的豁免制度）。

---

[1] 曾晶："反垄断法上转售价格维持的规制路径及标准"，载《政治与法律》2016 年第 4 期。

二者的调整步骤一致，都是先进行事实认定，再进行正负效果的考察，只是由于行为人行为特点的不同而存在不同的证明方法，但二者的目的均在于考察行为人最终是否有提高价格的可能性，这才是行为人从事涉嫌垄断行为的最终目的，如果没有这种提高价格而获利的可能性，那么为何经营者要从事这种行为显然就无法逻辑自洽了。也就是说，不论是垄断协议还是支配地位的认定，其根本违法性的判断标准在于考察该行为是否有提高价格的能力。具体到每个步骤而言：

首先，在进行支配地位的认定时，其一般认定方法为首先界定相关市场（本书第三章会详细说明）从而识别竞争者，然后在每个独立的相关市场内进行市场力量的考察（与垄断协议中"垄断事实"的存在基本类似）。关于支配地位认定的具体方法和标准，本书将在第三章详细分析。

其次，考察占支配地位的企业是否从事了具有排斥竞争性质的行为。这一步骤中"排斥性"考察的标准在于该经营者的行为是否会阻止新的竞争源形成。进行到这一步后我们发现，与垄断协议行为的考察一个最大的不同点在于，垄断协议行为认定的难点在于协议的存在（对于横向垄断协议而言）以及"垄断"二字的证明（纵向垄断协议）。前者要证明协议构成，需要依赖行为的协同性来判断，举例而言，竞争者之间本来由于存在竞争关系而应当彼此阻碍对方具备提高价格的能力，但如果这种阻碍不存在，反而还刻意减轻阻力，则可认为经营者之间存在着提高价格的协同行为，进而判断"协议"的存在；后者需证明"垄断"事实，即上下游的经营者之间客观存在的协议有损害竞争的事实，也就是说纵向协议须产生横向垄断协议的影响，则可认为"垄断"事实存在。而对于支配地位滥用行为而言，考察其是否有排斥竞争的效果，主要是通过考察经营者是否有能力影响市场结构、破坏市场正常竞争秩序、客观提高商品价格的能力。

最后，进入到最后一个步骤，考察占支配地位的企业是否有"正当理由"进行抗辩，这基本等同于垄断协议中的豁免制度。如前所述，对于垄断协议而言，欧盟的豁免制度与霍温坎普路线图本质上都是在使合理规则的适用方法变得更为确定与明晰，二者所体现的内在逻辑是一致的，但差异也十分明显。与欧盟的豁免制度相比，霍温坎普路线图修正了一些内容：首先，路线图没有对效率作进一步解释，而欧盟则强调其所说的效率不仅仅是成本效率或质量效率本身，这些成果必须落实到消费者身上才能称为竞争法上的效率；其次，路线图没有设定"对协议予以豁免不得消除相关市场上的竞争"这一消极条件，而对于解决第⑥个步骤所针对的最复杂的案件，这一条件是非常重要的——这种情况下，协议既能产生重要的效率，又对竞争产生很大的负面影响，而又找不到限制性更少的方法，依据欧盟的豁免条件，一般情况下应以效率为重，对于必不可少的限制应予容忍，但如果容忍的结果将使竞争被消除，则宁可放弃效率，而维护竞争的压力。路线图则没有提供这么明确的解决方法，只是消极地将其交给法院，但又没有为法院提供基本的指引。

而支配地位滥用行为的"正当抗辩理由"也可以被概括为"经济进步""技术创新""生产效率""销售效率（潜在竞争者进入市场的能力）"，在此若想证明"正当性"则需要证明该排斥竞争的行为本质上是可以产生效率的，而为了产生此种效率加以必须的限制竞争，然而还须同时证明这种必须的限制竞争不得根本上消除"有效的竞争"，也就是说，即便此时原告无法证明这种"有效性"，也应当证明"必须限制"与"效率"之间存在直接的因果关系。

（二）中国立法的分析

我国《反垄断法》本身对于这两种行为的规定都比较抽象和原

则化，因此只利用有限的条文表述是无法准确适用的，执法机构还须设立颁布大量的补充性立法或指南来增进条文适用明确性以提高法律适用的效率，以期能更好地引导当事人的行为。

对于垄断协议而言，将"当事人市场力量"的考察作为首要步骤是十分必要的。事实上，之前所介绍过的霍温坎普路线图的步骤与欧盟的成批豁免制度其本质上是一致的，只是霍温坎普路线图的操作更多地依赖法官的裁量，这对成文法国家的适用性与普及性上显然比不上欧盟的做法。因此，我们应当加强对欧盟成批豁免制度的研究，以利于将来可以很好地借鉴。而对于支配地位滥用行为而言，市场力量的认定仍然是认定"支配"事实的起点，此时也可以借鉴垄断协议中关于"垄断事实"的判断。

同时，对于垄断协议而言，我国的《反垄断法》实际采用了与欧盟法上相类似的豁免制度，但又结合了德国《反限制竞争法》上的一些做法，即中国先对所有的涉嫌"垄断协议"进行协议性质的认定（《反垄断法》第13、14条），如果认定其成立垄断协议则纳入反垄断法的考察，然后再利用第15条考察该协议是否符合豁免条件，从而决定是否对其进行反垄断法的干预。也就是说，垄断协议的认定是纳入中国反垄断法管辖的起始条件。我国《反垄断法》第二章实际上借鉴了欧盟的做法，其第13、14条相当于欧盟的第101条（1），以及美国的《谢尔曼法》第1条，基本功能是充当管辖权条款；然后，再依据第15条所规定的条件予以豁免。因此第15条的功能相当于欧盟的第101条（3），以及美国判例法上的合理规则。而对于支配地位的滥用行为而言，《反垄断法》第17条除了"正当理由"四个字外并没有关于正当抗辩理由的规定，所以也可以借鉴垄断协议的规定，将"正当理由"类比"豁免制度"而适用。

同时，关于"效率"的规定，依旧集中体现在我国《反垄断法》有关垄断协议的规定方面：横向协议的主要负面效果是消除协议当事人彼此之间的竞争，从而使当事人联合起来能够拥有提高价格的力量；而纵向协议的双方当事人之间由于本来就不存在竞争关系，因而不会消除当事人之间的竞争，所以纵向协议的主要负面效果是可能会增强一方当事人的力量，同时这种力量还具有隐蔽性，并非仅仅考察当事人的市场份额就可以确定；此外，在许多情况下，经营者之间要订立横向垄断协议并不容易，因为协议的条件既不容易达成，当事人也往往有从事欺骗行为的倾向，而有些纵向限制则可以便利横向垄断协议的达成与维持，成为服务于横向垄断协议的手段。

《反垄断法》第15条列举了七类"效率"，而每一类效率又有许多不同的表现形式，因而其所列举的类型比德国《反限制竞争法》要多。但问题在于，第15条最后从字面上发展成为了穷尽性列举，而德国1998年《反限制竞争法》除了所列举的类型外，"其他协议"如果"有利于改善商品或服务的开发、生产、分配、采购、回收或处理条件"（第7条），也同样有可能得到豁免。因此，德国法上的列举实质上是重点强调而非穷尽性的；对于没有列举的效率，也提供了基本的评价标准，即有利于产品的"开发、生产、分配、采购、回收或处理条件"，这与欧盟的"有利于改善产品的生产和销售，或促进经济与技术开发"是一致的，可以涵盖整个产业链条上各个环节所发生的各种效率。

而《反垄断法》第15条对效率没有一般性的概括规定，而只限于其所列举的七种类型，"经营者能够证明所达成的协议属于下列情形之一的"，才有可能得到豁免；而且每种类型又陈列得过于细致，从而更使得条文失去了应有的弹性和涵盖力。一方面，由于效率的多样性，作穷尽性列举是不明智的，难免挂一漏万，比如从第15条的设计看，除非"法律或国务院规定了其他情形（第7

项），则本条所列举的前六项情形就是穷尽性列举了，但这些列举并不能做到全面无疏漏，例如第1项所列的是'为改进技术、研究开发新产品'的协议，那么研发'全新的技术'，既非'改进技术'，也不是'研究开发新产品'，"[1] 是否算满足了效率的要求？更不合理的是，所列效率中既无"增加产出"即生产效率，也没有"增加销售"即销售效率。

三、互联网经济中支配地位滥用行为的违法性判断

具体到互联网经济而言，对于互联网经济中，经营者滥用市场支配地位的行为则更应该秉持适度、谨慎干预的态度以及审慎干预的原则。我国互联网行业的发展仍处于起步阶段，政府应将更多的问题交给市场解决。在执法机构和司法机关还未全面地掌握该行业发展规律的情况下，市场解决能避免造成政府干预错误、互联网企业发展困惑、扭曲互联网企业市场行为的严重后果。如前所述，互联网经济给反垄断执法机构和司法机关提出新挑战：一方面，目前从世界范围来看分析互联网领域多边平台的法学和经济学理论、法律制度并不发达；另一方面，互联网经济发展非常迅速。这种态势持续发展，必然导致人们对反垄断调查和诉讼的迫切需要与落后的法律和执法司法实践之间矛盾的日益激烈。

综上所述，对于目前互联网企业滥用市场支配地位行为的反垄断法规制，反垄断执法机构和司法机关需要加倍谨慎，原因在于要做到以下两方面的"平衡"：其一，要"平衡"保护消费者免受反竞争行为的损害，和防止干预这些发展迅速并且我们还没有完全理解的复杂企业而伤害互联网行业发展之间的关系；其二，由于适用反垄断法规制互联网企业滥用市场支配地位的行为会涉及复杂的、

---

　[1]　许光耀："《反垄断法》中垄断协议诸条款之评析"，载《法学杂志》2008 第1 期。

专业的和特殊的相关市场界定、市场支配地位认定等大量难题，反垄断执法机构和司法机构要"平衡"保护长期社会福利的需要与在这个高度动态和复杂的经济领域停止反竞争战略的需要。互联网经济在发展过程中可能出现"市场失灵"现象，但是，反垄断执法机构和司法机关未完全了解互联网行业的发展规律就冒然规制，也很可能出现"规制失灵"现象，减少这两个"失灵"之间的冲突也为反垄断法对互联网企业滥用市场支配地位的规制提出高要求。

并且由于互联网企业以锁定性、网络性、双边性、创新性为竞争核心的特殊性，本书认为，在进行支配地位滥用行为的违法性判断时，需要明确考察的核心在于经营者是否有提高价格的能力，并且运用双边市场的理论正确界定相关市场。互联网经济中，由于双边市场的存在，完全可能出现两方当事人但是需要界定三个相关市场的情况，此时就需要跨市场来进行考察市场力量。并且在规制互联网企业滥用市场支配地位的行为时，需要客观地分析企业行为的效率合理性和反竞争效果的大小，才能达到比较有效的规制效果。

例如，互联网企业对市场的一边实行补贴或免费策略，以传统的规制眼光来看，该行为是限制竞争的违法的掠夺性定价行为，相反，该行为却能促进互联网市场的竞争。因此，分析互联网企业滥用市场支配地位行为时，如果忽略了"正当理由"的抗辩，无疑会不合理地加大国家对互联网行业的干预，反垄断政策过严，不利于互联网行业的发展壮大，阻碍其国际竞争力的提高。也就是说，"如果反垄断法的目标是经济效率，经济效率最终指向消费者福利，则对所谓的互联网垄断现象就不能过于严厉，也不能将其与传统经济领域的垄断现象等量齐观"。[1] 基于审慎干预以及执法谦抑性的

---

[1] 焦海涛："论互联网行业反垄断执法的谦抑性——以市场支配地位滥用行为规制为中心"，载《交大法学》2013 年第 2 期。

角度和经济效率的考量，笔者认为对于互联网经济中滥用市场支配地位行为的反垄断法规制，借鉴"垄断协议"的豁免制度来进行"正当理由"的分析，是最终实现反垄断法立法目的的重要步骤。

第三章　互联网经济中相关市场的确定

对相关市场进行界定，是每一个反垄断案件审理与分析中的逻辑起点，如果无法确定相关市场，则反垄断法之后的调整方法与步骤都无从谈起。每个限制竞争行为所涉及的市场范围都是具体且确定的，而不是类似"市场经济"这种表达中抽象的"市场"，因此要考察涉嫌经营者的某种行为对竞争的影响，必须首先确定其所在竞争市场的范围，在反垄断法上，这一市场即被叫做"相关市场"（Relevant Market）：它由所有互具竞争关系的商品（包括产品和服务）组成，这些商品的经营者即互为竞争者，"界定相关市场的直接目标就是将竞争者识别出来，然后再考察它们之间的力量对比关系、行为过程及其后果"。[1]

也就是说，"相关市场的界定"指的是在反垄断法的实施过程中，反垄断执法机关或诉讼当事人运用特定方法确定相关市场的过程，其根本目标在于识别竞争者，进而识别竞争关系。其中，界定相关市场的基本标准被称作"需求替代性标准"，指的是在消费者看来，哪些商品之间在满足自己既定的需求方面具有替代性。同时，为实现这一目标的具体操作工具则被称之为"假定垄断者测试法（即 The hypothetical monopolist test，假定垄断者测试法，以下简

---

[1] 许光耀："界定相关市场的目的与标准研究"，载《价格理论与实践》2016年第11期。

称 SSNIP）"，这些内容都会在本章中进行详细展开。

"相关市场"与产业、行业等概念不同。欧盟委员会对此的界定为："相关市场的概念与其他场合中所使用的市场概念是不同的。后者中例如：公司经常使用市场一词来指它销售产品的区域，或在广义上指它所属的行业或领域。"［1］相关市场的本质是竞争产生作用的领域，该领域中往往包括商品（物）和地域（地）两个维度，在一些国家的规定中如英国，还包括时间（空）这样的维度。一个行业中可以有若干种产品，但这些产品彼此间并非必然具有竞争关系，比如操作系统软件、即时通讯软件、社交网络软件、搜索引擎软件等虽然都属于软件产业，但由于其各自功能各异、消费者对其的需求不同，所以彼此间并没有替代关系，因而不具备竞争关系。

而从相关市场的角度分析，上述商品即使都属于软件产业，其中也同时并存着多个相关市场，如操作系统软件市场、即时通讯软件市场、社交网络软件市场、搜索引擎软件市场等。这些软件由于功能的不同，在各自的相关市场中与其具备替代性的"同质"商品或服务发生竞争，而对不具有功能替代性的"同类（这个类指都是软件）"产品则可以忽略。当然这种划分并非是绝对的，有些情况下也会跨市场地产生竞争压力，以即时通讯软件为例，随着其功能的进一步开发，如兼具了社交网络的功能，或者社交网络软件本身推出了附带的聊天服务（如微博里自带的"私信功能"，甚至微信朋友圈中的评论功能），出于人们对于方便与效率的要求，两种软件的替代性就会越加明显，也就是说相关市场的划分是动态的、并非一成不变的，因此相关市场在个案中应当如何正确界定和确定，还需要依据每个案件的不同事实具体分析，此时法官或反垄断执法机构就需要发挥一定的主动性来进行纠偏了。

---

〔1〕 参见欧盟委员会于 1997 年 12 月 9 日发布的《关于欧共体竞争法界定相关市场的通知》，原文发表于欧共体官方公报：OJC372，1997 年 12 月 9 日。

第一节 相关市场的一般概述

一、界定相关市场的目的

（一）相关市场定义的发展：以欧美实践为例

"相关市场（Relvent Market）"这一概念，最早始于经济学的理论，是由美国反托拉斯法的判例法发展起来的理论，1948 年在美国被引入反垄断法的领域。之后美国最高法院于 1962 年的"布朗鞋"一案[1]中，对于相关市场的界定出现了经典的判决，并对之后各国反垄断法的理论和实践都起到了重要的指导意义。

"相关市场"指的是经营者在一定时期内就相关商品（包括产品及服务）进行竞争的商品范围和地域范围，也就是固定的发生竞争作用的领域；而"相关市场的界定"就是指通过特定的方法、用特定的标准对这个发生竞争的领域进行确定的过程。"相关市场的界定"本身并不是反垄断法中的一项独立制度，甚至不是一项独立的法律制度，但它却是建立和开展反垄断法各主要制度的基础，更是反垄断法在实施中的一个基础性问题和最基本的方法论。在已建立起反垄断法基本制度的国家和地区，相关市场的界定常常成为反垄断法实施中的一个非常关键的问题。因为在反垄断法中，大多数情况下对于是否涉嫌垄断行为是通过分析其是否对竞争造成损害来决定其违法性的，这就必然涉及发生竞争的领域。而相关市场的界定就是要划定这种竞争领域范围的大小。只有通过相关市场的界定，才可明确在一个市场上到底有多少竞争者，他们各自的市场份额有多大，进而才能判断涉嫌违法企业究竟能在多大程度上正在行

---

[1] Brown Shoe Co. v U. S. 370 U. S. 294 (1962).

使或者将来可能行使其市场支配力（Market Power），[1] 从而使其行为具有或者产生限制竞争的违法性效果。

为了提高执法的透明度和确定性，有些国家或地区还颁布了反垄断执法机构关于界定相关市场的程序，以及界定相关市场的标准和证据，如欧共体委员会 1997 年 12 月发布的《关于欧共体竞争法界定相关市场的通知》，该通告指出，"透明度的增加将会使公司和它们的顾问人员能够更好地预见委员会在具体个案中提出竞争问题的可能性。这样，当公司打算实施收购、创建合营企业或订立某些协议时，就可以考虑到以上可能性"。并且为了使市场界定规范化、科学化和客观化，欧共体委员会在这个通告中还提出了界定相关市场的具体方法，并提出要使用经济学和计量经济学来界定产品市场和地域市场，就此明确地将经济分析法引入了欧共体的竞争法。

同时，在该通告的第 2 段还规定："市场界定是一种识别和限定企业间竞争界限的工具，这种工具为委员会适用竞争政策确定了一种框架。市场界定的主要目的，是系统地去识别所涉企业受到了哪些竞争约束。从商品和地域范围两方面来对市场进行界定，其目的是确定相关企业的实际竞争者，这些实际竞争者能对其行为进行约束，防止其超越有效的竞争压力而为所欲为，从这个角度看，界定了相关市场，才能计算市场份额，市场份额往往传递着关于市场力量的重要信息，而评价支配地位或适用第 81 条[2]，都需要对市场力量进行分析。"[3]

由上述条文可知，欧盟对于"相关市场"的规定可以概括为四

---

〔1〕　市场支配力，指的是"不考虑竞争者与消费者的反应提升价格的能力"。理论上，市场力是能够测量、计算的，但迄今没有哪一个国家的反垄断法对测量、计算市场力的方法作出明确规定。关于支配力的介绍，本论文将会在第三章"支配地位滥用行为的规制"里进行详细展开。

〔2〕　该条在修订后改为第 101 条，作者注。

〔3〕　许光耀：《欧共体竞争法研究》，法律出版社 2002 年版，第 138 页。

点：其一，欧盟竞争法的管辖权。"企业是在相关市场内竞争的"，因此竞争法律也只限于在相关市场这一范围内进行考察。其二，界定相关市场的目的，在于直接识别竞争者，即寻找所涉企业的"现有竞争者"，是这些相关竞争者"在对所涉企业造成竞争约束，防止其超越有效的竞争压力而为所欲为"。[1] 以之前提到的"腾讯QQ诉奇虎360"案为例，奇虎诉腾讯将相关市场界定为"即时通信服务市场"就缺乏"寻找竞争者"的明确主观企图。因为奇虎公司并不从事即时通信服务的经营，在这一市场上，两家当事人并无竞争关系，这时应当追问它们之间相互排斥是出于何种原因。进而可以发现二者实际在互联网广告市场上互为竞争者——如果明确意识到界定相关市场的直接目的，就不会错过这一点。其三，考察市场力量的具体步骤：只有在识别出竞争者之后，才可以开始调查每个竞争者的销售额，并且于此基础上计算市场份额进而考察市场力量。在需要市场份额数据的情况下，相关市场的界定应当十分精确，尽可能找全所有的替代性商品，进而找全所有的生产商。其四，对当事人行为的竞争效果进行评价时，也要以相关市场的范围为限。

美国作为反垄断法立法和实施最早并且制度规划最为完善的国家，早在二十世纪五六十年代的一系列案件中各法院就经常使用各种方法来界定相关市场，其中需求替代性分析成为反垄断执法中界定相关市场的普遍方法。1968年，美国司法部反托拉斯局颁布了《合并指南》，对经营者集中审查的实践进行了指导。美国反托拉斯法早期实行结构主义的规制方针，1945年的美国铝业案[2]被认为

---

〔1〕 许光耀："界定相关市场的目的与标准研究"，载《价格理论与实践》2016年第11期。

〔2〕 United States V. Aluninum Co of America, 148F. 2d 416 (1945).

是结构主义理论运用的起点，1962 年的布朗制鞋公司案[1]和 1967 的宝法公司案[2]则将结构主义理论的运用发挥到了极致，直到 20 世纪 70 年代以后芝加哥学派的行为主义规制理论逐渐成为反托拉斯执法的指导思想。1982 年美国司法部颁布了新的《横向合并指南》（以下简称为《1982 合并指南》），反映了美国在反托拉斯执法立场上的这种转变。

　　《1982 合并指南》运用"假定垄断者测试"（Hypothetical Monopolist Test）来进行相关市场的界定。该方法的基本原理是："先确定一个备选市场，假设该市场中的某个垄断者进行一个'不大但是明显的非临时性涨价'（Small but Significant Transitory Increase in Price，简称 SSNIP），然后测试这个备选市场上其他相似产品或服务的反映，最终确定一个相对固定的相关商品市场或相关地域市场"。[3] 由此引出了"相关产品市场"和"相关地域市场"的概念。在《1982 合并指南》的基础上，美国司法部和联邦贸易委员会于 1992 年和 1997 年再次对指南内容进行修订（以下简称为《1997 合并指南》），在此引入了对于合并的协调效应和单边效应进行分析的经济学方法。[4]《1997 合并指南》确立的相关市场界定方法也被其他国家所借鉴，例如，欧盟、日本、加拿大、英国、澳大利亚、新西兰等在其反垄断执法中都采用了和美国相似的

　　〔1〕　Brown Shoe Co. v U. S. 370 U. S. 294 (1962).

　　〔2〕　FTC v. Procter & Gamble Co.

　　〔3〕　戴龙："反垄断法中的相关市场界定及我国的取向"，载《北京工商大学学报（社会科学版）》2012 年第 1 期。

　　〔4〕　所谓协调效应，是指"合并可使相关市场上的企业取得成功并且全面地进行危害消费者的相互协调，从而达到减少竞争的目的或效果"。单边效应是指"合并即便没有能够成功地提高企业相互协调的可能性，但是由于竞争对手的减少以及产品的差异性等因素，使得合并后的企业能够进行单方面涨价或减少产量的效果。"参见戴龙："反垄断法中的相关市场界定及对我国的取向"，载《北京工商大学学报（社会科学版）》2012 年第 1 期。

做法。

与此同时，欧盟委员会于 1997 年 12 月公布了《关于欧共体竞争法界定相关市场的通知》，全面阐明了欧盟委员会在界定相关市场时的基本立场。和美国相比，欧盟委员会所确立的界定相关市场的方法并不局限于经营者集中规制的情形，而是适用于欧盟竞争法全体。欧盟竞争法的制度特征体现在对滥用市场支配地位的规制上，对于欧盟竞争法来说，界定相关市场具有不可替代的重要作用。

之后的美国，2009 年上台的奥巴马政府开始格外强调要加强反托拉斯法的执法。2010 年 8 月，美国司法部（DOJ）和联邦贸易委员会（FTC）共同颁布了新的《横向合并指南》（以下简称 2010 年《横向合并指南》），体现了美国政府对于相关市场界定的最新立场。2010 年《横向合并指南》对经营者集中审查的相关市场界定进行了重新定位，认为相关市场的界定并不是集中审查的目的，只是反托拉斯当局评价集中可能产生限制竞争效果的一个工具。反托拉斯当局对经营者集中进行审查时并不需要从界定相关市场开始，评价集中产生的限制竞争效果也不完全依赖于相关市场的界定，并且 2010 年《横向合并指南》认为在集中审查前进行相关市场界定具有一定的局限性。

2010 年《横向合并指南》明确阐述了界定相关市场的两个作用：其一，"市场界定使得执法机构能够去确认市场参与者，并测量市场份额以及市场集中度"。[1] 即确定相关市场上都有哪些竞争者，然后才能计算市场份额，而市场集中度的计算应当以全体竞争者的市场份额为依据。其二，"帮助具体确认所发生的竞争问题的商业边界以及地域范围"。[2] 即，要考察当事人的行为究竟产生了

---

〔1〕 美国 2010 年《横向合并指南》第四章第 1 段。

〔2〕 美国 2010 年《横向合并指南》第四章第 1 段。

什么影响，也必须以独立的相关市场为考察范围，其中包括了相关商品市场与相关地域市场。美国这一指南的文字相比于前述欧盟的就明显简练了许多，但二者的内容大致还是相同的，基本都是强调相关市场界定的直接目的在于识别具体的竞争者。其中，需要进一步明确的是：

第一，在支配地位滥用行为案件中，首先须认定涉嫌当事人拥有支配地位，而传统反垄断法上认定支配地位的首要步骤是计算其市场份额，因而必须尽可能把所有的竞争者都识别出来，这要求对相关市场的界定必须十分详细。涉嫌当事人当然希望相关市场界定得尽可能宽泛一些，因为市场越大，它的市场份额就会越小，被认定为支配企业的可能性就越小。如在 1945 年著名的美国铝公司案中，[1] 如果将新生产的纯铝锭认定为独立的商品市场，则美国铝公司的市场份额为 90%；如果将回收的二手铝也包括在内，则该公司只有 64% 的份额；如果将该公司自产自用的铝锭排除在外的话，其市场份额就是 33%，因为它生产的铝大部分是自用的。在当时的反垄断法看来，拥有 90% 市场份额的经营者基本上肯定会拥有支配地位，如果市场份额是 33%，则很难说它具有这种能力，因而其行为也不构成滥用行为。因此，如果对相关市场界定得过宽，就会漏掉一些涉嫌垄断的行为，但如果界定过窄则可能反而会损害竞争效率。

但有时可以采用更简便的方法来认定支配地位，这时相关市场的界定就可以不那么精确，比如某个经营者能够相当长时间地在不同类型的客户间进行差别定价，则可以认定其拥有支配地位，否则那些受歧视的消费者本应转向其他卖方，而不会长期接受这种歧视

---

〔1〕　United States v. Aluminum Co. of America（Alcoa）148 F. 2d 416（2d Cir. 1945）；另请参考高菲：《论美国反托拉斯法及其域外适用》，中山大学出版社 1993 年版，第 91～94 页；王先林：《知识产权与反垄断法》，法律出版社 2008 年版，第 198 页。

待遇。或者，"如果能够证明提供某组产品的重要竞争者数量的减少，导致这些产品的价格明显上升，这一证据本身就能证明这些产品构成一个相关市场"。[1] 不过在这种情况下需要确认这两类客户之间是不是竞争者的关系，因而至少要分析一下它们的产品之间有无替代性，按本书的理解，所有的替代性分析过程都属于相关市场的界定过程。

第二，在垄断协议案件中，也经常需要借助市场份额，比如根据欧盟委员会《关于影响较小的协议的通告》，横向协议全体当事人的市场份额总和如果少于10%，或者对纵向协议来说，任何一方当事人的市场份额均少于15%，则只要该协议中不含有本身违法的限制，即认为它不构成垄断协议，反垄断法不必管辖。即使超过这一门槛，根据欧盟委员会发布的各种豁免条例，"横向协议当事人的市场份额总和不超过25%，或纵向协议任何一方当事人的市场份额均不超过25%的，只要不含有核心限制，则直接依据条例予以豁免"，[2] 而不需要根据《欧盟运行条约》第101条（3）的四个豁免条件一一进行考察与评估。这些程序性、技术性的设置使得市场份额的计算十分重要，而在要计算市场份额的情况下，对相关市场必须进行精确的界定。所谓精确界定，就是指要把所有竞争者一一识别出来，而其前提是把所有互具替代性的商品全都识别出来。

但少数限制性特别严重的行为类型则会被直接推定为垄断协议，不需要考察当事人的力量，因而不必把所有的竞争者一一识别出来，比如最高人民法院《关于审理因垄断行为引发的民事纠纷案件应用法律若干问题的规定》第7条规定："被诉垄断行为属于反垄断法第13条第1款第1项至第5项规定的垄断协议的，被告应

---

〔1〕 美国2010年《横向合并指南》第四章第3段。
〔2〕 许光耀："界定相关市场的目的与标准研究"，载《价格理论与实践》2016年第11期。

对该协议不具有排除、限制竞争的效果承担举证责任。"这几类协议直接被推定为垄断协议，而且一般说来这些协议类型不太可能产生效率，因此大多注定是违法的，不管当事人的市场份额总和是不是小于10%。但即便在这些情况下，至少也需要确定协议当事人相互间有无竞争关系，才能确认这一协议是横向的还是纵向的。横向关系是竞争者之间的关系，由于竞争者相互间构成对方提高价格的阻碍，因而对横向关系施加限制有可能削弱这种阻碍，从而增强当事人提高价格的能力，反垄断法对此看管得很严；而纵向关系的当事人之间并无竞争关系，其所施加的限制不能直接给当事人带来提高价格的可能性，反垄断法上对此态度要宽松得多。比如横向固定价格协议在美国法上是本身违法的，而纵向固定价格协议（即转售价格维持）则适用合理规则，需要经过详细的竞争效果考察。这种竞争关系的识别只需要在特定的当事人之间进行，不需要识别更多的竞争者，也就不需要把所有替代性商品全部找出来。

总之，只要需要计算市场份额，就需要对相关市场进行比较确的界定，因为市场份额的计算方法是将涉嫌当事人的销售额除以相关市场上全体竞争者（包括涉嫌当事人自身）的总销售额，如果有所遗漏，则市场份额的计算结果就会出现误差。然而在不需要精确计算市场份额的情况下，市场界定可以不那么精确，但是即便是不精确的市场界定仍然是市场界定，仍然要采用同样的标准与方法，也同样有着相同的目标——即识别竞争者，精确预防的差异仅在于识别的范围不同而已。因此相关市场的界定是反垄断法上的基本问题，是审理反垄断案件的第一个步骤，正如经合组织（OECD）所说："任何类型的竞争分析的出发点都是'相关市场'的界定。"[1]

---

〔1〕　OECD, Glossary of Industrial Organization Economics and Competition Law, p. 54. 转引自孔祥俊：《反垄断法原理》，中国法制出版社2001年版，第279页。

（二）中国的相关规定

中国 2008 年施行的《反垄断法》第 12 条第 2 款明确规定："本法所称相关市场，是指经营者在一定时期内就特定商品或者服务（以下统称商品）进行竞争的商品范围和地域范围。"该条款既是中国《反垄断法》对于相关市场概念的明确定义，同时也为我国反垄断执法机关进行相关市场界定确立了指导原则。根据本条规定，我国同样将相关市场分为相关商品市场和相关地域市场，分别代表了经营者就特定商品和服务进行竞争的物品范围和地理范围，并且由于该条效仿欧盟的规定表述了"在一定时期内"，所以还规定了"相关时间市场"，即涉及的商品市场和地域市场都是在"一定时间范围内"。但是，"由于经营者展开竞争的时间范围在很多情况下可以融入相关商品市场的界定之中，实践中并不将'相关时间市场'作为一个单独问题对待"。[1]

但是《反垄断法》中对"相关市场"的规定过于笼统和原则，缺乏可操作性，所以在 2009 年国务院反垄断委员会又发布了更明确的实施细则，即《关于相关市场界定的指南》（以下简称《指南》），这也是我国最早的反垄断配套立法，在司法实践中起到了非常重要的指导作用。《指南》中的第 2 条第 2 款对界定相关市场的作用和目的作出了进一步明确的界定："科学合理地界定相关市场，对识别竞争者和潜在竞争者、判定经营者市场份额和市场集中度、认定经营者的市场地位、分析经营者的行为对市场竞争的影响、判断经营者行为是否违法以及在违法情况下需承担的法律责任等关键问题，具有重要的作用。因此，相关市场的界定通常是对竞争行为

---

〔1〕　戴龙："反垄断法中的相关市场界定及我国的取向"，载《北京工商大学学报（社会科学版）》2012 年第 1 期。

进行分析的起点，是反垄断执法工作的重要步骤。"[1] 与美国、欧盟的上述立法相比，我国的这一规定虽然出台时间晚、表述短，但内容明显要全面具体许多。该条第1款就明确指出，在垄断协议案件、支配地位滥用行为案件、经营者集中案件中，"均可能涉及相关市场的界定问题"，再结合本书的上述分析可以得出这样的结论：所有反垄断案件中"都一定会涉及"界定相关市场，而不是"可能涉及"。

二、界定相关市场的基本标准与方法

反垄断法的立法目的在于及时发现并且禁止那些实质减少、排除、限制竞争的行为。相关市场的界定就是实现该立法目的的基础手段，其基本作用是作为一种证据用来划定反垄断法发生作用的领域，同时帮助反垄断执法机关、司法机关发现某些客观事实。此外，相关市场界定与反垄断案件的结果也具有非常紧密的关系：相关市场界定得越宽，涉案行为违法的可能性就越小，反之就越大。因此如何确定一个具体的、统一的、可量化、可推广的界定标准就显得尤为重要，只有明确这样的界定标准，才能保证反垄断法适用的统一性。

前文我们已经提到，纵观各国的立法与实践，通行的界定相关市场的基本标准被称作"需求替代性标准"，指的是在消费者看来哪些商品在满足自己既定的需求方面具有替代性。同时，为实现这一目标的具体操作工具则被称之为"假定垄断者测试法（SSNIP）"，这些内容都会在本节中详细展开。

（一）界定相关市场的基本标准：需求替代性

如前所述，反垄断法并不必然反对"垄断事实"的存在，而是

---

[1] 参见国务院反垄断委员会网站："关于相关市场界定的指南"，http://www.gov.cn/zwhd/2009-07/07/content_1355288.htm，最后访问日期：2018年3月15日。

反对经营者通过提高价格的方式来实现其利润的最大化从而损害竞争秩序。此时阻止经营者提高价格的力量就被称为竞争压力。所谓竞争压力，通俗地说就是当某个经营者提高价格时，消费者的需求会转向其他经营者的替代性商品，这些商品能满足消费者同样的需求。这就使得竞争者可以对行为人的"意图涨价"构成制约，如果消费者流失所带走的利润超过价格上涨所增加的利润，则行为人的涨价行为会导致利润减少，从而使其打消这种念头。

所以说，界定相关市场的过程本质就是确定替代性商品范围的过程，而替代性商品的"基本含义"，简而言之就是对于消费者而言有哪些商品可以满足其同一需求。由于消费者的购买能力是基本稳定的，原则上任何商品都具有替代其他商品的可能性，消费者购买了此种商品就减少了购买其他商品的能力；满足了此类需求就无法满足另一类需求，那么这种替代性就被称为"一般替代性"。

对于满足一般替代性的两种商品而言，往往不存在物理特性、质量、价格、用途等方面的近似性，它们各自满足的是完全不同的需求，消费者也并不把它们看作是进行"二选一"选择时可以相互替代的商品，所以通常而言只具有一般替代性的两种商品并不构成同一个商品市场。反垄断法上界定商品市场时，本质上考察的是商品是否满足消费者"同等需求"上的替代性。也就是说，具有"一般替代性"的商品，消费者要么满足 A 需求、要么满足 B 需求，此时如果存在竞争则是两种不同类需求之间的竞争；而"反垄断法上的需求替代性"实质上则指的是：在消费者的需求目标确定以后，是以此商品还是以彼商品来予以满足的问题。此时的这两种商品"非此即彼"，没有第三种选择。具体而言，就是当其中一种商品涨价时，消费者可能会购买另一种商品，尽管这后一种商品所带来的消费者满意程度可能要差一些。但当前一种商品涨价时，消费者对商品性价比的评价发生变化，宁可"用脚投票"转向后一种商品。

因此我们可以得出结论：相关市场的界定标准就是需求替代性。不过这种需求替代性的判断是立足于"全部消费者"这一整体的。在不同消费者眼里，商品间的替代性程度不同。因此，相关市场概念的完整含义应当是"能够满足同样的消费者需求，而又能阻止当事人提高价格的替低性商品的总体"。[1]

《指南》第5条第1款规定："需求替代是根据需求者对商品功能用途的需求、质量的认可、价格的接受以及获取的难易程度等因素，从需求者的角度确定不同商品之间的替代程度。"[2] 第2款又补充规定："原则上，从需求者角度来看，商品之间的替代程度越高，竞争关系就越强，就越可能属于同一相关市场。"[3] 由此可见，该《指南》里把"替代性"的判断问题与"相关市场"的界定问题分成了两个独立的步骤：首先，第1款先判断两种商品之间是否具有替代性，这时只需要单纯考察消费者的选择而不必考量其他因素，但注意此时构成替代性的商品并不一定属于同一个独立的相关市场。所以接下来要继续到第二步的考察，即衡量互具替代性的各种商品间的关联远近程度，替代程度高的商品则构成同一相关市场，而替代性较弱的商品则有可能分属不同的市场。这种区分虽然在字面表达上更为清晰，但"需求替代性"一词尚不足以涵盖相关市场界定标准的全部含义，此种语义上的不周延还需要之后的相关立法予以修正。

综上而言，作为界定相关市场的标准，运用需求替代性划分相

---

〔1〕 许光耀："界定相关市场的目的与标准研究"，载《价格理论与实践》2016年第11期。

〔2〕 参见国务院反垄断委员会网站："关于相关市场界定的指南"，http：//www.gov.cn/zwhd/2009-07/07/content_1355288.htm，最后访问日期：2018年3月15日。

〔3〕 参见国务院反垄断委员会网站："关于相关市场界定的指南"，http：//www.gov.cn/zwhd/2009-07/07/content_1355288.htm，最后访问日期：2018年3月15日。

关市场时，产品的替代程度越高、竞争关系越强，那么属于同一相关市场的可能性就越大。在进行需求替代分析时，产品之间若具有合理的需求替代性，则往往会存在相同或相似的功能和价格，所以还需重点关注产品功能和价格两大因素。

但是这个标准在适用中也有不足。首先在于所谓的"替代性"有时很难划分。如果相关市场内的产品只是兼并产品的遥远的替代产品，那么把它们包括在内就夸大了它们的重要性；而如果把和兼并产品有着弹性交叉关系[1]的产品排除在相关产品市场以外，则又低估了其在竞争中的重要性。其次是在界定相关市场时，如果可替代产品间的界限不是很清楚，尤其是互联网行业中产品的边界越加模糊，那么反垄断执法机构则可能采纳范围较广的相关产品市场划分，这样也不利于产业的发展。

同时还需要注意，即便两种产品在功能上具有替代性，也与市场势力这一核心问题并不直接相关，因为市场势力主要取决于需求价格弹性（关于市场势力的分析将在本书第四章中详细展开）。事实上，市场中只要有小部分消费者因为涨价而转向其他的类似产品，就可能阻止市场势力的形成，而有些产品即便不能完全具有，或基本上不能具有功能替代性，它们也可能形成约束市场势力的力量，所以采用需求替代性为标准的方法，还可能将市场界定的范围扩展，即"无法通过功能替代确定市场势力的最终任务，因为产品特性只影响产品以及地域间开展竞争的范围，所以基于不相关的产品特性进行市场界定，就会影响对市场势力的正确判断"。[2]

---

〔1〕 弹性交叉关系是需求替代性标准的经济学基础，通常指需求的交叉弹性公式Exy＝，两个商品 x、y 间，若 Exy 为正值，就代表两个商品之间存在替代关系，且 Exy 越大，替代性越强。但这一模型化的结论，只能解释两个商品之间的关系，而不能界定一个相关市场的范围。

〔2〕 Camesasca, P. D., VandenBergh, R. J. (2002): "Achilles Uncovered: Rivisting the European Commission's 1997 Market Dififinition Guidelines", *Antitrust Bulletin*, Vol. 47.

（二）界定相关市场的基本方法：需求替代分析与供给替代分析

之前公认的界定相关市场方法有三种，即需求替代分析、供给替代分析和假定垄断者测试分析（SSNIP 测试法）。事实上这三种分析在经济学意义上并无本质区别，需求替代分析和供给替代分析是从一个交易行为的两个方面进行分析，通常在需求替代不能准确界定相关市场时才使用供给分析，而 SSNIP 测试法则是在上述两者基础上通过具象化的步骤进行判定。但是从反垄断法的角度而言，笔者认为需求替代性其实并不是界定相关市场的具体方法，而应是界定相关市场的基本标准，而供给替代性和 SSNIP 测试法才是运用这一标准进行具体分析的工具与操作方法。有关这一点，我国《指南》中将三者并列为三种具体方法，显然混淆了三者的作用与操作过程，下面将详细展开分析。

1. 供给替代性的内容。所谓供给替代性，是指当某种商品的价格上涨时，那些原本并不生产这种商品的经营者能够很快转向这种商品的生产，而无需发生大量额外成本和风险——也就是说，它们几乎能和这种商品的现有生产商一样，迅速增加这种商品的总产量。从其定义便可以看出，供给替代的考察只能发生在"这种商品"确定之后，因而是在相关市场的界定完成之后才能进行的。也就是说，采取供给替代法，就是在一家企业开始涨价后，观察有哪些其他企业能在此时进入竞争领域，需要考虑到经营者转产的沉没成本、时间成本和进入壁垒、销售渠道等因素。

在分析两种产品是否属于同一相关市场时，供给替代分析法重点关注经营者是否能以合理的成本转而生产具有需求替代性的另一相关产品。在运用此方法时，主要考察的是"转换供给成本，它包括沉淀成本、时间成本、风险程度等"[1]。而所谓需求替代性，指

---

[1]　丁茂中：《反垄断法实施中的相关市场界定研究》，复旦大学出版社 2011 年版，第 113 页。

的是从消费者的角度来看，不同产品之间由于具有相同或者相似的功能、特性，可以满足自己的同样需要，因而是可以互换的。但是在界定相关市场时所说的替代性产品，是指具有相同或相似特性的、能够满足相同或相似需求的产品或服务，而不能是任意可以替代的产品或服务（即一般替代性）。比如，假定商品房价位较低时，人们可能存下了一笔钱准备购买商品房，但由于商家炒卖地皮使得商品房的价格大幅度上涨，人们觉得近期内不可能积攒足够的钱来购买商品房，于是转而购买其它电器或旅游。这种情况在经济学中叫做"总体替代性"。在这种情况下，我们就不能把商品房、其它电器和旅游都归为同一市场。纳入同一相关市场的产品首先应当在功能或者特性上具有相同或相似性，也就是所谓的"近似替代性"。这种近似可以是功能上的，如摩托车和自行车之间；也可以是性质上的，如不同品牌和版本的个人电脑、移动电话中的氢电池和锂电池之间等。这都是从"需方"考虑的。

有时从"供方"看也存在这种情况，例如印刷用纸有普通纸、新闻纸以及铜版纸等多种不同质量的纸张。从需求的角度来看，每种不同质量的纸用途都不一样，但是纸厂随时都准备生产不同质量的纸张，并且其生产可以在短时间内进行调整而不致明显增加成本。只要其销售无特别困难，纸张生产商都能在不同质量的纸张订单上进行竞争，尤其是当订货和交货之间有足够的时间时更是如此。在此情形下，不同质量的纸张也属于同一相关产品市场。

2. 供给替代性的作用。国务院《指南》第4条第2款规定："……界定相关市场主要从需求者角度进行需求替代分析。当供给替代对经营者行为产生的竞争约束类似于需求替代时，也应考虑供给替代。"[1] 这一条规定有待商榷，因为此条文不仅没有指明供给

---

[1] 参见国务院反垄断委员会网站："关于相关市场界定的指南"，http://www.gov.cn/zwhd/2009-07/07/content_1355288.htm，最后访问日期：2018年3月15日。

替代性实质上是实现需求替代性的具体工具，反而将供给替代性视为与需求替代性一样的一种界定相关市场的标准，如果真如法条所言并存两种标准，那么在适用《反垄断法》时应当如何处理两种标准间的关系呢？

本章开篇即指出，界定相关市场的根本目的在于识别竞争者，也就是说，当市场界定清楚后、进入到识别竞争者的阶段时，如何评估潜在的竞争者也应当是此时需要考虑的问题。在一个相关市场中，那些正在生产相关（即具备需求替代性）商品的经营者是竞争者，这点毋庸置疑，但那些目前还没有生产"需求替代"商品、但很快便可转产这些商品的（且不需要付出明显额外的成本）经营者，其实也应当同样视为现有的竞争者，因为他们都构成涨价行为人所面对的竞争压力。这种"转产型"竞争者与还未进入市场的另一种潜在竞争者有所区别，后者进入市场需要克服的障碍更多一些，而前者进入市场时明显更轻易也更迅速，因此给行为人带来的竞争压力会显得紧迫许多。

同时，潜在竞争也是制约涉嫌垄断当事人提高价格能力的重要因素。潜在竞争者进入市场后，与替代性供应商一样，也会事实上增加社会的总产出。此时即便涉嫌垄断当事人拥有庞大的市场份额，只要其顾忌存在有效的潜在竞争，就不敢轻易提高价格。这类潜在竞争者既包括转产型潜在竞争对手，也包括那些并不在相关市场上从事经营、但在进行必要的投资后，能在较短的时间里进入该市场的经营者。这就与替代性供应商的外观十分相似，而二者的主要区别在于：替代性供应商的生产能力实际上位于相关市场内，它只是没有直接生产相关商品，因而还不算是现实的竞争者，这种情况下，这些替代性生产商与实际竞争者会造成同样的竞争压力。

而潜在竞争者原有的生产能力与相关商品没有多大关系，它必须做出重大投资才能进入相关市场，并且需要有一定的时间间隔。

根据欧盟与美国的司法实践经验，一般为 2 年左右的时间，也就是说如果相关市场以外的某个经营者可以在 2 年以内进入该市场，就可以被认定为是潜在的竞争者。总体说来，由于供应替代性而产生的竞争压力比潜在竞争者的压力更有效且直接，但很难说这种区别有什么本质意义。由于替代性供应商的存在，它最多只能赚取 1 年的垄断利润；由于潜在竞争者的存在，它最多只能赚 2 年，但为这 1 年或 2 年的垄断利润而得罪消费者都是得不偿失的。

之所以将这两种竞争者区分开来，主要是为了市场份额的计算。在计算市场份额时，将涉嫌当事人的销售额作为分子，将相关市场上所有竞争者的销售额作为分母，其中包括涉嫌当事人的销售额，也包括替代性供应商的销售额，但不包括潜在竞争者的销售额。也就是说，替代性供应商被视为现有竞争者的一种，而潜在竞争者则是另一类竞争者。"供给替代"的考察实质上并不属于相关市场的界定过程，其本质是在完成相关市场的界定之后，对竞争者再次进行识别的过程。

美国 1992 年《横向合并指南》中就认为界定相关市场时只需考察需求方的反应，只有在此后识别相关市场上究竟有哪些竞争者时才考察供应替代性。也就是说，把相关市场的界定与竞争者的识别明确区分为两个问题。2010 年美国《横向合并指南》延续了这一规定，"市场界定仅强调需求替代因素"，虽然"供应商的反应行为也非常重要"，但"本指南将在确定市场参考者、测量市场份额、分析竞争效果以及市场进入的部分考虑这一因素"[1]。这与本书的态度是一致的。

国务院反垄断委员会《指南》第 4 条第 2 款规定，"在市场竞争中对经营者行为构成直接和有效竞争约束的，是市场里存在需求

---

〔1〕 美国 2010 年《横向合并指南》第四章第 4 段。

者认为具有较强替代关系的商品或能够提供这些商品的地域,因此,界定相关市场主要从需求者角度进行需求替代分析。当供给替代对经营者行为产生的竞争约束类似于需求替代时,也应考虑供给替代",这条立法虽然强调了主要从需求替代角度分析的重要性,但并没有深入说明供给替代在什么情况下才会"对经营者行为产生的竞争约束类似于需求替代",以及在界定市场的过程中如何"考虑供给替代",显然立法表述对此有所缺失。因此更有效率的选择是借鉴本书的方案,将其纳入对竞争者进行识别的环节,而相关市场的界定环节只需要考察是否满足需求替代性这个标准就可以了。

《指南》还在第6条对"供给替代"进行了定义:"供给替代是根据其他经营者改造生产设施的投入、承担的风险、进入目标市场的时间等因素,从经营者的角度确定不同商品之间的替代程度。原则上,其他经营者生产设施改造的投入越少,承担的额外风险越小,提供紧密替代商品越迅速,则供给替代程度就越高,界定相关市场尤其在识别相关市场参与者时就应考虑供给替代。"[1] 根据这一定义,只有当转产成本不高、风险不大时,替代性供应商对涨价行为人所造成的阻碍才能像现有竞争者那样严重。但是如果供应商必须做出重大的投资或对自己的生产计划进行大规模的调整才能进入该商品的投产阶段,则只能构成潜在竞争而被视为潜在竞争者,因此在相关市场的界定环节尚且无需对其进行考察。

3. 弹性交叉分析法。所谓的弹性交叉分析法,是美国反托拉斯法在界定相关市场中经常使用的一种方法,后来欧盟委员会也借鉴了这一方法。所谓弹性交叉,指的是在一般情况下,产品的价格随着产品需求的增加而上涨,随着产品需求的减少而下降。如果一种产品价格上涨,人们对这种产品的需求就会下降,同时对另一种

〔1〕 参见国务院反垄断委员会网站:"关于相关市场界定的指南",http://www.gov.cn/zwhd/2009-07/07/content_1355288.htm,最后访问日期:2018年3月15日。

产品的需求就会增加，从而引起另一种产品的价格上涨。在此情况下，购买者就从一种产品转向另一种产品了。

也就是说，这两种产品之间存在着相互替代性。如果不同产品间存在弹性交叉性，那么这些产品就属于同一相关产品市场；相反，如果不同产品间不存在弹性交叉性，这些产品就不属于同一相关产品市场。比如，即使美国到中国的机票大幅度上涨，乘客也不大可能换乘火车或轮船；而如果上海到北京的机票价格大幅度上涨，则乘客就很可能换乘火车。因此，在前一情形中，火车和飞机就不具有弹性交叉性，而在后一情形中飞机和火车之间则存在着弹性交叉关系。不过，这里有一点值得注意，那就是价格上涨的幅度标准：即在价格上涨到什么程度时，消费者才从一种商品换到另一种商品。美国1954年《横向兼并指南》中确定的幅度是5%，欧盟委员会目前规定的也是5%~10%，然而为何确定这个幅度以及这一幅度是否具有合理性，还值得进一步的研究。

交叉需求分析法，其本质和供给替代分析法是一样的，都是建立于弹性交叉分析理论这一经济学基础上的适用方法。前文提到供给替代界定出的相关市场包含了运用供给替代和运用需求替代两种方法界定出的产品或企业，会将替代性不够强的对象也划入相关市场，所以美国2010年《横向合并指南》和欧盟《关于欧共体竞争法界定相关市场的通知》对该方法都制定了严格的标准，即"在面对涨价时，只有不顾沉没成本而能迅速进入产品市场的经营者才能被划入相关市场"。但是弹性交叉分析法又因为难以量化"导致消费者流失的价格上涨的幅度"，也会导致界定相关市场时的不精确。

（三）界定相关市场的基本工具：假定垄断者测试法 SSNIP

1. 假定垄断者测试法的内容。假定垄断者测试法又被简称为SSNIP测试法，其核心为"数额不大的非临时性但重要的涨价（Small but Significant Nottransitory Increase in Price）"。它对目标产品实现持久（一般为 1 年）且较小（通常为 5%～10%）的涨价，通过考察商品之间的替代程度，以确定相关市场的范围。该方法需要选取临时市场，待价格上涨后，如果失去消费者带来的损失超过了涨价带来的盈利，即企业发生亏损，那么原先作为分析起点的产品市场就应当被扩大；涨价后消费者选择的产品也会被划入相关产品市场，直到企业可以从价格上涨中获取利润。这一分析方法是为了克服产品功能界定法（需求替代性及供给替代性）的主观性，于 1982 年由美国《横向合并指南》中首次提出，1997 年欧盟明确放弃产品功能界定法转而采用此方法。

从 20 世纪 80 年代开始，世界上绝大多数国家和地区开始采用 SSNIP 测试法来界定相关市场，它以严密的经济学论证分析为基础，是一种更具操作性和计量性的定量分析方法。SSNIP 测试法的实施一般可分为以下四个关键步骤：

（1）选定最初的备选市场，一般仅包含与垄断行为相关的产品及其合理替代品；

（2）假定整个备选市场中全部产品均处于假定垄断者的控制之下，假定垄断者是唯一的产品供给者；

（3）对产品实施"小而显著的非暂时涨价"（即前文提到的幅度一般为 5%～10%，期限一般为 1 年），然后观察市场，如果有足够多的消费者因为涨价行为而转向了其他替代品，则说明其他替代品对候选市场中的产品形成了足够大的竞争力，这时应该把该替代品加入候选市场中；

（4）对上述产品的集合再次实施"小而显著的非暂时涨价"，并对假定垄断者进行观察，看其是否会有利可图，如果是肯定的，那么可以判断上述产品的集合即为相关市场的范围；反之则对上述步骤重复实施，直到当大部分消费者在面对"小而显著的非暂时性涨价"时不再转向其他替代品，假定垄断者因为涨价变得有利可图时，停止测试。此时所得到的产品集合即为相关市场的范围，也就是说，此时的相关市场由符合这一条件的最小产品市场与地域市场构成。

假定垄断者测试是基于一种"应当对一个假定的追求利润最大化的垄断者进行分析"的思想而产生。因此这种分析的核心问题就是"作为某种产品的唯一供应商，该垄断者是否会提升产品的价格"。如果提价就说明这个假定的垄断者具备市场优势，那么它的市场份额就可以作为市场势力的参考指标；如果假定的垄断者无法进行有利可图的涨价，就说明它的市场势力肯定受到了限制，这种限制可能是由于消费者转向其他相似产品，也可能是因为其他企业可以提供相似的替代品，那么在这种情况下，这个被假定为垄断者的市场份额就无法作为判定其市场势力的有效参考指标。

既然经营者之间的竞争本质上是其商品之间的竞争，经营者之间互为竞争者则是由于它们的商品之间具有竞争关系，因此界定相关市场的根本标准是"假定其他条件不变的情况下，当某个经营者的商品价格上涨时，不同经营者的商品之间所发生的替代关系"。[1] 此时提出了"价格上涨"这一前提条件。实际考察的时候，虽然其他因素也会引起需求量发生变化，但界定相关市场的根据，只是价格变化所引起的需求替代关系。这是由反垄断法的目的所决定的：不同经营者的商品之间往往存在差异，在竞争性的市场条件下，消费者各有偏好，因而不同商品各有自己的消费者群体，这时不能简单地认定两种商品之间缺乏替代性。反垄断法所反对的是利用市场力量提高价格的行为，因而它所要考察的是涉嫌经营者涨价时的替代性，如果在涉嫌经营者提高价格的同时消费者的数量流失了，那么该经营者实质上并不具备提高价格的能力。

---

[1] 徐雅莉："论反垄断法中相关市场的界定"，湖南大学 2011 年硕士学位论文。

当然，由于各种市场因素的复杂作用，市场价格是经常波动的，只不过轻微的波动（如涨价 1%），一般不至于引起消费者的流失，那么此时就无法判断两种商品间是否具备替代性。但是当某种商品价格上涨显著到一定幅度时，则会相应显著增加许多替代品。那么此时出现的问题就是：究竟价格上涨到什么幅度时发生的替代关系，才是界定相关市场的标准。

美国法上采用的标准是"幅度不大但明显的持久价格上涨"。美国在其 2010 年《横向合并指南》中指出："具体而言，该测试要求设定一个假定的利润最大化、其价格并未受管制的企业，假定它是那些产品现有与未来的唯一的卖方（即假定的垄断者），并可能至少在市场上的一种产品上附加一个不大但明显而且并非临时性的涨价（SSNIP）。"[1] 也就是说，美国法在明确规定 SSNIP 这一分析工具的同时，也确定了认定成立需求替代的精确标准为"不大但明显的涨价幅度"。"这一方法从涉嫌当事人的涉嫌商品开始，把市场上所有具有类似性的商品拿过来比对，看看是否与它具有替代性。其具体操作方法是：先把涉嫌行为人的商品 A 作为初始市场，假定它是 A 商品市场上唯一的经营者（即垄断者），不存在任何竞争对手，而且该市场进入壁垒很高，也不会有其他经营者能够进入"。[2] 这时会有部分消费者放弃购买，但由此损失的利润会少于提高价格所增加的利润，也就是说，在发生"幅度不大但明显的持

---

〔1〕 参见美国 2010 年《横向合并指南》，由美国司法部和联邦贸易委员会于 2010 年 8 月联合发布，该指南是对 1968 年《横向合并指南》、1982 年《横向合并指南》、1984 年《横向合并指南》、1992 年《横向合并指南》及美国司法部和联邦贸易委员会 2006 年《关于横向合并指南之评论》的继承、批判和发展。该指南全文参见：U. S. Dep't of Justice & FTC, Horizontal Merger Guidelines（2010），http：//www. ftc. gov/opa/2010/08/hmg. shtm.

〔2〕 许光耀："界定相关市场的目的与标准研究"，载《价格理论与实践》2016 年第 11 期。

久价格上涨时，其利润还能增加"。若果然如此，则说明相关市场就是 A 商品市场。但如果相当多的消费者竟然选择购买 B 商品，由此导致流失的利润大于价格上涨所增加的利润，则说明上述假定的范围太窄了，应当把 B 商品加进来。

之所以称为"假定垄断者测试法"，是由于在其操作中一次又一次地将涉嫌行为人假定为不断扩大的市场上的"唯一的经营者"即垄断者——虽然它实际生产的只有 A。之所以要作这种假定，是为了把 Y 商品排除出去，虽然有少量消费者会流向 Y，这使得两种商品在外观上也存在一些替代性，但其替代性过于微弱，不宜纳入同一相关市场，而要判断差异是不是微弱，其标准仍然是消费者选择所导致的利润增减状况。

2. 假定垄断者测试法的局限性。SSNIP 测试法实际上是寻找"最佳替代品"的过程，这些替代品都将纳入产品市场中来，最终形成的产品市场就是能够使假定垄断者有利可图地实施涨价行为的最小市场，也就是该产品的相关市场。虽然这种测试方法克服了产品功能界定法的一些缺陷（如导致市场界定过于狭窄），但它也是基于单边市场的运营模式而产生的，所以在适用于互联网产业这种双边市场时必然会有局限性：

第一，传统的 SSNIP 测试法是建立在单边市场分析的基础之上，它对产品功能界定法的改进在于采用了更为严谨的量化分析，即以持久地（一般为 1 年）、小幅（一般为 5%~10%）地提高目标商品的价格来考察商品的替代程度，并以此来确定相关商品市场的范围。但是，由于互联网经济中双边市场所具有的交叉网络效应，互联网企业的收益不仅取决于交易平台的同一类型用户的数量，而且更取决于交易平台的另一边市场的用户数量，因此这种小幅度的涨价对于其中一边的市场影响是不显著的。

第二，由于平台企业对双边市场的用户在定价方面一般采取的是倾斜定价策略，即对一边市场采取"低价"甚至是"免费"策略，通过免费提供服务来培育一定的用户群，在免费用户达到一定规模后，又以免费用户为资源与另一边的用户进行交易，实现收费目的。这种存在交叉补贴的市场，互联网产业的网络效应加大了界定相关市场的难度，一方面降低了合理可替代性程度，另一方面弱化了需求交叉弹性。所以，互联网平台企业的首要竞争策略是产品差异化，而非价格策略。正如有学者所指出的，"在新经济行业中，由于产品品质的竞争或技术的竞争已经远大于价格的竞争，以价格理论为基础的 SSNIP 测度标准根本不能有效界定相关市场"。[1]

第三，双边市场中一部分市场存在着价格结构的非对称性。由于一些平台企业只向一边市场收取费用，使得价格只存在于一边市场。此时，SSNIP 测试法只能适用于该边存在价格的市场，无法反映另一边市场面临的竞争约束。而当双边市场的价格结构对称时，如网络游戏市场，平台企业两边市场都有价格存在，这时，如何选取基准价格就存在困难。

第四，"玻璃纸谬误"（cellophane fallacy）的问题。在使用假定垄断者测试法测试经营者是否已经具有市场势力时，如果是涉嫌滥用市场支配地位的案件，那么此时就需要考虑关于市场现存市场势力的即当前的竞争条件的考察，而不是市场未来竞争条件的考察。也就是说，这种使用 SSNIP 测试法的分析是具有回溯性的，如果市场势力已经存在，那么适用 SSNIP 测试法的市场范围就会过宽，从而会导致对于企业市场势力的低估，这种误差就被称为"玻璃纸谬误"。这种理论最早出现在美国最高法院在 Dupont 杜邦玻璃纸案[2]中的判决。在该案中，杜邦公司作为玻璃纸的唯一供应商，

---

〔1〕　余东华："反垄断法实施中相关市场界定的 SSNIP 方法研究：局限性其及改进"，载《经济评论》2010 年第 2 期。

〔2〕　United States v. E. I. Du Pontde Nemours & Co.

其主张玻璃纸不可以被界定为独立的相关市场，因为可以替代玻璃纸的近似产品在市面上非常容易获得，比如保鲜膜或其他类似的柔软透明纸类。因此法院最终界定的市场范围非常宽，包括市面上所有柔软的包装材料，由此一来杜邦公司在相关市场内的市场份额几乎可以忽略不计，自然也被判决不具有市场支配地位。现在看来，杜邦不具有市场支配地位的结论，其实是由于法院在该案中对相关市场界定范围过宽导致的。法院当时没有考虑到，杜邦公司作为玻璃纸的事实垄断者，已经对其产品进行了多次提价，那么每个垄断者都会在需求函数的弹性范围内设置价格，在这种情况下，进一步提价会导致客户转向替代品，从而使得假定垄断者的利润下降。如果垄断者进一步提价，仍然有利可图，那么就很可能继续提价，并且通过设置更高的价格为自己挑起了替代品带来的竞争，从而由于更高的价格导致客户不会考虑那些替代品。

简而言之，就是垄断价格下的替代品可能并不是较低竞争性价格环境下的替代品，玻璃纸需求弹性高的原因不在于产品的可替代性，而在于已经实施的垄断价格。所以要警惕这种"玻璃纸谬误"：如果原商品生产者本身就是垄断者，则涨价后企业无利可图并不一定意味着这些替代品对原商品构成竞争压力。因此，把这些替代品包含在相关市场范围内并不恰当，这样会夸大相关市场的范围，而低估在位企业的市场势力。

第二节　界定相关市场的一般考察因素

国务院《指南》中第 3 条指出："相关市场……通常需要界定相关商品市场和相关地域市场。相关商品市场，是根据商品的特性、用途及价格等因素，由需求者认为具有较为紧密替代关系的一组或一类商品所构成的市场。这些商品表现出较强的竞争关系，在反垄断执法中可以作为经营者进行竞争的商品范围。相关地域市场，是指需求者获取具有较为紧密替代关系的商品的地理区域。这些地域表现出较强的竞争关系，在反垄断执法中可以作为经营者进行竞争的地域范围。当生产周期、使用期限、季节性、流行时尚性或知识产权保护期限等已构成商品不可忽视的特征时，界定相关市场还应考虑时间性。在技术贸易、许可协议等涉及知识产权的反垄断执法工作中，可能还需要界定相关技术市场，考虑知识产权、创新等因素的影响。"

由此可见，在进行相关市场的界定时，商品和地域是两个主要的考量维度。即需要分别界定相关商品市场与相关地域市场。界定相关商品市场指的是需要明确有哪些商品之间发生竞争，比如食品与饰品之间不会发生竞争是因为二者不属于同一商品市场；然后还要从地理范围层次明确这些商品是在何地发生竞争，比如饰品可以向全国销售所以其会有全国性的市场；而食品如果具备时令性以及生鲜运输的限制，则其地域可能会受到限制。然而虽然《指南》的规定将这两个维度并列而言，但在实际操作中，这两个维度的界定应当是有先后顺序的：首先应确定哪些商品之间存在竞争，再考察这些商品之间在哪个地域范围内发生竞争——只有在这一地域范围内生产该种商品的生产商之间（即同时具备两个维度）才互为竞争者。这里需要再一次回顾前文所强调的要点：界定相关市场的最直接目的，就是对竞争者进行识别。

一、相关商品市场的界定

（一）相关商品市场的概念

要识别竞争者，首先要识别哪些商品在相互竞争。相关商品市场包括所有互相具有替代性的商品，而不限于相同的商品。美国对相关商品市场的定义是："……当局将把商品市场定为一个或一组商品，并假定一个追求利润最大化的作为这些商品现在和将来的唯一卖主（即垄断者）可以进行一个'幅度不大但却明显的持久涨价'。"〔1〕这里"可以进行一个……涨价"的意思是，涨价能够使其利润增加。这一定义着眼于描述其考察对象的外观表现与后果，而不探究其成因，因此很难反映出本质。一种或若干种商品构成相关商品市场，不是由于一个假定垄断者可以进行"幅度不大但却明显的持久涨价"，恰恰相反，之所以可以进行这样的涨价，是由于这些互具替代性的商品全都属于同一个相关商品市场，而这个市场上只有垄断者一家经营者。因此界定相关商品市场的方法是考察商品间的替代性状况，而不是看它涨价的状况。

国务院《指南》第3条第2款指出："相关商品市场，是根据商品的特性、用途及价格等因素，由需求者认为具有较为紧密替代关系的一组或一类商品所构成的市场。这些商品表现出较强的竞争关系，在反垄断执法中可以作为经营者进行竞争的商品范围。"我国的这一定义提到了"较为紧密"的替代关系，并认为较为紧密的替代关系会存在较强的竞争关系，这种描述有失妥帖的地方在于：何为较为紧密？何为较强？这些都没有作出一个量化的规定。

欧盟的定义相对而言较为明确："相关产品市场是指根据商品特性、价格及用途，而被消费者视为可互换或可相互替代的所有产品和/或服务。"〔2〕不过根据前文的分析可以知道，这一定义忽略了对"替代性"的限定或解释，所以也是不全面的。事实上只有那些有可能阻止当事人提高价格的替代性商品才应纳入相关商品市场。也就是说，相关商品市场应当包括所有互相具有替代性的商品，而不限于外观表现相同的商品。

---

〔1〕 美国2010年《横向合并指南》第4.1节。
〔2〕 欧盟委员会1997年《关于界定欧共体竞争法意义上的相关市场的委员会通告》第7段。

（二）界定相关商品市场时考察的因素

国务院《指南》第 8 条规定："从需求替代角度界定相关商品市场，可以考虑的因素包括但不限于以下各方面：①需求者因商品价格或其他竞争因素变化，转向或考虑转向购买其他商品的证据。②商品的外形、特性、质量和技术特点等总体特征和用途。商品可能在特征上表现出某些差异，但需求者仍可以基于商品相同或相似的用途将其视为紧密替代品。③商品之间的价格差异。通常情况下，替代性较强的商品价格比较接近，而且在价格变化时表现出同向变化趋势。在分析价格时，应排除与竞争无关的因素引起价格变化的情况。④商品的销售渠道。销售渠道不同的商品面对的需求者可能不同，相互之间难以构成竞争关系，则成为相关商品的可能性较小。⑤其他重要因素。如，需求者偏好或需求者对商品的依赖程度；可能阻碍大量需求者转向某些紧密替代商品的障碍、风险和成本；是否存在区别定价等"，并且在之后作出了补充性的说明："从供给角度界定相关商品市场，一般考虑的因素包括：其他经营者对商品价格等竞争因素的变化做出反应的证据；其他经营者的生产流程和工艺，转产的难易程度，转产需要的时间，转产的额外费用和风险，转产后所提供商品的市场竞争力，营销渠道等。任何因素在界定相关商品市场时的作用都不是绝对的，可以根据案件的不同情况有所侧重。"

而欧盟竞争法上规定："相关产品市场是指根据产品特性、价格及用途，而被消费者视为可互换或可相互替代的所有产品和/或服务。"[1] 同时欧盟判例法上又有进一步发展。欧盟初审法院（现称欧盟一般法院）认为，"要构成独立市场，必须有可能根据其特性，将所涉产品、服务与其他产品、服务区分开来，它们与后者不

---

〔1〕 欧盟委员会 1997 年《关于界定欧共体竞争法意义上的相关市场的委员会通告》第 7 段。

具有可替代性，并且后者与其不存在显著的竞争。可替换程度必须根据产品的客观特性，以及市场的供需结构和竞争条件来评价"。[1] 欧盟委员会对产品市场的定义是："产品市场包括全部这样的产品（或服务），即，由于其特性，特别适于持续的需求，且只在有限程度上与其他产品在价格、用途、消费者偏爱程度方面可相互替换。只考察相关产品的客观特性是不够的，还必须考虑该市场的竞争条件和供需结构。"[2]

美国对此的规定则是通过判例法来确定。例如，在美国微软垄断案中，美国联邦地区法院法官杰克逊在 1999 年 11 月 5 日的事实认定中指出：当前没有什么商品，而且在可预见的将来也不会有什么商品，可以付出巨大成本而替代英特尔兼容个人电脑操作系统在全球范围的大比例的客户群。更进一步来说，当前不生产个人电脑操作系统的公司也不可能从现在开始，能够在较短的一段时间内为相当大一部分英特尔兼容个人电脑用户提供有竞争力的、可替代的操作系统。由此可以推断，如果一家公司控制了英特尔兼容个人电脑操作系统在全球范围内的许可证，它就可以将它的操作系统的许可价格定得远远高于竞争市场价格条件下的价格，并能够在相当长的时间内不会因为失去顾客而变得无利可图。因此，在确定微软市场支配力的水平时，将相关市场界定为全球范围内英特尔兼容个人电脑操作系统的许可证市场。

所以，在各国的反垄断法实践中，确定商品之间的可替代性主要考虑以下因素：

1. 商品的物理性能和使用目的。此处应当包括产品的独特物理性能和不同程度要求的产品质量。如果产品具有类似的物理特性，消费者就可能认为其具有相互替代性。在这个环节，不仅要注

---

〔1〕 Deutsche Bahn v. Commission〔1997〕ECR II-1689 at 1713.

〔2〕 OJ 1997 C372/5, para 7.

意寻找产品之间的类似的物理特性，更重要的是区分它们之间的不同。有些产品即使有着广泛的共同特性，其所具有的细小差别也可能在具体案件背景下起到非常重要的作用，以至于可以将其排除出这个相关市场。可见，产品特性在界定相关市场时是非常重要的。通常而言，构成同一商品市场的基础条件是商品具有相似的物理特性。因为消费者只会转向能满足同一需求的商品，而这些商品的特性必然是近似的，但何谓近似则需要进一步的分析。

但具备物理上的近似性并不必然构成同一商品市场，因为商品之间的替代性取决于多方面的因素。比如商品的用途、消费者的偏好就构成重要的制约因素。即使两种商品的物理特性差别不大，由于用途不同，或由于消费者有强烈的偏好，也可认定为不同的商品市场。比如在欧盟 Tetrapak[1] 案中，两种不同类型的牛奶分别使用了两种不同材质的牛奶包装盒。这两种包装盒本身是可以互换的，但其中所盛放的两种牛奶的味道和其他特征（如含脂量、营养添加成分、针对的目标人群甚至添加的口味以及额外的营养元素等）都有很大的区别，消费者不会把本质上同样是牛奶的二者看成是可以互相替换的。由于消费者已习惯了两种牛奶采用各自的包装盒式样，而且事实上，包装差异这一因素在牛奶总成本中所占比重很小，牛奶经销商不太可能为了降低这些微小的成本而随意替换包装盒（这里经销商还会考虑到消费者的消费习惯问题，如果随意更换，不仅没有降低多少成本，还有可能流失一些有长期消费习惯的老客户），因此欧盟委员会认定这两种包装盒及其各自的生产设备分属不同的相关市场。

反之，即使产品物理特性上存在差异，也未必不存在替代性，归根结底，是否具有替代性取决于消费者的选择。比如铁路运输与

[1]　[1991] 4 CMLR 334.

航空运输在物理特性上差别很大，但出现高铁以后，在中距离客运上，二者的替代性正在日益增强，甚至有可能随着高铁技术的发展而完全互相替代。

也就是说，如果两个商品具有的物理性能相差很大，以至于它们实际上不具有相同的使用目的，那么就不能视为彼此具有可替代性。例如，欧共体委员会在 1991 年雷诺和沃尔沃一案中，将卡车分为运载量 5 吨和运载量 16 吨以上的两个商品市场，理由是这两种卡车的技术差别很大而只能适用于不同的用途。

因此，确定商品之间的替代性时，只有商品在设计、物理构成以及其他技术特征上存在实质性差别时，我们才能把它们视为不同的商品，而不能仅仅因为一些不太显著的功能差异去否定它们之间的可替代性。同时，在认定这种差别时，虽然我们要考虑到生产商、制造商对于商品性能、功用的定位（主观功能），但更为重要的是，在消费者眼中，两种"不同"商品是否在某种功用上具有可替换性（客观功能），因为最终的市场是由消费者决定的。

2. 商品的价格差异。价格是决定产品市场的重要因素。如果两类产品价格的差异非常明显以致需求方根本不把它们放在一起加以挑选比较，对于要在哪类产品中选择购买早已根据自身的消费水平做出了选择，那么这样的两类产品就不应该归为同一个市场。而当这种价格的差异已经不是那么明显时，那就可将这两种产品暂且归为一个市场。

也就是说，如果两种产品间的价格差异过大，则单纯根据价格就可以认定其不属于同一相关市场，哪怕这两种产品的物理属性具有一定的相似性，因为消费者肯定不会认为价格差异悬殊的两种产品具备替代性。而在价格近似或价格差距合理、可以接受的情况下，消费者当然会选择其认为最高性价比的产品。此时，如果该已被选择的产品价格提高了一定幅度，使得许多消费者"用脚投票"

转而购买另一种产品，则这两种产品就因此具备了可替代性而构成同一个相关产品市场。例如，普通汽车与豪华汽车，廉价空气清新剂与高级香水等，尽管它们有着相同的性能和用途，但由于价格悬殊，消费者往往也并不认为它们具有可替代性。

但是，按照商品的绝对价格区分商品市场的做法有时也存在着明显的错误，因为消费者一般都能意识到商品价格的差异常常反映了不同的质量。欧共体委员会认为，起到决定作用的并不是绝对的价格差异，而是一种商品的价格变化是否对另一种商品的价格产生竞争性的影响，也就是说二者是否具备价格变动的关联性，并且可以通过这种价格上的关联性来判明二者是否构成同一相关商品市场，而不一定需要进行复杂的分析。因为替代性商品间的价格互动应该是明显的，一种商品价格提高，那么消费者就会"用脚投票"流向另一种商品。正如波斯纳所说："要考察两种商品价格变动的关联性。如果两个变动之间有很强的关联性，且没有明显的时滞，那么这就是两种商品属于同一市场的绝对证据。从这种相关性可以推知，这两种商品是如此接近的替代品，以至于它们的价格不会有显著的差别。"[1]

相反而言，如果两种产品的价格互不影响，则可以认定它们并不属于同一市场。美国联邦贸易委员会在阻止斯丹普奥办公用品商店收购另一个办公用品"超市"连锁 Office Depot 时也分析道："同一种产品在不同类别的商店以不同的价格出售这一事实并不能说明存在两个市场。高价的商店可能提供的服务更多，价格的差异可能只反映了这些服务所增加的成本，这跟品牌产品的价格高于杂牌的

---

〔1〕〔美〕理查德·A. 波斯纳：《反托拉斯法》，孙秋宁译，中国政法大学出版社2003年版，第175页。

同等产品可能只是抵消了较高的市场营销成本是同样的道理"。[1]

但是，如果同一市场上的两种商品是相互可替代的，一种商品的价格变化势必会影响另一种商品的价格，所以查明这两种商品的价格以往的变动情况，能够确定它们间可以相互替代的程度。在这里还需要考虑价格水平的相似性和趋同性。但是此时应当依据什么样的价格水平判断商品之间可替换程度就成为一个需要考虑的重要问题，此处就要避免之前提到的"玻璃纸谬误"和"杜邦玻璃纸"案。对此波斯纳教授在评析该案时指出："杜邦公司案中的问题是，被告是否拥有垄断力。而在该案的背景下，明确玻璃纸和其他软包装材料是在玻璃纸的当前价格下，还是在一个竞争性价格下可以适当互换是至关重要的。因为玻璃纸的当前价格可能是一个垄断价格，在当前价格下存在着适当的可互换性根本不能说明垄断力不存在，而可能恰恰是垄断力的证据。"[2] 美国最高法院在本案中的思路则相反，"在那种进路下，垄断价格越高，因而其他产品的可替代性越大，法院就越难以发现被告拥有垄断力"。

由此可见，在波斯纳看来，判断商品之间是否具有替代性并划归同一市场，应在一般市场的竞争性价格下进行考察，否则就可能不恰当地扩大了相关商品市场的范围，放纵了那些实际上不当行使着市场支配力的垄断企业。笔者认为这是很有道理的。对此，1997年欧共体委员会《关于欧共体竞争法界定相关市场的通告》第19条也明确指出："一般说来，特别是对合并案的分析来说，所要考虑的价格是指通行的市场价格，但如果价格是在缺乏竞争的情况下

---

[1] ［德］P. 贝伦斯："对于占市场支配地位企业的滥用监督"，载王晓晔编：《反垄断法与市场经济——"中德反垄断法比较研讨会"论文集》，法律出版社1998年版，第206页。

[2] Stocking, G. W., Mueller, W. F. (1955): "The Cellophane Case and the new Competition", *American Economic Review*, Vol. 45.

确定的，则不在此列。尤其对支配地位滥用进行调查时应考虑到，现在通行的价格是大幅上涨后的价格。"

3. 消费者的偏好。消费者的偏好在界定相关商品市场时也是一个很重要的因素。在消费者特别喜好某种商品的情况下，即便这种商品涨价，其也不愿意转向选择其他价格较为便宜的商品。消费者的偏好是影响消费者需求的主观因素。

为了测量消费者对某种商品的偏好程度，从而确定这种商品是否存在替代品，欧共体委员会曾在 *Tetra Pak v. Alfa-Laval* 一案中对消费者进行过书面调查，即询问他们在价格上涨多大幅度的情况下才会转向购买其他的商品。这种调查结果有助于委员会了解两种商品之间的需求价格弹性。在 1997 年《关于欧共体竞争法界定相关市场的通告》中，欧共体委员会提出要与主要的客户接触，搜集他们关于界定商品市场的观点以及划分市场范围所必要的信息。

4. 市场进入壁垒。潜在竞争者带来的竞争压力虽然迟一些，但就阻止行为人提高价格而言，其重要性一般并不亚于实际的竞争者，因为涨价行为必须持续较长时间才是划算的。涨价会让消费者不高兴，在潜在竞争者进入市场后，消费者可能会一去不复返。既然如此，行为人一般不会产生提高价格的念头，这些壁垒的大小也决定着转产的难度，从而是替代性供应商与潜在竞争者的区别依据之一。常见的市场壁垒主要有：

（1）资本壁垒。新的进入者必然要投入大量资本，而市场上现有企业的资本投入过程早已完成了，因而不必再作这项投资，这使现有竞争者比潜在竞争者拥有优势。因此，该项投资构成新的进入者的额外障碍。一方面，它必须能够筹集到足够的资本才能购买进入市场所需要的生产设施；另一方面，即使能够筹集到这些资本，如果其中有大量属于沉没投资，如果进入不成功，这些投资无法带走或用作其他用途，因而会购买净损失，最终增大进入的风险，经营者决定是否进入时就不得不多思考一下。不过资本壁垒的考察应当与资本市场的运行状况结合起来，如果融资并不困难，则即使需要投入巨额资本也并不会阻碍潜在竞争者进入市场，换个角度来说，不仅需要考察潜在竞争者的自有财力，而且要考察其从外部融资的可能性。

（2）规模经济与范围经济壁垒。这指的是现有的企业可能已经实现了规模经济与范围经济，而新的进入者则不可能一进入市场就实现规模经济，因而不仅要投入大量资本，而且要经过一定的过渡期来达到一定的产量、开拓销售渠道等。如果规模经济与范围经济的障碍过大，那么潜在竞争者进入该市场的动力就是有限的。

（3）法律壁垒及知识产权壁垒。如果市场内的现有企业已经掌握了要进入该市场所必不可少的知识产权（如专利或关键设施），则能有效阻止潜在竞争者的进入。

（4）现有企业拥有的其他优势。举例而言，如现有企业已获得某种关键设施，或某种稀缺的自然资源，或拥有先进技术、知识产权，或由于其在市场上建立的许多业务关系，也可以构成进入者的障碍。

（三）界定相关商品市场的步骤

界定相关市场时需要大量的市场信息，竞争主管机构需要向当事人及其所在行业的消费者与竞争者，以及该行业的行业协会尽可能地了解更多的情况，询问它们对于如何界定相关市场的态度与观点。就美国与欧盟的实践来看，这种调查的主要内容就是价格变化引起的供求反应。此外，竞争主管机构也可以与上述经营者的经营管理人员直接交流，以更清楚地了解交易过程是如何进行的，在交易过程中，交易双方的地位与关系如何。

此外，竞争主管机构还要考察当事人所在市场的历史演进情况。如果在近期内，该市场上的两种商品之间曾发生过替代关系，则只要该市场没有发生实质改变，则可直接认定它们构成同一商品市场，而不需要再进行更复杂的调查。

但如果所涉商品是一般消费品，由于消费者数量太大，竞争主管机关很难全面收集其直接看法，而只能采用其他相关资料作为证据，比如各行业协会的年度市场分析报告。有些经营者在进行定价及其他行为的决策时，往往委托咨询公司等为其进行市场调查，此类调查报告也可用作界定相关商品市场的依据。当事人及其竞争者提供的其他市场调研报告，以及零售商、消费者的观点，也应予以考虑，从而更准确地反映出消费者的看法。但这些资料一般只有参考价值，执法机构或法院最终仍然需要根据商品的功能、用途、价格、消费者偏好等因素作出自己的判断。

综上所述，界定相关市场的步骤其实就是从"假定垄断者测试法"中去除"假定垄断者"因素即可：先以涉嫌当事人的涉嫌商品为基础，识别出一个初始的备选市场，然后根据进一步的信息，考虑再将哪种具备替代性的商品加进来。

二、相关技术市场与相关创新市场

前文提到"商品"时，一般是作为有形商品（goods）与服务（service）的统称，除极少数情况以外，二者在反垄断法上的地位是一样的。但在知识产权贸易中，其标的则不是"商品"这一概念所能全部涵盖的。商标用于商品销售，因而商标的许可与转让尚可以附属于商品的交易，其相关市场就是该商品的相关市场。但技术（包括专利技术与专有技术）贸易活动所影响的范围可能要复杂得多，因为技术不是有形商品，也不同于服务，而是自成一类的标的，而技术贸易又可能影响多个层面的市场竞争关系，因而其相关市场的界定也要麻烦一些。

此外，经营者之间为了改进商品、技术，或为开发新的商品、技术而进行的研究开发活动之间也存在竞争，特别是在技术含量高的产业，比如软件开发行业，竞争主要体现为研发能力的竞争，这一竞争所在市场称为"创新市场"。这种市场上的竞争者就是从事替代性研发活动的单位，它们的活动对创新市场的竞争产生影响时，同样受反垄断法管辖，就像有形商品的生产商影响竞争时受反垄断法管辖一样。不仅如此，这种活动还有可能同时影响多个市场，比如若干研发单位之间为了研发技术与商品而订立联合研发协议，[1] 这一协议不仅有可能对研发市场产生影响，而且可能影响到技术市场、商品市场的竞争，这种情况下，同一案件中就可能同时需要界定相关商品市场、相关技术市场、相关创新市场，并考察这一协议行为对每个市场所产生的影响。

我国《反垄断法》第 12 条只是就相关市场的定义作了规定，而没有对相关技术市场和相关创新市场作出明确的规定。国务院反垄断委员会《指南》第 3 条则有涉及这方面的规定，即"当生产周期、使用期限、季节性、流行时尚性或知识产权保护期限等已构成商品不可忽视的特征时，界定相关市场还应考虑时间性"。同时，"在技术贸易、许可协议等涉及知识产权的反垄断执法工作中，可能还需要界定相关技术市场，考虑知识产权、创新等因素的影响"。国家工商总局在 2015 年 4 月公布的《关于禁止滥用知识产权排除、限制竞争行为的规定》第 3 条对此作出了进一步的规定，即"本规定所称相关市场，包括相关商品市场和相关地域市场，依据《反垄断法》和国务院反垄断委员会《指南》进行界定，并考虑知识产权、创新等因素的影响"。

也就是说，在涉及知识产权许可等反垄断执法工作中，相关商品市场可以是技术市场，也可以是含有特定知识产权的产品市场。相关技术市场是指由行使知识产权所涉及的技术和可以相互替代的

---

〔1〕 英文为 Research & Development agreement，以下简称研发协议即 R&D 协议。

同类技术之间相互竞争所构成的市场。由此可以看出，我国目前相关的反垄断指南和规章中只是粗略地涉及相关技术市场，并提到考虑创新等因素，而没有在这方面的具体规定。与欧美等发达国家和地区的相关规定及其实践相比，我国反垄断法中有关技术市场和创新市场的制度规则尚不明确，相关的执法实践也比较少。

（一）相关技术市场

相关技术市场概念的提出是顺应技术的特性而对一般意义上的相关商品市场进行适当调整和扩展的结果。在知识产权和相关产品分开交易的情况下，对相关技术进行单独许可或者转让，被交易的技术就有可能构成一个单独的技术市场。"如果技术所有人自己使用该技术生产商品，然后将商品销售出去，而不将技术本身向他人授予许可"，[1] 则只需要界定这种商品的相关市场，所以在这种情况下只要遵循界定相关商品市场的一般规则就可以了。具体而言，就是把当事人销售该商品取得的销售额，除以该商品市场上的总销售额，就是其市场份额。而如果许可协议的标的是技术本身，"则其相关市场的范围首先包括该许可技术本身"，[2] 以及所有与之具有替代关系的近似技术。美国联邦巡回上诉法院就由此指出，相关技术市场就是"那些技术和商品的假定的垄断者可能对之行使市场支配力的最小一组技术和商品"。[3]

在相关技术市场的概念被正式提出来之前，在美国早期的司法

---

〔1〕　许光耀："知识产权因素在反垄断法上的特殊性"，载《电子知识产权》2011年第10期。

〔2〕　郗翔："知识产权反垄断中的相关市场界定研究"，载《科技进步与对策》2011年第15期。

〔3〕　Debra A. Valentine, Abuse of Dominance Relation to Intellectual Property,: U. S. Perspectives and the Intel Case, *Before the Israel International Antitrust Conference*, November 5, 1999；转引自王先林：《知识产权与反垄断法》，法律出版社2008年版，第199页。

实践中就已经涉及了技术市场的思想，其中比较具有代表性的是 *Walker Process Equip.*，*Inc. v. Food Mach. & Chem. Corp* 案。在该案中，美国联邦法院虽然没有直接界定出相关技术市场，但却给出了一个区别于相关产品市场的分析思路。美国 1988 年的《国际经营活动中的反托拉斯实施指南》是对相关技术市场分析得较为详细且最早的官方说明，其指出从功能角度来看，与特定技术具有功能替代性的技术以及能够生产替代产品的技术都应该被划入相关技术市场。虽然该指南的相关技术市场分析路径与相关产品市场分析路径一致，但却提出了相关技术市场的分析思路，并真正开始认识到相关技术市场与相关产品市场的不同之处。因此，该指南对确立相关技术市场以及相应的分析思路具有重要的意义。

至于其界定方法，与界定商品市场的方法与原则基本相同。相关技术市场以及相应的分析思路具有重要的意义。《美国知识产权许可反托拉斯指南》第 3.2.2 节指出，"为了确认技术的近似替代品，并得以界定相关技术市场，主管机关应该在数据允许的情况下，确认最小一组的技术和货物，那些技术和货物的假想垄断者能够在这些技术和货物上行使市场支配力，如可以施加较小的、但重大的非临时性提价"。[1] 由此条可知，相关技术市场是指被许可的技术及其近似替代物，后者则为足够近似的替代技术或者产品。同时，该指南还确立了相关技术市场界定的基本方法，即界定特定技术的紧密替代技术，由此界定相关技术市场，在数据足以支持的前提下，反垄断执法机构通过假定垄断者测试等方法判断出相关技术或产品的最小范围，具体而言就是从当事人的涉嫌垄断技术开始，然后考察在这一技术的许可价格发生不大但明显而又持久的上涨时，消费者可转而采用哪些其他技术来回应。然后用当事人的许可

---

〔1〕 王蕾译："美国知识产权许可反托拉斯指南"，载尚明主编：《主要国家（地区）反垄断法律汇编》，法律出版社 2004 年版，第 259 页。

费收入作分子，除以所有替代技术的所有销售商的总许可费收入，即为当事人的市场份额。如果了解不到其他销售商的许可费数额，则可以调查下游商品市场上，用该项技术所生产的商品的总销售额，用当事人的同类商品的销售额除以这个总销售额，即为当事人在技术市场上所占的份额。

同时，《美国知识产权许可反托拉斯指南》第 3.2.2 节指出，"技术市场包括被许可的知识产权，及其近似的替代物——即足够近似的可作为替代物的技术或货物，可实质上限制有关被许可知识产权市场支配力的行使"。[1]

欧盟委员会 2014 年发布的《〈欧盟运行条约〉第 101 条对技术转让协议适用的指南》（2014/C89/03）指出，相关技术市场包括许可技术权利及其替代技术，即因技术特性、使用费和拟定用途而被被许可人视为可与许可技术权利互换或相互替代的其他技术。同时该指南指出，从许可人经销的技术开始，有必要界定在相对价格（即使用费）具有小幅但是明显且持久上升的情况下被许可人将会转向的其他技术；另外一个可选择的办法则是考察采用了该许可技术权利的产品的市场。

在我国，国家工商总局在 2015 年 4 月发布的《关于禁止滥用知识产权排除、限制竞争行为的规定》中也对相关技术市场作了原则性规定，即"相关技术市场是指由行使知识产权所涉及的技术和可以相互替代的同类技术之间相互竞争所构成的市场"。但是，其并没有具体规定相关技术市场的界定方法。

同时，在认定相关技术市场时，往往还需要与相关地域市场综合考量：

第一，该技术使用群体的地域性。有些技术在开发时，就考虑

---

[1] 王蕾译："美国知识产权许可反托拉斯指南"，载尚明主编：《主要国家（地区）反垄断法律汇编》，法律出版社 2004 年版，第 258 页。

到一定地域范围内具有特定文化背景、特定社会背景的人群的需求。例如"三国志"网络游戏软件，针对的是华人群体，主要局限在中国的地域范围内。如果考察多款软件均为游戏软件是否构成竞争，则需要考虑该游戏软件是否适用于特定地域的消费群体。

第二，该技术功能的地域性。以软件为例，某类软件的功能专为某一地域群体的需要而开发，超出这一地域则无法使用。例如"国泰君安"股票分析软件，专为中国股民买卖内地上市公司股票而设计。如果考察多款股票分析软件是否构成竞争，则需要考察是否均为某一特定地域股票市场的分析软件。

第三，技术价格的地域性。技术的价格不同于传统产品价格，影响技术价格的因素有很多，并不是运输成本、销售成本、储存成本，有时甚至与研发成本关系都不大，更主要的是由该项技术功能的价值和技术拥有者在不同阶段的销售策略、长期市场战略决定了该项技术的价格。以某项专利为例，如果 A、B 两项专利在技术上构成竞争，在中国与美国的价格具有明显差异，则价格因素也可能构成技术价格地域性的证据。

除了上述竞争因素、地域因素之外，有时还需要考虑时间因素。即需要考虑在特定时间范围内的技术市场状况，不是目前的技术市场状况，也不是过去任意一段时间段内的技术市场状况，而应是被指控者实施滥用市场支配地位期间的技术市场状况。

但更多情况下，技术是用作一种投入物，用于生产某种终端商品。技术许可协议与转让协议会对这两个市场上的竞争均产生影响，例如，技术许可协议的双方当事人都销售同类商品，并相互把自己生产这类商品的技术向对方授予许可，这项交叉许可协议就会影响商品以及技术市场上的竞争。这时，界定该协议的相关市场时，"既要界定相关商品市场，也要界定相关技术市场。例如两家经营者分别取得了生产某种抗感冒药品的专利技术，则这两种技术相互竞争，构成同一相关技术市场。与此同时，如果市场上还有其他技术用于生产同一药品，这些技术也要纳入相关技术市场"。[1] 此外，还要考察有没有其他抗感冒药品与该药品存在替代关系，生产这些替代物的技术也具有竞争性。这种情况下，相关市场的界定包括商品范围与技术范围的界定。前者是寻找该药品的所有替代药品，后者则是寻找其中每一种替代药品的所有生产技术。准确寻找替代性药品是准确寻找替代性技术的前提，否则，有可能夸大行为人的市场力量，从而不当地损害效率。比如某个经营者在甲药品的技术市场上拥有很大的份额，但由于该药品拥有许多替代性药品，因而它不敢随意提高价格。因此，《美国知识产权许可反托拉斯指南》第 3.2.2 节指出，"技术市场包括被许可的知识产权，及其近似的替代物——即足够近似的可作为替代物的技术或货物，可实质上限制有关被许可知识产权市场支配力的行使"。[2]

（二）相关创新市场

创新市场，又称研究开发市场，是美国《知识产权许可的反托拉斯指南》引进的一个概念，我国《反垄断法》和国务院反垄断委员会发布的《关于相关市场界定的指南》中没有直接引入创新市场概念。以软件行业为例，该产业从诞生之初，在短短几十年时间里就得到了迅猛的发展，这主要得益于诸多软件开发商相继开发出功能越发强大、越发完善的软件。微软公司是其中最成功的典范，凭借着计算机操作系统软件的开发，获得了高额的商业收益。但微软公司也曾尝试过阻碍竞争性软件技术的研发，试图限制竞争对手的创新能力和新技术的诞生。因此，创新市场概念在版权滥用的反

---

〔1〕 许光耀："知识产权因素在反垄断法上的特殊性"，载《电子知识产权》2011年第3期。

〔2〕 王蔷译："美国知识产权许可反托拉斯指南"，载尚明主编：《主要国家（地区）反垄断法律汇编》，法律出版社 2004 年版，第258页。

垄断领域十分重要。

"技术许可与转让协议很可能对创新竞争产生影响，削弱当事人之间在创新方面的竞争，延缓新商品、新技术的出现"。[1] 但一般来说，在分析技术许可协议与转让协议时，主要限于对现有商品与技术市场进行考察，而将创新活动所可能产生的研发成果视为潜在竞争的来源，在界定相关市场时，一般不将这些尚未出现的成果考虑在内。但少数情况下，如果创新竞争受到协议的直接影响，则也有必要界定创新市场。

界定相关创新市场，主要是发生在经营者间订立研究与开发协议的情况下。两个或多个经营者合作开发新的商品或技术，如果这一成果与现有商品与技术完全不同，将产生一种全新的需求，或将渐渐取代现有的某种商品或技术，那么谁能首先开发出来将占有绝对的竞争优势。这种情况下，必须考察这项合作对于创新竞争的影响，而根据当事人在现有商品或技术市场上的力量，尚不足以评价该合作的实际影响：一方面，这种新商品或新技术与现有商品、技术不具替代关系，因而不能根据当事人在现有市场上的销售额，来计算其在新市场上的市场份额；另一方面，当事人在现有市场上的份额只能反映其既有的经济力量，却未必能准确反映其研发能力。

在防止妨碍技术方面，我国的立法也已经做了一定的尝试。例如《合同法》第329条规定："非法垄断技术、妨碍技术进步或者侵害他人技术成果的技术合同无效。"2005年1月1日起施行的《最高人民法院关于审理技术合同纠纷案件适用法律若干问题的解释》第10条规定："下列情形，属于合同法第329条所称的'非法垄断技术、妨碍技术进步'：①限制当事人一方在合同标的技术基础上进行新的研究开发或者限制其使用所改进的技术，或者双方交

---

〔1〕 吕明瑜："知识产权许可限制反竞争审查的一般分析框架"，载《河南财经政法大学学报》2013年第1期。

换改进技术的条件不对等，包括要求一方将其自行改进的技术无偿提供给对方、非互惠性转让给对方、无偿独占或者共享该改进技术的知识产权；②限制当事人一方从其他来源获得与技术提供方类似技术或者与其竞争的技术；③阻碍当事人一方根据市场需求，按照合理方式充分实施合同标的技术，包括明显不合理地限制技术接受方实施合同标的技术生产产品或者提供服务的数量、品种、价格、销售渠道和出口市场；④要求技术接受方接受并非实施技术必不可少的附带条件，包括购买非必需的技术、原材料、产品、设备、服务以及接收非必需的人员等；⑤不合理地限制技术接受方购买原材料、零部件、产品或者设备等的渠道或者来源；⑥禁止技术接受方对合同标的技术知识产权的有效性提出异议或者对提出异议附加条件。"上述我国立法内容对于如何界定创新市场具有参考价值。

在界定相关创新市场时，还必须考察市场上有哪些经营者在从事同类研发活动。这些研发活动如果与协议的标的具有替代性，则构成同一创新市场。确定是否具有替代性时，必须主要"考察各研发活动的性质、范围和规模，及其可以利用的资金和人才资源状况，各自拥有的技术水准，掌握专有技术和专利技术的情况，此外，预期完成开发的时间也是重要的因素"，[1] 如果根据第三人的资源和时间安排来看，其研发活动将晚许多年才能完成，则不具替代性，因而不应纳入相关创新市场。如果研发活动之间的替代性不容易判断，也可采用下游的技术作为参考，即，如果两个研发单位所要研发的技术将会互具替代性，则认为这两个创新活动之间存在竞争；如果技术之间的替代性也不容易判断，则再往更下游看看，如果用这些技术所生产的商品之间将有替代性，则这两个研发活动也构成同一相关市场。虽然操作起来还会遇到许多具体的疑难问

---

　〔1〕　许光耀："知识产权因素在反垄断法上的特殊性"，载《电子知识产权》2011年第 3 期。

题，但这一思路可以提供比较清晰的大方向。

同时，由于研发协议往往同时影响多个维度的市场竞争，因此在同一案件中，往往还需要同时界定相关商品市场、技术市场、创新市场；同时，当然也要界定地域市场的范围。这比前文介绍的单纯商品市场的界定复杂得多。

总体来说，无论是相关技术市场还是相关创新市场，均可以采用相关商品市场的界定方法，相关技术市场、相关创新市场在其本质上是相关商品市场的特例，所以在一般的讨论中，除特别声明外，一般可以将"相关商品市场"用作三者的统称。

三、相关地域市场的界定

（一）相关地域市场的概念

相关地域市场是指一个有效竞争存在的地理范围。根据 1997 年欧共体委员会《关于欧共体竞争法界定相关市场的通告》第 8 条，"相关地域市场是指所涉企业进行商品或服务供求活动的地区，该地区的竞争条件是充分同质的，并与相邻地区的竞争条件明显不同，因而能将其与相邻地区区分开来"。[1] 相关地域市场的范围可能是国内某个或某些地区，也可能遍及全国或由若干国家组成的经济区域（如欧盟或其中几个国家）乃至全世界。对于中国这样一个地域辽阔，全国各地市场状况差异很大，而且又日益融合到世界市场的国家来说，界定相关地域市场在将来实施《反垄断法》的过程中有着更为重要的意义。任何竞争都发生在一定的地域范围之内。相关地域市场是相关商品相互竞争的地理范围。这可以是整个国家，甚至是范围更大的区域，也可以是某个地区，甚至是很小的地区。界定地域市场的基本标准，同样是价格变化所引起的替代

---

〔1〕 李虹：《相关市场理论与实践——反垄断中相关市场界定的经济学分析》，商务印书馆 2011 年版，第 75 页。

反应。

从欧美国家的实践来看，同界定相关商品市场的情况类似，界定相关地域市场也是考虑合理的可替代性以及与此密切相关的需求交叉弹性。如果两个地区属于同一个地域市场，一个地区的消费者应当可以非常方便地转向购买另一个地区的商品。如果企业及其竞争对手只在某个有限的地区销售其商品，而消费者无法或者很难从其他渠道购买该商品，则该地区可以构成一个独立的地域市场。

但与相关商品市场的界定多以需求替代性为主的情况不同的是，在界定相关地域市场时多从供给替代性的方面加以考虑，即界定相关地域市场主要是关注在该市场中竞争条件的一致性。而所谓市场竞争条件的一致性，包括商品的分销方法、商品是否在同样的保护消费者的法律条件下销售、消费者受到的售前或售后服务是否一致等，如果市场竞争条件大相径庭，那么即使商品功能相同或相似，也应该按照市场条件的不同将其归入不同的地域市场。

美国《横向合并指南》在界定相关地域市场时，同样是采用"假定垄断者测试法"，从涉嫌当事人所在地区开始，考察在这一区域的相关商品发生"幅度不大但明显的持久价格上涨时，消费者会流向哪些地区去购买相关商品。"[1]

不过在确定相关商品市场时，只要求商品具有替代性，不要求具有同质性。而要构成相关地域市场，必须是该地区的竞争条件具有同质性，尤其是价格形成条件具有同质性。在 *United Brands* 案中，欧洲法院将其界定为"一个区域，其中适用于涉嫌商品的客观竞争条件对所有的交易者都是相同的"[2]，虽然 United Brands 公司向整个欧共体销售香蕉，但欧洲法院认为相关市场只包括爱尔兰、

〔1〕　美国 2010 年《横向合并指南》第 4. 2. 1 节。
〔2〕　王先林："论反垄断法实施中的相关市场界定"，载《法律科学（西北政法学院学报）》2008 年第 1 期。

丹麦以及德、比、卢、荷，而将英、法、意三国排除在外，因为英、法对来自其殖民地的香蕉进口给予优惠，而意大利则对香蕉进口有数量限制，这与上述各国的竞争条件不具有"同质性"。[1] 另一方面，这一地理区域的竞争条件必须与相邻地区存在明显的差异。"相关地域市场是指所涉经营者进行商品或服务供求活动的地区，该地区的竞争条件是充分同质的，并与相邻地区的竞争条件明显不同，因而能将其与相邻地区区分开来"。[2] 由此可见，地域市场的范围取决于市场状况，与行政区划并不必然相关，也未必与国界相一致。

（二）界定相关地域市场的考察因素

相关地域市场的界定往往紧随在相关商品市场的界定之后，界定的标准同样是价格变化所引起的替代反应，其步骤也与界定相关商品市场大致相同：首先从涉嫌当事人所在地区开始，假设这一地区的相关商品涨价 5% ~ 10%，消费者会不会，以及能不能转向购买其他地区的替代性商品，如果答案是肯定的，则两个地区构成同一相关地域市场。因此，在界定相关地域市场时，重点考察的对象是"不同地区之间是否存在阻碍竞争的壁垒"[3]，如果这种阻碍性的壁垒较高，高到消费者无法到另一地区去购买或必须付出过高的成本，则相关地域市场即以此为边界。一般说来，在界定相关地域市场时应当考虑的因素主要涉及以下方面：

1. 运输成本。运输成本是产品价格的重要组成部分，如果运输成本过高就会失去价格竞争的优势。此时市场主体一般就不会进入另一地域市场内与其发生竞争。确定相关地域市场的主要方法是

---

[1] 参见文学国：《滥用与规制——反垄断法对企业滥用市场优势地位行为之规制》，法律出版社 2003 年版，第 128 页。

[2] 欧共体委员会 1997 年《关于欧共体竞争法界定相关市场的通告》第 8 段。

[3] 江山："反垄断法中相关市场的概念及其认定"，载《国际商报》2007 年第 9 期。

考察企业的销售范围，在一定意义上，企业的销售范围决定了其可以竞争的地域市场范围。而影响地域市场范围的主要因素是运输成本和商品特性。运费的高低可以决定供货区域的大小，因为随着商品运输距离的增加，相应的运费增加，必然将减少商品的利润额。因此，运输成本占商品价格总额比率的高低是决定相关地域市场范围的关键。而这又与商品本身的特性有很大的关系。对于那些分量重、体积大的商品，"由于相对于产品价值的运输成本很高，所以不是所有的产品制造商都可能对同样的顾客进行竞争"。[1]

不过对运输条件的考察必须与时俱进，近年来我国的运输条件已有重大发展，因而地域市场的范围也相应地扩大；同时在互联网经济中，由于一些产品尤其是服务的无形性，运输成本由于信息化的发生也日趋降低甚至为零。

2. 商品特性。商品特性有时候需要独立考察，有时候需要与运输成本一起综合考察。一般说来，易腐烂变质的商品，其市场的地区范围就受到限制，如普通面包的销售范围就很有限。而一些高科技商品，尤其是软件商品，其市场范围往往是在全球范围内。例如，在美国微软垄断案中，美国联邦地区法院法官杰克逊在 1999 年 11 月 5 日的事实认定中，是以全球范围作为确定微软的英特尔兼容个人电脑操作系统许可证这种商品的相关地域市场的。

同时，要将运输成本的高低对供给替代的影响与商品价格的上涨幅度联系在一起分析。这正如波斯纳举例所说明的："如果小商品在堪萨斯城卖 25 美分，在匹兹堡卖 20 美分，把小商品从匹兹堡运到堪萨斯城的运输成本是 5 美分，那么匹兹堡的销售商就不会在堪萨斯城进行销售。但是堪萨斯城的价格略微提高一点，就会把匹

---

〔1〕　唐绍均："反垄断法中与新经济行业相关市场的界定"，载《现代经济探讨》2008 年 11 期。

兹堡的销售商吸引过来。"[1]

3. 消费者的购买偏好。消费者的偏好不仅对界定相关商品市场有影响，而且对界定相关地域市场也有影响。有时候，尽管两个地区的商品在用途上说是很好的替代品，但是由于消费者的特殊偏好，导致虽然本地区的商品价格上涨，消费者却没有将另一地区的价格相对较低的类似商品作为替代品。例如，德国人喜好德国啤酒，即使这种啤酒比其他国家生产的啤酒价格高，德国人仍然喜好纯正的德国啤酒。这说明，在界定地理市场方面，消费者的喜好仍然是一个重要因素。在 1995 年的 *Mercedes-Benz* 与 *Kaessbohrer* 合并案中，欧共体委员会就认为城市公共汽车这种产品的地域市场只是德国。委员会指出，虽然德国市场是开放的，然而由于外国进口车的质量差，且德国政府在采购时倾向于购买本国的产品，这种车的地域市场就只是限于德国。

就传统而言，由于关税及其他贸易壁垒的限制，地域市场的范围常常不超过一国的国界，这些都属于法律文化所带来的壁垒。与此同时，消费者对于不同的商品，其购买习惯有所不同，比如购买蔬菜、食品一般发生在居住地附近，这一地区就因此形成一个独立的地域市场；而购买电器却可以跑得很远，因而地域市场的范围深受商品性质以及消费者购买习惯的影响。

然而，在不同的交易层次上，消费者购买习惯的重要性和考察比重肯定是有所不同的。如在零售环节，对食品消费者来说，市场肯定是地区性的；而在批发环节，对于食品批发商来说，则可以是跨区域甚至跨国的。

4. 市场进入障碍。相关地域市场的范围还会受到本国和外国的市场进入障碍的影响。这些障碍有的是由法律上的规定造成的，

---

[1] [美] 理查德·A. 波斯纳：《反托拉斯法》，孙秋宁译，中国政法大学出版社 2003 年版，第 172 页。

有的是由自然的原因造成的。市场进入障碍意味着新进入者比现有的市场主体要付出更大的成本，甚至无法进入。就一个国家或地区的内部市场来说，市场进入的障碍主要有自然垄断和规模经济的要求，资金、设备和技术上的特殊要求，特定自然资源的稀缺性，专利等知识产权的独占性，政府对特定行业市场的准入规定，还有现有企业或者政府采取的人为限制措施，如现有企业之间为阻碍新企业进入市场的垄断协议以及政府实行地区封锁等人为分割市场的措施。

随着世界经济一体化的进展及国内、国际市场的日益并轨，地域市场呈超越国界的趋势。要使不同国家或地区的市场构成一个相关地域市场，就要求这些地区有相同的竞争条件。而这方面往往存在种种限制，使得同一种商品的生产或销售处于不同的竞争条件，从而使它们处于不同的地域市场。虽然经过关税及贸易总协定（GATT）的规制和世界贸易组织（WTO）的努力，关税壁垒和传统的非关税壁垒对贸易的限制情况已经大大改善，但与此同时，为WTO规则所允许或默认的隐蔽性较强的非传统的非关税壁垒却日益增多，如反倾销手段、贸易技术壁垒、绿色壁垒以及相关的管制制度，这些都可能成为国际贸易中的障碍，使得某种商品的竞争局限在国内市场范围内。

然而必须说的是，以上只是对主要影响因素的列举性说明，在具体案例中究竟有哪些因素起作用，还需要结合个案的具体情况进行综合考量，有时候以一个因素为主，而更多时候是许多因素综合起作用。

第三节 互联网经济中相关市场的界定

前文提到，相关市场的界定是判定垄断协议、滥用市场支配地位和经营者集中前都必须进行的工作，学术界就此问题有极为全面深入的研究，而其中尤以互联网产业相关研究为众。随着近年来互联网的发展，国内学者已注意到了传统的相关市场界定理论无法完全适用于互联网行业，提出了各种不同于传统行业的界定方法，但大多文章将不适用的原因归结于互联网行业本身的"特殊性"，少有文章涉及此特殊性真正的形成原因在于"双边市场"和"网络效应"这两个特征，本节将结合之前的理论研讨部分，详细论述这两个特征给相关市场的界定带来的特殊性，并会通过中国法院的几个经典案例分析，来探讨如何结合互联网产业的特点、在互联网经济中准确地界定相关市场。

在理论研讨部分结束后，我们现在再次回到"奇虎 360 诉腾讯 QQ 案"[1]的讨论。在该案中，两审法院均采用"假定垄断者测试法"，将相关市场界定为"即时通信服务市场"，并认定腾讯在这一市场上并无支配地位，其"二选一行为"也没有产生排斥竞争效果，因此原告奇虎公司败诉。

如果只限于即时通信服务市场上，这两项认定都是正确的。用户对腾讯严重不满意时，有 MSN、飞信等众多即时通信工具可以选择，腾讯确实不拥有支配地位，因为这种地位的本质则是"让消费者别无选择"；"二选一行为"也并不是让用户在 QQ 与 MSN、飞信等工具中选一个，对后者当然没有排斥性——本案中要判明的是原告奇虎是否受到排斥，而判决书却考察 MSN、飞信等受到排斥的情况，这显然发生了误差，误差的根源在于对相关市场界定的失误。本节将以此案为例，详细分析双边市场条件下，相关市场界定的具体方法与步骤。

一、双边市场语境中的相关市场界定一般理论

传统产业中常见的商业模式一般是由企业提供商品或服务，消

---

〔1〕 中华人民共和国最高人民法院民事判决书（2013）民三终字第 4 号。

费者支付价款获取商品或服务，此时的交易参与方通常只有买卖双方，这种市场又被称为单边市场。20 世纪 90 年代以来，随着以信息技术革命和经济全球化为动力的新经济的迅猛发展，以双边平台为核心的商业模式也得以迅猛发展，双边市场理论越来越受到学界的关注。双边市场并非新生事物，而将双边市场作为一种独立的市场实体进行研究是近年才发展起来的新领域。

双边市场在双边市场理论被提出之前就广泛存在于经济实践中，现实中存在大量具有双边市场特征的平台企业，这些企业通过策略性行为向产品或者服务的买卖双方提供差异化产品或服务，进而促进交易双方在该平台达成交易，如传媒企业、大型购物中心、银行卡企业、电信企业、电子商务企业等。其经营模式不同于传统市场（为了将其与双边市场作区分，本书将传统市场称为单边市场），均体现出双边市场的特征。

在反垄断法实践中，相关市场界定起着基础性作用。互联网经济中双边市场的出现及其理论的发展给相关市场的界定带来了全新的课题，实践中由一些具有双边市场特征的平台企业（如微软、谷歌、腾讯、奇虎、百度等）引发的一系列反垄断案件都引起了学界的极大关注和热烈讨论。按照国务院反垄断委员会《指南》的规定，相关市场是指经营者在一定时期内就特定商品或者服务进行竞争的商品范围和地域范围，相关市场范围的大小主要取决于商品（及地域）的可替代程度，由于双边市场的特性对于地域市场的界定影响不大，本节主要讨论相关产品市场。

（一）双边市场理论对相关市场界定的意义

双边市场不同于单边市场的特殊结构，决定了传统相关市场的界定方法不能简单地直接适用于双边市场之中。通过对双边市场基本概念的梳理，可以看出其对相关市场的界定具有以下意义：

1. 揭示了以平台企业为中心的特殊市场结构。平台企业通过信息发布、信息交换和服务的设施和渠道使双边客户搜寻信息的效率大大提高，这也是市场形态从单边市场演变为双边市场的重要条件。平台企业通过独特的运行方式同时连接两边不同类型的用户，解决了"先有鸡还是先有蛋"的问题。这两类用户相互依存、缺一不可，同时又构成了各自的市场，平台企业通常在这两个市场都面临竞争：可能在两边市场都不具有支配地位，也可能只在其中一边市场具有支配地位，还可能在两边市场都具有支配地位。这些可能性在双边市场条件下都需要着重深入分析。

2. 突出了交叉网络效应在双边市场中的基础性作用。单边市场中也有网络效应，但在双边市场中这些网络效应体现为交互式的，即交叉网络效应。交叉网络效应是识别双边市场的最重要的依据，也是双边市场区别于单边市场最显著的特征。这种交叉性既可能反映为双向的正网络效应的交叉，如典型的银行卡、电子商务平台市场；又可能反映为正、负网络效应的同时交叉，如媒体市场中受众增多导致广告商投入加大，而反过来广告商投入加大会导致受众减少。网络效应的这种交叉作用构成了双边市场的基本运行机制，同时这也意味着平台企业的市场力量可以借助交叉网络效应进行市场之间的传导，这也是相关市场界定时所必须注意的问题。

3. 认识到价格结构是双边市场运行的核心策略。平台企业对定价策略的选择直接决定了两边用户的参与规模和平台企业的利润，进而影响整体的产业剩余和产业运行效率。平台企业会对具有较强的交叉网络效应并且对产品或服务差异化的程度要求较低的一组用户收取更低的费用，甚至可能免费，同时对另一边用户收取较高的价格以获取利润，这种策略显然不以产品或服务的成本为依据。那么对实行不同价格策略的两边应如何进行相关市场的界定，都是面临的新问题。

双边市场理论的形成与发展时间较短，在理论模型和实证分析方面尚不成熟，很多研究结论还不统一，其指导反垄断法实践的作用还有待进一步加强。但是其提供的全新思路有助于更加准确地认识双边市场这一新的经济现象，也有利于相关市场的准确界定。

（二）互联网经济中双边市场条件下相关市场界定的新思路

相对于单边市场而言，在双边市场条件下进行相关市场界定有不同之处：首先，面临市场选择。单边市场条件下的竞争约束只来自一个市场，不存在选择哪个市场。但是双边市场条件下，由于竞争约束可能来自于多个市场，就产生了市场选择问题。其次，面临测试方法的完善，要结合双边市场的特征，通过一定的方法测试这个市场范围有多大。

有学者比较了欧盟和我国的实践，对各国反垄断执法和司法机构在双边市场条件下的相关市场界定归纳出了三种类型：一是"无视现实型"，即完全忽略多边平台的存在，机械适用单边市场的方法；二是"隔靴搔痒型"，即承认多边平台的特殊性，但继续采用传统单边市场的分析方法；三是"实用型"，即在承认多边平台特殊性的同时，相应调整分析框架，取得更理性和有效的执法效果。[1]各国实践态度的不一致，一方面说明了传统单边市场的思维定势依然牢固；另一方面也说明了双边市场理论需要进一步完善，对相关市场界定的指导需要进一步深入。

最高人民法院在"奇虎360诉腾讯案"中指出："平台之间的竞争已不是未来的发展趋势，而是目前互联网企业之间客观存在的竞争状况。"显然，最高法院已经认识到互联网行业中的双边市场特征，但遗憾的是并未在相关市场界定阶段考虑这种特征。事实上，即时通信、网络安全等网络平台企业的双边市场特性很强，属于典型的非交易型双边市场。"双边市场的特性在界定相关市场时

〔1〕 苏华："多边平台的相关市场界定与反垄断执法发展"，载《价格理论与实践》2013年第8期。

应该被充分考虑，而不是绕开或忽略"。[1] 适用双边市场理论并不是对相关市场传统理论及界定方法的彻底颠覆，需要改变的只是思维惯性，以新的思路完善相关市场的界定方法。因此应有的态度是：准确识别市场属性，对于实质为单边市场的适用传统单边市场的分析方法，不能人为地将其复杂化为双边市场；同时对于确具双边市场属性的则要转向双边市场理论，不能人为地简单化为单边市场。

同时，还需要防止双边市场理论的滥用。双边市场理论的出现，根本原因在于平台战略这一新的经济现象在传统的经济学或法学理论中难以得到合理的解释。但是目前对双边市场内涵与基本属性的认识存在诸多误区，导致双边市场理论被滥用，滋生了一种双边市场的"帝国主义"倾向，使人们误以为"任何连接着两边用户的网络型平台都是双边市场或者皆具有双边市场特征"。[2] 对双边市场的判断，仍然需要准确把握交叉网络外部性、价格结构决定交易量、双边用户的相互依赖性和互补性这三个核心要素，并且应将这三个要素作为一个有机整体予以考量，不可孤立看待：由于双边用户的相互依赖性和互补性而产生交叉网络外部性，平台企业作为将交叉网络外部性进行内部化的机制而出现，并且为创造价值、获取利润而采取倾斜式的价格结构。

从结构上看，任何企业的经营活动都连接产品或服务的两边，但是单边市场中的两边是供方和需方（或者说是上游和下游），企业则处于中间环节，根据边际成本确定市场价格和产量（交易量）水平，起着一般性的交易作用。例如超市的两边是供货商与消费

〔1〕 王小芳、纪汉霖："双边市场的识别与界定：争论及最新进展"，载臧旭恒主编：《产业经济评论》第12卷第3辑，经济科学出版社2013年版。
〔2〕 傅联英、骆品亮："双边市场的定性判断与定量识别：一个综述"，载臧旭恒主编：《产业经济评论》第12卷第3辑，经济科学出版社2013年版。

者，消费者的购买意愿与价格水平（边际成本）有关而与超市实行的价格结构无关。而在双边市场中，两边是相互依存、具有交叉网络外部性的不同用户，一边用户的量对另一边用户的量产生影响；企业并非根据边际成本确定价格，而是对两边实行不同的价格策略，通过价格结构的调整来促进交易量的提升，获取最大化利润。例如电商平台的交易量就决定于其对消费者和供货商实施的价格结构。因此电商平台是双边市场，而从事买进卖出经营活动的超市却不是双边市场。

相关市场界定困难并不意味着在反垄断案件中可以绕开或弱化相关市场界定。即使有其他方法或证据能够更直接地分析市场竞争效应或合理地评估企业的市场势力，也不应该弱化相关市场界定、市场份额和市场集中度在反垄断分析中的作用。有学者认为淡化相关市场概念虽然为一种务实的态度，但同时强调这种淡化应符合严格的条件，即其他事实应证据充足、逻辑清晰；具有市场支配地位成为唯一合理解释，其他合理原因均已被排除；误判并造成损失的可能性已远远小于任由竞争损害持续下去造成更大损失的可能性；相关市场界定过于困难或不可能完成。

诚然，除了通过从结构上界定相关市场来判定市场支配地位之外，还可以从绩效和竞争等方面来判定，这些方法的确提供了多样化的分析思路。在确实无法明确而清楚地界定相关市场的情况下，通过排除或者妨碍竞争的直接证据对被诉经营者的市场地位及被诉垄断行为可能的市场影响进行评估，的确是更为直观和简便的方法。但是这些方法对数据及有关考量因素的分析要求很高，而且未必能够得出精确的结论；同时何种证据能够直接证明市场支配力，或是证明消费者福利的损失与企业实施垄断行为相关，目前也尚未有非常成熟的理论予以支撑。

纵观美国的反垄断诉讼历史，多数案例的解决最终要寻求于市场界定而不是其他重要的反垄断议题，"市场界定在评估市场势力和判断企业的市场行为是否具有反竞争效果方面，经常是极为关键的一步"，[1] 相关市场的界定不仅考察企业在何种市场上与其他企业竞争、与多少企业竞争，更重要的是考察企业在该市场上是否具有市场支配地位或是否可能具有市场支配地位，这是反垄断法进行追责的基础和前提。依据相关市场界定而推算的市场份额虽然不是认定市场支配地位的唯一因素，但是其对于判断市场力量仍然具有至关重要的参考价值。特别是互联网企业的竞争逐渐转向用户规模的争夺，而用户规模的最佳表达方式就是市场份额。

因此，虽然双边市场中相关市场界定存在许多困难，但是这并不意味着反垄断法的执行不再需要进行相关市场的界定，反垄断法执行者也不能轻易地绕开相关市场的界定。尤其是在涉及市场支配地位滥用的案件中，相关市场的界定更是必要的。在具体反垄断司法实践中，可以通过制度性的安排减轻原告的举证责任，如法院可以组织互联网专家、法学家、经济学家等组成专家团队，借助其专业分析来确定相关市场，而不是将此举证责任全部归由原告承担。最高人民法院也可以专门发布司法解释，就双边市场条件下的相关市场界定作出指导性意见。

二、互联网经济中相关市场界定的实例分析："百度人人案"与"3Q大战"

（一）"人人诉百度"案[2]

1. 基本案情。2008年12月，唐山人人信息服务公司于北京市

---

〔1〕 Jonathan B. Baker. Market Definition: an Analytical Overview. Antitrust Law Journal, 2007, 1.

〔2〕 本案历经两审。一审判决参见：北京市第一中级人民法院（2009）一中民初字第845号判决书；二审判决参见北京市高级人民法院（2010）高民终字第489号判决书。

第一中级人民法院起诉北京百度网讯科技有限公司案（以下简称"人人诉百度案"），该案的影响力巨大，且为《反垄断法》实施的第一例互联网企业的诉讼案，所以也被称为"互联网反垄断第一案"。该案的基本案情如下：原告唐山人人公司是一家从事医药信息咨询服务的公司，原告声称该公司从2008年3月起购买百度竞价排名服务，并于两个月后开始减少投入额。2008年7月，原告发现自己所经营网站的日访问量骤减。据此，唐山人人公司认为是因为原告减少对竞价排名的投入，而导致百度利用市场支配地位对该网站进行了全面屏蔽，给原告造成了巨大的经济损失，百度公司的行为违反了我国《反垄断法》的相关规定，构成滥用市场支配地位中强迫其进行竞价排名交易的行为。为此，人人公司请求法院判令被告百度公司赔偿其经济损失人民币1 106 000元，同时须解除对全民医药网（www.qmyyw.com）的屏蔽并恢复全面收录。

被告百度公司则辩称，该网站在特定时间受到搜索结果限制是百度对其做出的惩罚措施，原因在于人人网站存在大量垃圾链接，搜索引擎自动对其进行了作弊处罚，原告主张遭到百度封杀的说法不能成立。而且该项处罚措施针对的仅仅是百度搜索中的自然排名结果，与原告人人公司所称的竞价排名的投入毫无关系，亦不会影响其竞价排名的结果。此外，原告人人公司称百度公司具有《反垄断法》所称的市场支配地位缺乏事实依据。百度公司提供的搜索引擎服务对于广大网民来说是免费的，故与搜索引擎有关的服务不能构成《反垄断法》所称的相关市场。因此，被告百度公司请求人民法院判决驳回原告人人公司的诉讼请求。

2009年12月18日，北京市第一中级人民法院公开开庭宣判了原告唐山市人人信息服务有限公司诉被告北京百度网讯科技有限公司垄断纠纷案，判决驳回原告人人公司的诉讼请求。之后原告不服判决，于2010年向北京市高级人民法院提出了上诉，法院经过审理、查明事实，维持了一审判决。

2. 判决要点。本案争议的焦点在于双方对于相关市场的界定以及是否构成支配地位存在争议，北京市第一中级人民法院的判决书中对于相关市场的界定、支配地位的认定以及滥用市场支配地位行为的认定及其正当性的认定均作出了详细描述，本章将集中于相关市场的界定这一重点进行分析，其余两点的判决分析会在之后的相关章节展开。

在一审判决中，法院认为"中国搜索引擎服务市场"是本案中《反垄断法》意义上的"相关市场"，具体分为相关产品市场、相关地域市场进行论述。

（1）相关产品市场。一审法院认为，由于"搜索引擎服务所具有的快速查找、定位，并在短时间内使网络用户获取海量信息的服务特点，是其他类型的互联网应用服务所无法取代的，即作为互联网信息查询服务的搜索引擎与用于网络新闻服务、即时通讯服务等其他互联网服务并不存在构成一个相关市场所必需的紧密的需求替代关系。因此，'搜索引擎服务'本身可以构成一个独立的相关市场。"[1]

二审法院认为：唐山人人公司主张本案的相关服务市场为"搜索引擎服务"市场。"搜索引擎服务"主要是通过搜索引擎自己的网页抓取程序，连续地抓取网页，提取关键词，建立索引文件，当用户输入关键词进行检索时，搜索引擎可以从索引数据库中找到匹配该关键词的网页，将网页标题和 URL 地址提供给用户，用户通过点击可以直接进入相关网页，在满足用户搜索需求的同时也为网站提供了提高关注度的平台。搜索引擎服务本质上属于互联网信息检索、定位服务，鉴于目前尚不存在形成需求替代关系的相关服

---

〔1〕 参见北京市第一中级人民法院（2009）一中民初字第 845 号判决书"本院认为"部分。

务，因此"搜索引擎服务"构成本案的相关服务市场。[1] 所以二审法院认为唐山人人公司的主张成立。

（2）相关地域市场。一审法院认为："考虑到文化背景、语言习惯等因素，中国的网络用户选择并可以获取的较为紧密替代关系的搜索引擎服务一般来源于中国境内，即中国境内相关服务的提供者会表现出较强的竞争关系"，因此，将本案的相关地域市场界定为"中国境内市场"。[2]

二审法院对此的解释是："北京百度公司以提供中文搜索引擎服务为主，虽然互联网信息服务具有跨越国界的特点，但是使用中文搜索引擎的多数用户位于中国，而中国用户可以选择并获取的具有较为紧密替代关系的搜索引擎服务一般也来源于中国境内，即中国境内相关服务的提供者会表现出较强的竞争关系"，[3] 所以百度公司的"互联网无国界"的抗辩理由不成立，本案的相关地域市场应当为"中国"。

（3）免费服务与"双边市场"。此外，尽管被告提出抗辩："由于搜索引擎服务相对于广大网络用户而言是免费的，而免费服务不是《反垄断法》所约束的领域，因此，本案不存在《反垄断法》意义上的相关市场"，但是一审法院认为："搜索引擎服务商向网络用户提供的免费搜索服务不能等同于公益性的服务，它仍然可以通过吸引网络用户并借助广告等营销方式来获得现实或潜在的商业利益。"所以对此抗辩不予支持。

二审法院持同样的观点，并进一步分析为："北京百度公司所

---

〔1〕　参见北京市高级人民法院（2010）高民终字第 489 号判决书"本院认为"部分。

〔2〕　参见北京市第一中级人民法院（2009）一中民初字第 845 号判决书"本院认为"部分。

〔3〕　参见北京市高级人民法院（2010）高民终字第 489 号判决书"本院认为"部分。

经营的搜索引擎服务的对象不仅限于那些提出搜索请求的普通用户，还包括那些意图通过付费方式实现商业价值的网站，因此其仅仅以普通用户免费搜索为由主张其提供的是免费的搜索引擎服务是缺乏事实依据的。在显示搜索结果的首页会有部分竞价排名结果与自然排名结果同时出现在网页左侧的列表中。由于首页部分往往最受用户关注，因此这种安排反映了其通过搜索引擎服务实现商业利益的本质。竞价排名作为一种搜索引擎的营销方式，是基于自然排名而建立的，它根据用户使用搜索引擎的方式，利用用户检索信息的机会尽可能地将营销信息传递给用户，通过'排名靠前'的方式获得最大的来自搜索引擎的访问量，从而产生相应的商业价值。在这种情况下，百度公司提供的竞价排名与自然排名两种服务方式在其经营搜索引擎服务过程中是密不可分的，其主张二者为相互独立的服务系统并以自然排名部分免费搜索结果为由主张不存在相关市场，缺乏事实和法律依据，本院对此不予支持。"[1]

3. 判决分析。本案判决虽然首次由法院对于相关市场的界定进行了论证，判决的结果也没有明显问题，但是在论证过程中仍然存在一些混淆的地方。

首先，关于"双边市场"的问题。法院在论述"相关市场"的界定时，一审法院认为搜索引擎服务虽然是免费的，但是免费只是"作为市场主体营销策略的一种方式，部分产品或者服务的免费提供常常与其他产品或服务的收费密切结合在一起"，因此"搜索引擎服务商向网络用户提供的免费搜索服务不能等同于公益性的免费服务，它仍然可以通过吸引网络用户并借助广告等营销方式来获得现实或者潜在的商业利益"，也就是说一审法院认为"免费的搜索引擎服务"是一种营销手段；二审法院则认为"在显示搜索结果

---

〔1〕 参见北京市高级人民法院（2010）高民终字第489号判决书"本院认为"部分。

的首页会有部分竞价排名结果与自然排名结果同时出现在网页左侧的列表中"，所以虽然搜索引擎针对大众是免费的，但是还是会通过一部分收费的竞价排名来获利，因此"免费"不是抗辩理由。两审法院对此的论述都没有意识到互联网经济的"免费性"，其根本原因在于"双边市场"的存在，互联网企业获利的原因并非在某个免费市场本身做文章，也不是在另一端的"付费市场"如会员、广告等来获利，两个市场之间虽然具有相关性，如用户流量的转移，但是归根到底是两个独立的相关市场，竞价排名和搜索引擎市场应当被界定为两个市场。

其次，"相关商品市场"的界定。如果考察商品的可替代性，就会发现对于百度公司来说，其用户数量来自"搜索服务市场"，而人人公司的用户数量来自"医疗信息搜索市场"，这两个市场上的消费者需求是不同的；同时前述提到"搜索引擎市场"和"竞价排名市场"也是各自独立的，那么本案至少应当有三个相关市场。这三个相关市场虽然各自独立，但也互有关联，在之后支配地位的认定、竞争效果的考察等步骤仍然需要综合考虑，但是如果混淆，就会导致对于其中某一方的相关市场界定过宽，进一步导致稀释其市场份额，从而逃脱反垄断法的管辖。

（二）腾讯诉奇虎的"3Q大战"

本案的基本案情在第二章中已经详细列举，此处不再赘述，直接进入对于两审判决的评析。

1. 两审判决的要点对比[1]。双边市场不同于单边市场的特殊结构，决定了传统相关市场的界定方法不能简单地直接适用于双边市场之中。

（1）关于相关市场的界定方法与标准。一审法院根据国务院反

---

[1]　一审判决的意见均摘自二审判决书中的引用，参见中华人民共和国最高人民法院民事判决书（2013）民三终字第4号。

垄断委员会《指南》的规定，认为应当"根据需求者对 QQ 软件及其服务的功能用途需求、质量的认可、价格的接受程度以及获取的难易程度等因素，从需求者的角度定性分析不同商品之间的替代程度；同时亦结合考虑供给替代的影响"。[1]

《指南》采用的是假定垄断者测试法，考察的是假定垄断者的价格发生幅度不大但明显的持久上涨时的需求变化状况，但本案中腾讯公司的即时通信服务是免费的，与这一方法存在根本性抵触。一审法院注意到了这一点，设计了变通的方法，认为可以假定"被告持久地（假定为 1 年）从零价格到小幅度收费"，以代替 SSNIP 中的假定。但无论腾讯还是奇虎都并不打算对其产品收费，既然假设的情形永远不会发生，那么这种假定一定是不能成立的。

而二审法院认为，相关市场的界定"主要从需求角度进行替代分析，辅之以经营者角度的供给替代分析"。关于假定垄断者测试法的适用方法，二审判决认为这一方法在本案中不宜直接套用，因为即时通信服务是免费的，用户对于收费十分敏感，如果"从零收费变为收费"，哪怕"较小数额"的收费都可能导致用户大量流失，很可能会导致"将不具有替代关系的商品纳入相关市场中，导致市场界定过宽"[2]。因此认为一审法院"在本案中未作变通而直接运用基于价格上涨的假定垄断者测试方法，有所不当"[3]。但二审法院认为"仍可以采用该方法的变通形式，例如基于质量下降的假定垄断者测试。由于质量下降程度较难以评估以及相关数据难以获得，因此可以采用质量下降的假定垄断者测试方法进行定性分析而不是定量分析"[4]。这本质上是认可了上诉人奇虎 360 公司在这

---

〔1〕 参见中华人民共和国最高人民法院民事判决书（2013）民三终字第 4 号。
〔2〕 参见中华人民共和国最高人民法院民事判决书（2013）民三终字第 4 号。
〔3〕 参见中华人民共和国最高人民法院民事判决书（2013）民三终字第 4 号。
〔4〕 参见中华人民共和国最高人民法院民事判决书（2013）民三终字第 4 号。

一问题上的观点。

（2）相关商品市场的认定。一审法院首先确认，双方当事人"对以下三类即时通信软件属于同一相关商品市场并无异议：综合性即时通信服务（如腾讯的 QQ 和微软的 MSN），跨平台即时通信服务（如中国移动推出的飞信），以及跨网络即时通信服务（如TOM 集团公司提供的 Skype）"[1]。对于腾讯所提出的其他"替代性商品"，一审法院一一进行考察，最后作出如下认定：①主要是基于功能上的近似性，认定微博、社交网站与 QQ 属于同一相关商品市场，假定后者开始小幅收费，用户"完全有可能转而选择微博和 SNS 社交网络服务"。②电话、传真与 QQ 的技术差异过大，而且不是免费的，因而不具有替代性。③电子邮箱不具有即时性，因而不能替代 QQ。

二审法院则认为：移动端即时通信服务的用户众多，而且与电脑端即时通信服务相比并不花费多少额外成本，也应纳入相关商品市场；微博由于较强的公开性尚不构成对即时通信软件的替代性，其作用被高估；手机短信、电子邮箱不应纳入相关商品市场。

（3）关于相关地域市场。一审法院认为，"由于互联网的开放性和互通性"，即时通信服务的经营者与用户不限于大陆地区，因此相关地域市场为全球市场。虽然不同国家、地区间存在语言障碍，但经营者的服务通常会提供多个语言版，因而跨域通信并无障碍。

二审法院的考察"从中国大陆地区的即时通信服务市场这一目标地域开始"，由于并无"值得关注的运输成本、价格成本或技术障碍"，需要考察的主要是"多数需求者选择商品的实际区域、法律法规的规定、境外竞争者的现状及其进入的及时性等因素"[2]，

---

〔1〕　参见广东省高级人民法院（2011）粤高法民三初字第 2 号民事判决书。
〔2〕　参见中华人民共和国最高人民法院民事判决书（2013）民三终字第 4 号。

认为本案相关地域市场为中国大陆地区市场。因此，二审判决最终认定，该案中的相关市场是"中国大陆地区即时通信服务市场"，同时包括个人电脑端（PC）的即时通信服务，也包括移动客户端的即时通信服务，并且同时涵盖了综合性与非综合性的即时通信服务。

2. 两审判决的比较分析。相对于单边市场而言，在双边市场条件下进行相关市场界定有不同之处：首先，面临市场选择。单边市场条件下的竞争约束只来自一个市场，不存在选择哪个市场。但是双边市场条件下，由于竞争约束可能来自于多个市场，就产生了市场选择问题。其次，面临测试方法的完善，要结合双边市场的特征，通过一定的方法测试这个市场范围有多大。

最高人民法院在"奇虎360诉腾讯案"中指出："平台之间的竞争已不是未来的发展趋势，而是目前互联网企业之间客观存在的竞争状况。"显然最高法院已经认识到互联网行业中的双边市场特征，但遗憾的是并未在相关市场界定阶段考虑这种特征。本案审理时充分运用了"假定垄断者测试法"，论证过程是充分的，但最终得出的结论未必符合所有用户的个体感受，因为即时通信服务软件的共存性是比较差的，同时使用若干种的可能性很低。

在判决之前，公众普遍关心的是当事双方其实并不处于同一个相关市场中，奇虎公司究竟依据什么提出指控？回顾一下本节前面的部分，不同国家和地区的立法都强调界定相关市场的直接目的是识别竞争者，这就要求首先明确当事人之间是不是竞争者。这一补充正是受到本案的启发。排斥性行为应当发生在竞争者之间，一家软件企业一般不会排斥一家服装企业，除非它们在某个其他领域存在竞争关系。本案中，既然原告奇虎公司指控腾讯公司对自己进行排斥，那么在相关市场的界定过程中，就要首先寻找这种排斥发生在哪个市场上，也就是说，它们在哪个市场上是竞争者。二者在即时通信服务市场上显然没有竞争关系，因此就很容易发现，它们的竞争发生在互联网广告市场上。

（1）本案中"双边市场"理论与"平台说"的关系。一审判决过程中没有采用"双边市场"概念，而是采用腾讯公司的提法，称为"互联网应用平台"。腾讯公司认为，"互联网竞争实际上是平台的竞争，本案的相关市场范围远远超出了即时通信服务市场"——这样当然会使腾讯的市场份额进一步降低。

二审判决则指出，互联网竞争"一定程度地呈现出平台竞争的特征"[1]，以及"在平台的一端，互联网经营者提供的服务通常是免费的，以此吸引用户的注意力；在平台的另一端，互联网经营者利用用户资源和注意力提供收费增值服务或者向广告主提供广告服务"[2]。这里使用"平台"一词所描述的正是"双边市场"的特征。

其实，本案中所出现的"双边市场"则与上述情况存在差异。腾讯公司与奇虎公司均同时面对两种需求：在一端，它们同样面对着广告主对于互联网广告服务的需求——这种服务的核心，是广告提供商所拥有的用户数量；在另一端，二者分别要满足用户对于即时通信服务、安全软件的需求，它们在这一端所面对的需求并不同质，因此两家公司的所谓"平台"之间不具有同质性，如果采用"平台说"，则很难说明"互联网广告服务+即时通信服务平台"与"互联网广告服务+安全软件平台"之间究竟是怎样的关系。"平台说"只关注外观上的相似性，忘记了界定相关市场的根本标准是"需求替代性"，把双边市场与平台市场两类交易模式弄混了。要判明需求替代性，首先需要弄清需求是怎样的。

（2）对于"平台说"的否定。本案二审判决最终达成了对

---

〔1〕　参见中华人民共和国最高人民法院民事判决书（2013）民三终字第4号。

〔2〕　参见中华人民共和国最高人民法院民事判决书（2013）民三终字第4号。

"平台说"的否定:"平台的关键核心产品或者服务在属性、特征、功能、用途等方面上存在较大的不同";"很难将不同平台提供的功能和用途完全不同的产品或者服务视为可以有效地相互替代的产品或服务"[1],比如一个查找信息的用户"通常会选择使用搜索引擎而不是即时通信"[2],也就是说,真正的竞争单元是组成平台的各个部分,它们分别构成不同的市场;竞争发生在不同平台的各个"组成部分"之间,而不是发生在不同的平台之间。"平台说"本身并没有发现这一点。将不同服务纳入同一个平台可以产生规模经济或范围经济,但平台本身并不因此而成为独立的市场。

但终审判决书最后决定,在相关市场的界定环节不考察"平台因素",而留待"识别经营者的市场地位和市场控制力时予以适当考虑",以便"以更恰当的方式考虑这一特性"。[3] "平台说"认为平台本身构成相关市场,因此这一决定无异是于对"平台说"的否定,从而构成该判决中最主要的贡献,但消极地将其推到以后的分析环节,则在否定"平台说"的同时把"双边市场因素"也一同忽略掉,从而错过了进行理论创新的宝贵机会,而且从判决书后文的内容来看,双边市场的特性再未被提起,并没有获得"以更恰当的方式考虑"的机会。

在排除对平台因素的考察之后,法院遵循传统的"假定垄断者测试法",以涉嫌当事人的涉嫌产品 QQ 为初始市场,把各种具有近似性的商品一一比对,最终确定的是一个单一的"即时通信服务市场"。在这个单一市场里,既看不出奇虎与腾讯的竞争关系,也无法完整展示其行为过程,更无法发现其所产生的市场竞争效果。

3. 本案的启发。

---

〔1〕 参见中华人民共和国最高人民法院民事判决书(2013)民三终字第 4 号。
〔2〕 参见中华人民共和国最高人民法院民事判决书(2013)民三终字第 4 号。
〔3〕 参见中华人民共和国最高人民法院民事判决书(2013)民三终字第 4 号。

第一，相关市场界定的目的在于识别竞争者。本案审理时充分运用了"假定垄断者测试法"，论证过程本身是充分的，但最终得出的结论未必符合双边市场特征的内在要求，同时对于相关市场的界定也出现了失误。在判决之前，大家普遍关心的是当事双方其实并不处于同一个相关市场中，奇虎公司究竟依据什么提出指控？如本章前文所论述，不同国家和地区的立法都强调界定相关市场的直接目的是识别竞争者，这就要求首先明确当事人之间是不是竞争者。这一结论正是受到本案的启发。排斥性行为应当发生在竞争者之间，一家互联网软件企业一般不会排斥一家食品加工企业，除非它们在某个其他领域存在竞争关系，那么就要界定该领域再作出分析。

除此之外，本案的整体判决还是值得肯定的。总体而言，第一，一审法院在相关市场的界定过程中较好地运用了反垄断的工具和理论，尤其是在互联网行业中适用供给替代理论，适应了该行业当前的发展情况。而审理过程中的一些争议，如在双边平台中SSNIP这一测试方法的使用，由于受制于当前经济学理论和国际反垄断实际经验，并不能算作大的失误。其对于互联网这样一个行业反垄断司法审判的探索，在当前我国反垄断滥用类案件司法审判普遍缺乏严密说理的大环境下，值得借鉴。

第二，"双边市场"与"平台市场"的关系。两审判决均没有在其判决书中采用"双边市场"这一概念，而是采用腾讯公司的提法，称为"互联网应用平台"。腾讯公司认为，"互联网竞争实际上是平台的竞争，本案的相关市场范围远远超出了即时通信服务市场"——这样当然会使腾讯公司的市场份额进一步降低。

第三，相关市场的具体界定方法。既然界定相关市场的标准是需求替代性，而双边市场两端面对着两种不同的需求，因而很自然的思考方向应当是同时界定两个相关市场。用来满足即时通信服务需求的产品，必定不能满足对于杀毒软件的需求，也不能满足对于互联网广告的需求，不能把它们强行纳入同一个市场。

（1）一个案件可能需要界定多个相关市场。实际上这种现象并非双边市场所特有，在传统产业中，当同一案件中存在两种需求时，同样需要界定两个相关市场，这就好比市场中的搭售行为，这里并存着两个市场，一般要在前一市场中来判断支配地位，而在后一市场中判断搭售行为的排他性。"对支配企业的拒绝交易行为进行分析时，也需要界定两个市场：在上游市场拥有支配地位的经营者，如果其所拥有的设施构成进入下游市场的唯一可行途径，而下游市场上又不存在有效的竞争，则应允许竞争者利用这一设施进入下游市场，不得拒绝交易"。[1] 价格歧视行为也是如此：支配企业的价格歧视行为有可能在同一市场排斥卖方（即该支配企业）的竞争者，也可能在下游市场上，在不同买方之间制造不公平竞争条件，因而也需要界定两个市场。[2] 传统反垄断法上一直是这样做的，但理论研究中一直没有清晰地意识到这一点，人们的注意力只集中在那个需要精确界定的市场，而忽略了笼统的市场同样需要市场界定。

而在双边市场情形下，本案一共涉及了三个相关市场：其一是互联网广告市场；其二是腾讯的用户数量来自即时通信服务市场；其三奇虎的用户数量来自安全软件市场。"这三个市场上的消费者需求互不相同，三种服务之间不具替代性，因而需要同时界定三个市场，而不是将其强行纳入一个单一的市场"。[3] 这三个市场各自

---

〔1〕 刘佳："互联网产业中滥用市场支配地位法律问题研究"，南开大学 2015 年博士学位论文。

〔2〕 〔美〕赫伯特·霍温坎普：《联邦反托拉斯政策——竞争法律及其实践》，许光耀、江山、王晨译，法律出版社 2009 年版，第 631 页。

〔3〕 许光耀："界定相关市场的目的与标准研究"，载《价格理论与实践》2016 年第 11 期，第 30 页。

独立，但并不相互孤立，在支配地位的认定、竞争效果的分析等环节，这三个市场间的关联是重要的考察因素。本案的两审判决只界定了一个即时通信服务市场，因而没有考察这些关联的空间，这就导致其在支配地位认定环节、排斥性的考察环节发生众多误差。

（2）SSNIP 在互联网经济中的革新适用。之前提到，互联网产品或服务往往具有双边或多边市场属性、动态定价结构（如免费与收费并行）、交叉网络效应以及锁定效应等明显区别于传统行业的特征，这将严重影响和制约 SSNIP 在互联网相关产品市场界定中的适用，具体表现为：其一，SSNIP 无法有效评估互联网产品或服务价格变化对双边或多边市场上用户选择的影响，尤其是当某一边市场上的用户是免费使用时；其二，互联网产品或服务并不是通过价格或产量来进行竞争的，而是通过技术研发、广告投入等方式来争夺市场或用户，但这类成本往往具有持续性和沉没性，这将导致SSNIP 无法确定基础价格与上涨幅度；其三，互联网产品或服务的经济数据要比传统行业更难收集，这使得 SSNIP 所得出来的结果通常不够准确，容易误导其相关产品市场的界定。

因此，SSNIP 要想能有效地界定互联网相关产品市场，就必须在思路和方法上进行革新，摒弃其传统固有的思维方式，具体而言，即：首先，在 SSNIP 的基本原理与框架下，引入需求独立性分析、利润来源分析、产品性能分析等方法，以弥补价格波动分析在测试互联网产品或服务需求弹性上的缺陷与不足；其次，充分考虑到互联网产品或服务技术创新与研发的特点，引入技术市场与创新市场的分析框架，通过评估其预期收益以及未来所可能带来的竞争优势，着重分析供应者的研究开发活动的重叠性与可替代性，确保SSNIP 测试结果更为科学合理；再次，完善 SSNIP 的价格计算模式，采用多种可替代的辅助计量方法，如平台价格计算法、价格相关度检验法、价格趋同及速度检验法以及格兰杰因果关系检验法等，形成互为协调、互为补充的互联网产品或服务价格计算的方法体系，以便使其评估结果更加量化和精确。

面对传统相关产品市场界定方法无法适用于互联网行业的技术瓶颈，以及准确界定该行业相关产品市场的现实需求，反垄断法应结合互联网产品或服务的新特性，对相关产品市场界定方法进行创新，注重从双边或多边市场、产品或服务的多元性或交叉性等方面来分析与考察，同时对 SSNIP 进行革新，丰富其需求弹性评估方法，完善其价格计算模式，引入技术市场与创新市场概念。如果不顾及这些新特性而强行生搬硬套，将导致我们对互联网相关产品市场的界定过宽或过窄，难以有效地反映市场真实的竞争状况或关系，从而影响到反垄断法后续竞争效果的评估与分析。但互联网也是一个不断创新与变化的动态竞争行业，因而对于采用什么样的方法来界定其相关产品市场，反垄断法不能墨守成规、泥古不化，而应根据具体情况或案情来具体分析、与时俱进，从而在实践中形成一套科学完整且行之有效的操作规程、标准及方法，以促进反垄断执法、司法的顺利进行与开展。

四、国务院反垄断委员会《关于相关市场界定指南》在互联网经济中的适用

《指南》规定，界定相关市场主要基于商品的特征、用途、价格等因素进行需求替代性分析，必要时进行供给替代分析。在经营者竞争的市场范围不够清晰或者不易确定时，可以按照"假定垄断者测试"的分析思路。从需求者的角度看，商品之间的替代程度越高，竞争关系就越强，就越可能属于同一相关市场。从供给替代的角度来看，其他经营者对生产设施进行改造的投入越少，承担的额外风险越小，提供紧密替代商品越迅速，则供给替代程度就越高。在运用"假定垄断者测试法"（SSNIP）测试时，《指南》规定以 5%~10% 的涨价幅度为准，这和欧盟委员会的做法相同。原则上，

使用 SSNIP 所采用的价格必须是竞争性的市场价格，在存在滥用市场支配地位、价格卡特尔和已经存在共谋行为的经营者集中案件中，反垄断执法机构应该对当前价格进行调整，使用更具竞争性的市场价格。

反垄断执法中相关市场界定存在上述问题的主要原因，是反垄断相关市场界定规则存在缺漏。《反垄断法》虽然十余次提及"相关市场"且对"相关市场"的内涵与外延进行了界定，但它未就如何界定相关市场作出规定，早些年的英博集团公司收购 AB 公司案[1]、可口可乐收购汇源案[2]两案就是在这种背景下作出的决定。虽然紧随两案之后（2009 年 5 月）国务院反垄断委员会颁布了专门《指南》，执法机构的相关市场界定工作似乎已有法可依，但目前来看，该《指南》先天不足，其需要完善的地方还是较多的。

（一）《指南》目前的缺陷

1. 《指南》本身的性质不明。《指南》是由国务院反垄断委员会颁布的文件，既不属于行政法规，也不属于部门规章，从文字的表述上来看更像是一个部门的内部指导性文件，由于目前我国的法律位阶中不存在介于行政法规与部门规章之间的法律文件，《指南》是否具备法律效力？是不是正规的法律渊源？如果是的话，其法律位阶如何？反垄断执法机构是否应该按照《指南》的规定对相关市场进行界定？如果《指南》的适用和其他相关法律法规产生冲突，

---

〔1〕 英博公司收购 AB 公司案是自《反垄断法》生效实施以来的第一个获得商务部批准并进行公告的经营者集中案件。同时，该并购交易也是收购各方首次被要求根据《反垄断法》为获得批准而同意作出承诺的案件。详细参见商务部公告：http：//fldj. mofcom. gov. cn/aarticle/ztxx/200811/20081105899216. html，最后访问时间：2018 年 5 月。

〔2〕 2009 年，中华人民共和国商务部发布了该部门的公告 2009 年第 22 号，即商务部关于禁止可口可乐公司收购中国汇源公司审查决定的公告，详细参见商务部网站：http：//www. mofcom. gov. cn/aarticle/b/c/200903/20090306108617. html。

应该以何者为准？如果说它不具备法律效力，《指南》又是当前唯一一个对于相关市场界定作出规范性规定的文件，一定程度上也给法官和企业提供了思路上的指引，但是这种指引是否具备强制效力？上述这些疑问，不仅使反垄断执法机构处于非常尴尬的位置，也让企业缺乏一定的行为指引性，同时还使得反垄断法学界非常困惑，这种性质不明也在一定程度上导致了相关市场界定实践的混乱。

2. 对"相关市场界定"的地位与作用表述不清。《指南》只在第2条对界定相关市场的地位与作用作了概括性说明，指出"在禁止经营者达成垄断协议、禁止经营者滥用市场支配地位、控制具有或者可能具有排除、限制竞争效果的经营者集中等反垄断执法工作中，均可能涉及相关市场的界定问题"。[1]

市场界定"对识别竞争者和潜在竞争者、判定经营者市场份额和市场集中度、认定经营者的市场地位、分析经营者的行为对市场竞争的影响、判断经营者行为是否违法以及在违法情况下需承担的法律责任等关键问题，具有重要的作用。因此，相关市场的界定通常是对竞争行为进行分析的起点，是反垄断执法工作的重要步骤"。这种总括性说明看起来是全面且具备原则性的，但在实际操作中极其缺乏具体的行为规范，实质上不严谨，在执法实践中容易产生纷争。

3. 将供给替代与需求替代等同，与立法目标不符。根据供给替代法界定的市场范围一般较宽，因而对经营者非常有利而对消费者不利，因此与反垄断法保护消费者利益这一基本价值目标不符，欧美等司法辖区一般不使用或对其使用进行严格限制。《指南》第4条、第6~9条等多个条款均涉及相关市场界定阶段的供给替代，

---

〔1〕 参见《相关市场界定指南》第2条。《指南》全文请访问：http://www. gov. cn/zwhd/2009-07/07/content_1355288. htm.

且基本没有作出严格的限制，事实上是将供给替代与需求替代等同。这与欧美等成熟反垄断执法机构对待供给替代的态度南辕北辙，过于宽松的规定导致为相关利益主体界定过宽的相关市场，进而损害了消费者的利益。

4. 对假定垄断者测试的定义错误、解释不清。《指南》并没有指出"假定垄断者测试其实是界定相关市场的工具"，而将其与供给替代、需求替代并列为三种方法。并且在第 7 条中描述："……界定相关市场时，可以基于商品的特征、用途、价格等因素进行需求替代分析，……在经营者竞争的市场范围不够清晰或不易确定时，可以按照'假定垄断者测试'的分析思路（具体见第 10 条）来界定相关市场。"第 10 条又提到："假定垄断者测试"目前为"各国和地区"制定反垄断指南时"普遍采用"。显然，第 10 条的解释与第 7 条的逻辑不通、自相矛盾。根据第 7 条的理解，假定垄断者测试不过是需求替代分析的一种补充，而根据第 10 条的理解，假定垄断者测试则是一种"普遍采用"的方法。这种文字表述的模糊和混淆，于立法技术而言极其不严肃，于反垄断执法而言会让实务工作者无所适从。

同时，关于"幅度不大但有意义的价格上涨"的规模，《指南》第 11 条规定为："一般情况下，价格上涨幅度为5%～10%，但在执法实践中，可以根据案件涉及行业的不同情况，对价格小幅上涨的幅度进行分析确定"。这里的"对价格小幅上涨的幅度进行分析确定"的理解就非常容易产生歧义，既可以理解为在 5%～10% 这一幅度之内确定，又可以理解为在 5%～10% 这一幅度之外确定，执法机构究竟是在 5%～10% 幅度之内还是在其之外确定，当然会导致迥异的适用结果，如此易生歧义的表述实在是有失严谨。

（二）完善《指南》的建议及其在互联网经济中的适用

相关市场界定的重要性本书之前已强调多次，同时还应当意识到这项基础性的工作必须与时俱进、不断更新和完善。但是《反垄断法》是具有"经济宪法"性质的纲领性文件，不宜对相关市场界定规则作过于详细的规定。所以相关市场界定规则的完善可以靠修订《关于相关市场界定的指南》来完成。现行《指南》是在缺乏执法经验的情况下制定的，随着反垄断执法工作的展开，这一"应急之作"的缺陷逐渐显现，反垄断执法机构应当结合十年来的执法经验有针对性地予以调整。

1. 明确《指南》自身的法律性质与效力。从法理的角度来看，《指南》只能算作"软法"，反垄断执法机构颁布的指南对法院是无约束力的。欧盟委员会 1997 年颁布的《关于相关市场界定的通告》（以下简称"1997 年《通告》"）就有明确说明："委员会对相关市场概念的解释不妨碍由欧洲法院和初审法院做出自己的解释。"[1]

而《指南》对反垄断执法机构肯定是具有约束力的。因为国务院反垄断委员会虽然没有反垄断执法权，但它有权拟订竞争政策、发布反垄断指南，而且其主任委员由国务院一位副总理兼任，其行政位阶要高于现行的反垄断执法机构，其所颁布的部门规章当然对于执法机构有直接约束力，但是如何被司法适用则需要进一步的明确。

基于此，本书建议可以在《指南》第 1 条末增加一款："本指南所描述的是国务院反垄断执法机构界定相关市场的原则、方法与思路，不影响人民法院对相关市场概念作出自己的解释。"如此一来更能保证法律体系的一致性。

2. 《指南》应厘清市场界定在反垄断执法中的地位与作用。如前所述，本书认为相关市场的界定是每个反垄断案件的必经之路，

---

[1] 许光耀主编：《欧共体竞争立法》，武汉大学出版社 2006 年版，第 421 页。

那么《指南》就应当对界定相关市场在反垄断执法中的作用作出准确、清晰的描述。本书认为,《指南》第2条第2款的最后一句"相关市场的界定通常是对竞争行为进行分析的起点,是反垄断执法工作的重要步骤"是不准确的。这虽然是美国法院在判例法中明确阐述过的观点,但美国的观点一般只适用于合并审查案件,对垄断协议、滥用市场支配地位并不适用。《指南》是适用于所有垄断行为的综合性指南,将只适用于合并审查案件的规则适用于所有的垄断案件明显犯了以偏概全的逻辑错误,建议将其改为"反垄断执法机构将根据不同案情在竞争分析的不同阶段对相关市场进行界定"。

3.《指南》应限制供给替代方法在相关市场界定中的使用。早期的竞争影响分析一般不考虑供给替代因素,如美国1968年《合并指南》中就并没有提及供给替代。现在虽然大多数国家与地区的反垄断指南虽然引入了供给替代因素,但一般在相关市场界定阶段并不考虑,而只在竞争影响评估阶段考虑。美国2010年《横向合并指南》在第四部分"市场界定"中明确规定,"市场界定仅强调需求替代因素",对于"供应商的反应行为"即供给替代,只在"确定市场参与者、测量市场份额、分析竞争效果以及市场进入壁垒"这一阶段考虑。[1] 欧盟及其部分成员国虽然规定在相关市场界定阶段可以考虑供给替代因素,但对供给替代有严格的限制条件。英国的《市场界定:理解竞争法》也指出,"除非供给替代很可能发生,并且已经因限制涉案产品的供给产生了影响,否则不会考虑供给替代。供给替代将最终在分析市场力的时候予以考

---

〔1〕 DOJ. Horizontal Merger Guidelines,http://www.justice.gov/atr/horizontal-merger-guidelines-08192010,最后访问日期:2018年4月3日。

虑"。[1]

前文已经分析到，为了避免相关市场的界定过宽、损害消费者的利益，所以各国会审慎使用供给替代标准。对于我国的现状而言，为了使反垄断实践中的相关市场界定符合《反垄断法》保护消费者利益的立法目的，在相关市场界定阶段也不宜将供给替代与需求替代相提并论，而只在识别竞争者、计算市场份额时才考虑供给替代，如果一定要在相关市场界定阶段考虑供给替代因素，那么应该像欧委会1997年《通告》或英国《市场界定：理解竞争法》那样，对供给替代因素在相关市场界定阶段中的作用作出明确的限制。

五、本章小结

我国的反垄断立法起步晚，司法、执法方面更是经验较少，但是晚起步的另一方面就是有大量的先前经验可以借鉴，这一点在传统的反垄断立法和执法领域中，其实我国已经做的比较不错了。然而随着互联网经济的繁荣以及我国实践的超前发展，现实中我国互联网领域遇到的许多问题都是非常超前的，没有现成的先例可以参考，同时互联网行业的独特性又加大了反垄断适用的难度，我国现阶段界定互联网企业的相关市场无疑会遇到较大的挑战，此时就需要充分发挥主观能动性来创造性地适用反垄断法，为世界反垄断法的适用经验添砖加瓦。然而"创造性"并不意味着要摒弃传统《反垄断法》及其配套规定来重新制定一套制度，而是需要结合互联网行业的独特性，有针对性地修正现有相关市场的界定制度与方法，完善相关规制思路和司法解释的规定。

第一，充分尊重互联网经济的特殊性。互联网企业不同于传统

---

[1] OFT, Market definition, understanding competition law, https：//www.gov.uk/government/uploads/system/uploads/attachment_data/file/284423/oft403.pdf，§3.18，最后访问日期：2018年4月3日。

企业的最主要特征，突出体现在互联网企业具有双边性和网络性。也就是说，互联网企业大部分是双边（或多边）平台企业，并且平台的各边都具有网络效应，而且又会由于锁定效应的存在传递它们的用户量。在涉及互联网双边平台时，是否采用适用于单边市场的传统方法界定互联网企业的相关市场，必须区分不同情况分别对待：如果互联网市场双边的交叉网络效应较小或不明显，传统方法可以适用于界定互联网企业的相关市场；但是，如果竞争者之间的交叉网络效应较大，那么就必须考虑市场的各个边及其相互作用，忽略市场各边的结合或孤立地看待市场的任一边，必然导致互联网企业相关市场界定的错误，此时必须以需求替代性为标准，有几个需求就应当界定相应的相关市场。

第二，完善互联网企业相关市场界定的方法。相关市场界定的方法既有定性的传统商品功能替代性的界定方法，也有定量的SSNDQ测试法。[1] 广东高院根据《指南》的规定在"3Q"案中既运用了定性方法，也运用了定量方法，但是，由于这些方法都是适用于传统行业的方法，对于具有网络效应和双边市场特性的互联网企业，照搬这些方法难免会使界定的相关市场失准。虽然最高院在"3Q"案的终审判决中提出，对于互联网企业相关市场界定可以采用SSNDQ方法进行定量分析，但是，由于质量下降标准的不确定性以及相关数据的可获得性较弱，SSNIP方法是否可以准确地界定互联网企业的相关市场值得商榷，这也是广东高院在本案中对于相关市场的界定会出现错误的原因。

由于互联网企业具有动态性特征，产品的边界非常模糊和易转

---

[1]　SSNDQ方法是指数量不大但有意义且并非短暂的质量下降的测度方法，参见中华人民共和国最高人民法院民事判决书（2013）民三终字第4号，http://www.court.gov.cn/xwzx/yw/201410/t20141016_198470.htm，最后访问日期：2017年3月15日。

化，经营不同业务的互联网企业基本都以服务器、互联网接入宽带、软件及网络技术人员构成，则存在明显的人力资源和硬件设施趋同的特征，与传统行业相比，互联网企业间不同业务间的转换成本较低、转换速度较高。互联网企业为产品添加新功能或开展新业务变得更为便利，也提高了潜在竞争者进入相关市场的可能性。因此，在界定互联网企业的相关市场时应该充分考虑供给替代性。

第三，互联网企业相关市场界定因素的完善。界定互联网企业的相关市场不能只限于考量一些传统的因素，而应当基于其特点充分考虑"科研创新"力量。技术的快速创新加大了商品之间的替代性，发展初期看起来功能不相关的两种产品，随着软件应用的增加，功能替代性不断增强，例如，微信可能替代购物平台及支付软件甚至记账或备忘录软件，IPAD 等便携设备可以替代传统的台式电脑作为上网设备、办公学习工具等。因此，建议对互联网企业相关市场界定因素加以完善，应当针对互联网企业的特点摒弃传统的价格差异因素，而更多地引入创新、科研力量因素的考量。

第四章　互联网经济中市场 支配地位的认定

对滥用市场支配地位的规制是当代反垄断法的三大支柱制度之一，也是我国《反垄断法》第三章中第 17、18 和 19 条规定的内容。与第 13 至 15 条针对的垄断协议不同，前者可被认为是从经营者个体出发而对经营者个体行为的规制，而对于市场支配地位滥用的调整，则显然是反垄断法从宏观角度出发，对市场秩序进行结构性、规模性的调整。

市场支配地位本身并不违法，而唯有滥用才为反垄断法所关注并禁止，因为反垄断法作为行为主义的立法，其根本关注的要点在于某一行为是否影响了相关市场的竞争秩序，而非这种支配力量的来源，因此，我们首先要对经营者的支配地位本身进行认定，因为只有具备支配地位的企业所实施的相关行为才是反垄断法应当关注的对象。正如第二章中所分析的，对于支配地位的认定是支配地位经营者涉嫌垄断行为违法性判断的第一个步骤，而支配地位认定的关键与起点则是相关市场的界定。关于相关市场的界定，前文第三章已经作了详细的阐述，因此本章中的分析如遇到相关市场专题中已经详述过的内容，在此将不再展开。

第一节　反垄断法中市场支配地位的一般分析方法

市场支配地位的认定，第一个步骤显然应当是对于"支配"或者称之为"垄断事实"的认定。通常而言，经营者实现利润最大化的方式主要有两种：一是扩大产出，二是提高价格。但一旦提高价格后，就可能会导致消费者去购买其他具有需求替代性的商品，所以如何能够控制消费者不另投他家便成为问题的关键。本书中将这种提高价格且控制消费者不流失的能力称作"市场力量"，其英文对应措辞为"Market Power"。

纵观各国的反垄断法理论，可以认为市场力量的形成途径主要有三种：①一家经营者拥有支配市场的力量，其所面对的竞争压力不足以对其提高价格构成阻碍；②若干家经营者达成垄断协议，消除彼此间的竞争，而外围竞争者的力量不足以阻止其提高价格；③若干家经营者进行合并，或通过彼此控制形成同一个竞争实体，从而消除彼此间的竞争并共同构成其他人的竞争压力。这三种形成市场力量的方式就成为反垄断法的三类主要调整行为对象。而前文中我们也提到，本质上实施涉嫌垄断的行为方式其实只有两种，即支配地位滥用行为和垄断协议行为，经营者集中究其本质不是一种独立的涉嫌垄断行为而是一种经济现象，即经营者通过主体的合并，占有市场支配地位或通过协议的联合而达成某种共谋，所以本书并不对经营者集中这种现象再展开进行反垄断法的分析，在此说明。

而市场支配地位（Market Dominant Position），指的是企业的一种客观状态，一般是指"企业在特定市场上所具有的某种程度的支配或者控制力量，即在相关的产品市场、地域市场和时间市场上，拥有决定产品产量、价格和销售等各方面的控制能力。"[1] 在这种状态下，拥有市场支配地位的企业可以不受有效竞争的约束，会对市场运行产生严重的负面影响。拥有市场支配地位的企业可以通过多种方式运用其市场力量，如限制产量或者提高价格损害消费者利益，或者通过搭售等方式将其支配地位扩展到另一个市场，从而长久维持其地位。因此，对具有支配性的企业及其行为的规制、管制或者控制也就成为反垄断法的核心内容之一。

在认定企业是否具有市场支配地位时，"各法域的认定标准一般考虑企业本身的市场地位、竞争者的市场地位、潜在竞争者的进入壁垒等"。[2] 其中企业本身的市场地位的重要衡量指标是市场份额，各国一般都对市场份额作出了规定，低于一定市场份额的企业一般不认为其具有市场支配地位。我国《反垄断法》第19条规定，"有下列情形之一的，可以推定经营者具有市场支配地位：①一个经营者在相关市场的市场份额达到1/2的；②两个经营者在相关市场的市场份额合计达到2/3的；③三个经营者在相关市场的市场份额合计达到3/4的。有前款第2项、第3项规定的情形，其中有的经营者市场份额不足1/10的，不应当推定该经营者具有市场支配地位。被推定具有市场支配地位的经营者，有证据证明不具有市场支配地位的，不应当认定其具有市场支配地位。"

虽然学理上对于市场支配地位这一概念没有严格统一的定义，对于市场支配地位认定中市场份额具体达到多少可以认定为具有市场支配地位也没有统一的标准。但是从包括我国在内的各地立法、司法实践中来看，市场份额较高是不可忽视的判断标准之一。这种结构性的判断标准在适用于互联网经济时，由于其双边市场的特

---

[1]　尚明：《对企业滥用市场支配地位的反垄断法规制》，法律出版社2007年版，第69页。

[2]　许光耀：《欧共体竞争法通论》，武汉大学出版社2006年版，第377页。

性，则需要作出一定的调整。

如本书第二章分析，互联网企业由于网络效应的影响，市场份额常常很高，而这种高度集中的结构有其内在的经济合理性和必然性，应当得到法律的尊重。一般说来，各国对企业市场支配地位的判断中除了市场份额外还会考察其他的因素，如：竞争者的市场地位、潜在竞争者的进入壁垒、企业维持其市场地位的能力等。判断互联网企业是否具有市场支配地位时，这些因素的考量就显得更为重要。互联网产业中，政策法律限制较少，潜在竞争者的进入壁垒一般不高；悬殊的市场份额常常源于网络效应的影响，而实际上从技术、资金等角度衡量，其他竞争者与占有较高市场份额的企业可能相差不大；由于创新速度很快，企业维持其市场地位的能力可能很差，比如人人网一度在网络社交领域占有极高的市场份额，但在几个月内就被新浪微博迅速超越（此时人人网甚至还没有实现盈利），而到2018年，人人网已经宣告永久关闭，此时距其诞生也不过七八年时间。

由此可见，相对于垄断协议行为的调整步骤而言，我国法律对于市场支配地位滥用行为进行反垄断法分析时，规定得更加清晰明确。我国《反垄断法》第17条第1款规定："禁止具有市场支配地位的经营者从事下列滥用市场支配地位的行为：①以不公平的高价销售商品或者以不公平的低价购买商品；②没有正当理由，以低于成本的价格销售商品；③没有正当理由，拒绝与交易相对人进行交易；④没有正当理由，限定交易相对人只能与其进行交易或者只能与其指定的经营者进行交易；⑤没有正当理由搭售商品，或者在交易时附加其他不合理的交易条件；⑥没有正当理由，对条件相同的交易相对人在交易价格等交易条件上实行差别待遇；⑦国务院反垄断执法机构认定的其他滥用市场支配地位的行为。"[1]

从以上条文的内容可以看出，市场支配地位滥用行为的基本分析步骤如下：首先须界定相关市场，并在相关市场中认定当事人拥有支配地位（构成垄断事实，此时的垄断一定是一个中性的表述，并不作任何违法性的评价），然后进行竞争正负效果的比较，判断该支配企业从事这些行为时构成垄断行为，此时若该经营者不能提出合理的抗辩（"正当理由"抗辩），则认定该经营者从事了排斥竞争的行为，该行为是非法的。

这个分析过程相比于垄断协议的违法性分析，不需要证明"协议"的存在（横向垄断协议），也不难证明"垄断"的成立，因此看起来简单明了许多。毕竟在垄断协议的反垄断法分析中，"协议"的证明是十分困难的环节，尤其是如何将纵向协议认定为垄断协议，各国反垄断法都一直没有能够作出透彻清晰的说明，而且经营者在达成协议时，往往会刻意隐瞒协议的存在或运用许多理由来狡辩，更是给反垄断法的适用带来了许多难题。

然而在实际操作中，市场支配地位滥用行为的反垄断法适用其实也同样有许多困难之处。无论是最初相关市场的界定、支配地位的认定，还是竞争效果的正负比较、抗辩理由的分析，都存在许多技术性的难题，特别是随着具有双边市场和网络效应特点的互联网经济的蓬勃发展，在上述这些方面又出现了许多新的问题，所谓一波未平一波又起，使得反垄断法的研究和适用遇到许多新的挑战。同时，由于互联网经济发展的历史不长，人们对其内在规律还无法准确把握，因而这些挑战在近十年来一直是世界反垄断法研究中的前沿性难题，也使司法适用陷入了许多困境。

国内反垄断法的研究虽然起步晚，也没有积累足够的实施经

---

[1]　参见我国《反垄断法》第 17 条第 1 款。

验，但由于我国经济的迅速发展，所面对的新兴问题不仅一点也不比其他国家少，有时反而比其他国家面对的挑战更大，因此无论是反垄断法学术研究中，还是反垄断立法及司法、执法实践中，难免觉得力不从心。但是从另一方面来看，这也为我国反垄断法研究提供了难得的契机——中国经济发展取得了举世瞩目的成就，中国反垄断法学也应当这样，而现实生活中也的确提供了这样的机会，比如对于软件及以软件为基础的互联网产业中的网络效果、锁定效果的作用方式与意义，以及该产业中双边市场条件下相关市场的界定方法、支配地位的认定方法、竞争效果的考察方法等，人们虽然作出过种种理论分析，但一直缺乏典型的实证研究材料，而我国发生的一系列案件，如前文屡次提到的奇虎诉腾讯案[1]（俗称"3Q 大战"）则成为难得的载体和研究素材，立即引起了国内外反垄断法学界的广泛关注，也为反垄断法的研究提供了绝佳素材。

一、"支配"或"垄断"的认定

对于垄断协议而言，如何认定"垄断事实"的存在是所有分析的起点，而对于滥用支配地位行为而言，如何在相关市场内认定"支配"事实就是这一行为的分析源头。

反垄断法从字面意义被理解为反对"垄断行为"的法律，但在不同国家以及不同学科中，"垄断"一词有着不同的含义，如果不加区别地在同一语境中使用，会引起极大的混乱。所以，要对反垄断法理论进行精确的阐述，必须首先澄清这些含义之间的差异，以及我国《反垄断法》意义上的"垄断"以及"支配"究竟包含怎样的意义：

1. 经济学上的"垄断"。经济学上的"垄断"是指相关市场上只有一家经营者而不存在任何竞争者的状态。为了论证竞争的重要

---

〔1〕 参见中华人民共和国最高人民法院民事判决书（2013）民三终字第 4 号。

性，法国经济学家古诺（Cournot）根据市场主体数量上的差异，将市场分为四种类型：原子型市场、有多个竞争者的市场、寡头市场以及垄断市场。并重点对两极进行比较：原子型市场上主体众多，并且每一主体的市场力量微不足道，在这样的市场上，没有人拥有提高价格的能力，因而经营者只有在扩大产出上来想办法，以此避免消费者的转向。这时市场上呈现出一种"完全竞争"（perfect competition）的局面，不会发生限制竞争的行为。[1] 另一极"垄断市场"则是相关市场上只有一家经营者，不存在竞争者。这个唯一的经营者应当拥有决定价格的能力，消费者对此不得不接受，因为没有其他人提供这种商品或服务；这后一市场类型称作"垄断市场"，其英文表达是"Monopoly Market"，而这个唯一的经营者则称为"垄断者"，英文表达为"monopolist"，其所处的市场地位称作"垄断"即"monopoly"，其所拥有的"能够提高价格的力量"称为"垄断力"即"Monopoly Power"或翻译作"支配力量"。[2]

由此可见，经济学上的分析所采用的是"垄断者"这个概念，而"垄断者"的本质不在于市场上是否只有它一家经营者，而在于它是否拥有"有利可图地提高价格的能力"。但在现实生活中，拥有这种提高价格能力的主体并不仅限于垄断者，许多市场上存在"一家独大"的情形，如果其市场力量足以支持其提高价格，则与"垄断者"并无本质区别，因此针对"垄断者"的分析结果同样适用于这些"独大"的经营者，市场上虽然还存在若干竞争者，但后者的存在不足以阻碍前者通过提高价格的方式来实现利润最大化，那么无论在欧盟法还是中国法上，这种"独大"的经营者即被称为"支配企业"。

---

〔1〕 陈秀山：《现代竞争理论与竞争政策》，商务印书馆 1997 年版，第 36 页。

〔2〕 陈秀山：《现代竞争理论与竞争政策》，商务印书馆 1997 年版，第 51~55 页。

2. 美国《谢尔曼法》上的规定。《谢尔曼法》上第 1 条针对的是限制竞争的"契约、托拉斯等形式的联合，或共谋",[1] 但之后美国的司法实践中却很少采用这三个术语，而将其统称为"通谋"（collusion），相当于我国《反垄断法》上所说的"垄断协议"。该法第 2 条所调整的行为，在国内反垄断法研究中通常被译为"垄断"，即："任何人垄断或企图垄断，或与他人联合垄断、共谋垄断州际间或与外国间的商业和贸易，将构成重罪。一经认定，如果参与人是公司，将处以不超过 1000 万美元的罚款；如果参与人是个人，将处以不超过 35 万美元的罚款，或 3 年以下监禁。法院也可酌情并处两种处罚。"此处的翻译难免会造成语义的混乱，因为从原文可以看出，《谢尔曼法》第 2 条所要禁止的是 monopolize/attempt to monopolize，以及 combine or conspire to monopolize。与名词 monopoly 不同，monopolize 是动词"垄断化"，《谢尔曼法》并没有禁止 monopoly"垄断"这一客观事实。

3. 中文里则经常把 monopoly 和 monopolize 都译成"垄断"，显然混淆了二者间原本十分明显的区别，前者的"垄断"语义表达应当是一种中性的状态，并非法律当然的负面评价，而后者应当更精确地译为"垄断化"，以此来表达涉嫌垄断行为的意图。

在美国法上，monopolize 的前提是当事人拥有 monopoly power，所谓垄断力就是"垄断者所拥有的那种能力"，也就是能够通过提高价格来增加利润的能力，但实际上拥有这种能力的不限于垄断者，因此美国法上用到"垄断力"一词时，是着眼于它的本质——即提高价格的能力，而不是着眼于"垄断者"三个字的字面含义，

---

[1] Every contract, combination in the form of trust or otherwise, or conspiracy, in restraint of trade or commerce among the several States, or with foreign nations, is declared to be illegal.

即"该市场上只有一家经营者"的状态。[1] 因此"monopoly power"一词更恰当的译法可能是"类似于垄断者那样的能力",或者"像垄断者那样能够通过提高价格的方式来增加利润的地位",如果市场上有若干家经营者,但其中一家"鹤立鸡群",竞争者的存在不足以阻止其提高价格,它便拥有"垄断力",尽管它不是一个"垄断者"。

美国法上对具体问题的操作方法也能体现这一点。比如相关市场的界定往往是审理反垄断案件的首要步骤,美国法上采用的基本方法是"假定垄断者测试法",从被告的涉嫌商品开始,假定这一商品本身构成一个独立的相关市场,而被告是这一市场上的"垄断者",除他之外再无经营者,则他应当拥有提高价格的能力,[2] 消费者不可能流向其他商品,因为该市场上并不存在其他商品。但如果消费者事实上能够流向另一种商品,则说明市场界定得太小了,应当将第二种商品添加进来。然后再假设在这一扩大了的市场上,被告仍然是唯一的企业(虽然事实上并不是),再考察其涨价时消费者会不会流向其他商品。其实在具体操作上,这一假定本身是多余的,一家经营者——不管是否是垄断者,在其涨价时消费者的需求转向哪种商品,哪种商品即应纳入相关市场,但增加这一假定因素有助于说明这种界定方法背后的理由。关于相关市场的界定,后文将有专章进行全面的讨论,在这里所要强调的是,美国法上采用

---

〔1〕　实际上,即便是市场内唯一的经营者,也未必拥有"垄断力",因为经营者还要受到潜在竞争的压力,如果市场进入壁垒不高,潜在竞争者能够很快进入市场,则即便是市场内唯一的经营者也不敢提高价格。美国反托拉斯法产生时,人们还没有这么多的认识,直观地认为"垄断者"应该能有提高价格的能力,因此将其称为"垄断力",以后随着经济分析的引入,可以发现这样表达是不准确的,但由于约定俗成已久,也没有必要再更改,但其含义发生了变化。

〔2〕　实际上即便是"垄断者",也必须满足其他一些条件才能拥有"垄断力",这在下文将有详细分析。

"垄断者"这一术语时只是用作一种提纯的分析工具，强调的不是其字面含义即唯一性，而是其本质即"有利可图地提高价格的能力"。

美国反托拉斯法是世界反垄断法的起源，因而是各国的主要研究对象。由于我国早期的反垄断法作品在翻译上没有将 monopoly 与 monopolize 区分开来，依托这些译作所从事的研究大都没有意识到中文的"垄断"一词实际上指称着两种不同的东西。在许多研究中，将针对 monopolize 的讨论误解成是对 monopoly 而发，从而产生许多误解——不仅一般公众没有意识到其中的差异，许多相对专业的讨论中也存在同样的混淆，以至于许多经济学家屡屡批评反垄断法是反对大企业的，是对效率的损害，甚至由此否定反垄断法存在的必要性与合理性。在上文澄清了"反垄断法并不反对垄断"之后，可以发现上述指责是不能成立的。从美国《谢尔曼法》起，受到禁止的只是"垄断地位滥用行为"，而不是垄断地位的存在本身；垄断地位的认定也须满足若干个条件，并不是每个大企业都有"提高价格还能增加利润的能力"。

4. 我国《反垄断法》上对"垄断"的规定。在我国《反垄断法》上，"垄断"一词又有着完全不同的含义。该法第 3 条规定："本法规定的垄断行为包括：①经营者达成垄断协议；②经营者滥用市场支配地位；③具有或者可能具有排除、限制竞争效果的经营者集中。"[1] 这里的"垄断"既不同于 monopoly（欧盟法上的支配地位），也不同于 monopolize（垄断化）。美国法上的"垄断力滥用行为"只是中国法上的"垄断行为"中的一种，因此，无论是美国法上关于"垄断"的理解，还是其关于"垄断力滥用行为"的理解，都不能直接套用到中国反垄断法上。

---

〔1〕 参见我国《反垄断法》第 3 条。

根据中国《反垄断法》第3条，"垄断行为"一词是《反垄断法》所管辖的所有行为的总称。反垄断法的目的主要是防止经营者利用市场的力量擅自涨价，因而凡属"有可能给当事人带来提高价格能力"的行为反垄断法都要进行审查，这包括垄断协议，即经营者之间通过消除彼此间的竞争而获得这种可能性；也包括支配企业从事的排除、限制竞争行为，其目的是通过对竞争者的排斥来长期维持自己提高价格的能力；只有某一涉嫌垄断的行为对竞争造成了排除与限制，并由此给当事人带来提高价格的能力，或使其原有的"提高价格的能力"长期维持下去，此时反垄断法才需要进行审查。

垄断行为能够给当事人带来提高价格的能力，本书中将这种能力称为"市场力量"。为加深对于支配地位滥用行为的认识，下面就将考察一下市场力量的形成原因与条件。如前所述，当事人能够提高价格是因为消费者别无选择，但不同情况下，让消费者别无选择的原因又有不同，因此市场力量的来源也不同。

二、市场力量（Market Power）及其形成条件与方式

从理论上而言，任何经营者只要存在于市场当中，就应当具备一定的市场力量，其区别只是在于这种市场力量是否有讨论的价值而已。概括而言，"市场力量指的是企业能够通过减少产出，将其产品价格提高到竞争性水平以上从而增加利润的能力"。[1] 提高价格是每个经营者都会做也都想要做的，但经营者追求的是利润最大化，而提高价格会导致消费者流失，只有当提高价格所增加的利润超过部分消费者流失所带走的利润时，才存在市场力量。对于所有能够给当事人带来这种力量的行为，反垄断法上均先视为垄断行为而对其进行审查；而对于不可能造成这种力量的行为，反垄断法不

---

〔1〕〔美〕赫伯特·霍温坎普：《联邦反托拉斯政策——竞争法律及其实践》，许光耀、江山、王晨译，法律出版社2009年版，第83页。

必过问。由于价格提高会导致社会总产出减少，因而也可将其称作"有可能导致社会总产出减少"的力量。

但是由于消费者倾向于选择物美价廉的商品，在某个经营者涨价时，消费者会转而购买其他的替代性商品来满足自己的同一需求。这些商品可能不如涨价行为人的商品优越，在竞争性条件下，消费者更愿意购买行为人的商品，但在其价格提高时，消费者的意愿也会发生变化。只有在提高价格所增加的利润大于消费者流失所带走的利润时涨价行为才是理性的，由此可见，"市场力量"的真正含义应当是：当事人拥有的通过提高价格的方式来增加利润且不至于导致消费者流失的能力。

1. 市场力量的形成。由此可见，市场力量的本质是一种"让消费者别无选择的力量"，而导致其别无选择的最主要原因，在于其他经营者无力充分增加产出，消费者的转向需求得不到满足。这需要考察以下基本条件：

（1）在相关市场总生产能力中，涨价行为人须占有极大的市场份额。只有如此，在其提高价格时才会有大量的消费者出现转向需求；也只有如此，其他经营者才存在"无力扩大产出"的可能性。欧盟条约第102条和英国《竞争法》第二章对于达到多大的市场份额就可被推定为市场支配地位没有规定。欧盟法院认为，如无相反证据，经营者市场份额超过50%的，可以被推定为具有市场支配地位。欧盟公平交易办公室认为，经营者的市场份额低于40%的一般不可能独立具有市场支配地位。当然，在一些情况下，如果其他相关因素（例如虚弱的竞争者、很高的进入壁垒）支持，低于40%的市场份额，仍可能被认定为具有市场支配地位。

一般来说，如果一个经营者在较长时间内一直拥有较高的市场份额，其很可能拥有市场支配地位。特别是当其他竞争者的市场份额较低时，较高的市场份额更是市场支配地位的有力证据。在实践中，反垄断执法机构往往会考察市场内经营者市场份额的长期变化情况，而非某一个时点的情况，前者更具有说服力，后者很可能无法说明市场的动态趋势。例如，一个不断变动的市场份额结构往往说明经营者不断采用技术革新等方式获取竞争优势地位，在这种情况下，市场存在有效的竞争，不能轻易认定经营者具有市场支配地位。

采取何种标准计算市场份额取决于具体案件。通常来说，销售量和销售金额是比较可靠的测算市场份额的方法。当产品不完全相同时，销售金额比销售量更优。在执法中，有关市场份额的数据来自于很多方面：一是经营者自己提供的数据，反垄断执法机构可以要求经营者提供其市场份额的数据，并估计竞争者的市场份额；二是由行业协会、顾客或者供应商估计经营者的市场份额；三是采用市场研究报告的数据。

然而市场份额只是考察当事人市场力量的第一个步骤。究竟能否具备提高价格的能力还取决于其他人是否能够增加产出，而市场份额的考察只是前提性步骤：市场份额较小的经营者必定没有支配地位，因为这时其他经营者不可能缺少扩大产出的能力，市场份额的考察主要是起到一种筛选的作用，将中小企业排除出进一步考察的范围。但市场份额大并不必然拥有支配地位，即使拥有百分之百的份额——也就是美国法上所说的"垄断者"，如果其他人能够增加产出，消费者仍然不会是别无选择的。也就是说，相关市场上增加社会总产出的来源主要有两个：一是现有竞争者扩大产能，二是潜在竞争者进入市场。

（2）现存竞争不充分。现存竞争者是指相关市场中既存的竞争者。当一个或者多个竞争者把价格维持在竞争水平之上时，有可能无利可图，因为消费者可以转向其他相竞争的经营者。经营者和竞争者的市场份额是一个重要的考虑因素。这包括现有竞争者和潜在竞争者两个方面。

所谓现有竞争者，是已经在相关市场上从事经营活动，并与行为人存在竞争关系的经营者。他们是相关市场上产出增加的直接来源。通常情况下，经营者不会保留过多的闲置产能，因为维持这些产能需要成本，在消费者出现转向需求时，这些现有竞争者能否及时、充分地扩大产出，往往取决于它们能否及时、充分地扩大产能，这主要考察其是否拥有扩大产能所需要的财力、技术水平等要素。

所谓潜在竞争者，是指目前并未在相关市场上从事经营活动，但在行为人价格上涨时能够较快地进入相关市场的经营者，而其进入市场的后果同样是增加相关市场的总产出量，消费者便不会别无选择。一般说来，资本会向利润高的地方流动，潜在竞争者能否进入市场主要取决于进入壁垒的高低。

（3）买方没有对抗力量。买方力量指的是零售商的市场势力，有时被称为谈判势力。如果谈判者有其他途径获得所需的供应，则其在谈判中的优势较大；谈判者对对方的需求越大，则其谈判势力越小，而对方的谈判势力就越大。在供需双方的谈判中，如果供方具有谈判势力则会引发需方间的竞争，如果需方具有谈判势力，则会引发供方间的竞争。

如果买方力量分散，规模都不大，则面对供应商的涨价行为一般没有对抗的筹码；但如果购买力量也比较集中，则购买力强大的购买商不会接受供应商的涨价，它只需要减少自己从对方处的购买量，将这些需求转向对方的竞争者，就能使对方受到损失；不仅如此，它还可以为这些竞争者提供财力或技术支持，帮助其尽快扩大产出，从而对该供应商利益造成进一步的减损。强大的买方甚至可以亲自进入该供应商所在的上游市场从事经营，由于有自己的需求作为支撑，它在上游市场的发展是有保障的，不愁商品卖不出去。

168

在这些情况下，供应商即使拥有很高的市场份额也并不具有支配市场的能力，它的力量被购买商的力量抵消了。

经营者必须同时符合上述三个条件，才能拥有市场力量，否则消费者流失所带走的利润将超过涨价所增加的利润，使其净利润减少。但反垄断法并不反对市场力量本身，而是反对针对市场力量的非法利用（即支配地位滥用行为）。

2. 市场力量的维持。经营者必须同时符合上述三个条件，才能拥有市场力量，否则消费者流失所带走的利润将超过涨价所增加的利润，使其净利润减少。但反垄断法并不反对市场力量本身，而是反对市场力量的非法获得，以及对市场力量的非法利用：前一项反对所针对的主要是垄断协议，后一项反对所针对的则主要是市场支配地位滥用行为。当然，这一划分只是粗略的，以便于讨论内容的组织，并不妨碍其间有交叉：

第一，垄断协议是形成市场力量的高效方式。竞争者之间相互成为对方提高价格的障碍，因而它们间很容易产生协调的意愿，通过达成协议来消除彼此间的竞争，从而使这种障碍降低直至消除，最终使当事人共同拥有提高价格的能力。但协议当事人加起来必须拥有前述的"市场力量"，才能真正消除其提高价格的障碍，这首先要求证明当事人合计须拥有庞大的市场份额，否则的话，协议以外的现有竞争者不可能无力扩大产出，因而不可能满足"市场力量"的条件，也就不必认定为"垄断协议"。比如欧盟委员会《关于无关紧要的协议的通告》规定，[1] 除含有核心限制外，对横向协议来说，如果所有当事人的总市场份额低于10%，或对纵向协议

---

〔1〕 参见欧盟委员会《关于不会产生〈欧共体条约〉第81条（1）意义上的显著竞争限制的无关紧要的协议的委员会通告》第8条，正文里简称为《关于无关紧要的协议的通告》。该通告的详细译文请参见韩伟主编：《美欧反垄断新规选编》，法律出版社2016年版。

来说，如果任何一方当事人的市场份额均不高于15%，则不视为垄断协议。

第二，对于经营者的单方行为，须证明其拥有支配地位，反垄断法才予以管辖。美国《谢尔曼法》第2条既禁止"垄断力滥用行为"，也禁止"企图获得垄断力的行为"，后者是指非支配企业通过对竞争的限制来获得支配地位。但其他国家大多采用欧盟的做法，对非支配企业的单方行为不予管辖，因为在它们看来，非支配企业单凭对竞争者进行排斥，并不足以给自己带来支配地位。[1]

所谓支配地位，就是某个经营者仅凭一己之力即可满足市场力量的上述全部要件，这种地位本身就是"拥有提高价格的能力"的地位，这与垄断协议有所不同。垄断协议的当事人合计起来同样必须拥有市场力量方能提高价格，但这种地位是人为地拼凑起来的，即，当事人之间原本应当构成对方提高价格的阻碍，但通过达成垄断协议消除了彼此间的竞争，从而消除了这种阻碍，因此反垄断法重点盯着其市场力量形成的过程；而单方支配地位的获得则可能是出于合法的原因，比如商品受消费者欢迎，或者享有知识产权的保护等，反垄断法并不反对这种地位的存在；但支配企业已经拥有提高价格的能力，表明市场上已经不存在有效的竞争压力，其所从事的排斥性行为则将抑制新的竞争苗头，从而将其支配地位长期维持下去，因此，反垄断法对支配地位企业的防御重点是其市场力量的利用方式，看它是否利用这种力量对竞争者进行排斥以扫除对其市场力量的挑战因素，从而使其市场力量长期延续。说垄断协议"限制"竞争，主要是指其限制该协议各当事人相互间的竞争；而"排除竞争"一词主要是指支配企业对竞争者的压制，旨在阻止对方扩

---

〔1〕 经营者如果在多个市场上经营，用来自其中一个市场的利润作为补贴，以亏损价格进入另一个市场，将后一市场上的竞争者消除后再提高价格，这也应受反垄断法调整。具体分析请见本书"掠夺性定价行为"。

大产出——对潜在竞争者来说，是阻止其进入市场。

垄断协议并不必然是受禁止的，正如支配企业从事排斥性行为时，也并不必然构成滥用行为一样。二者的合法性认定标准是相同的，即取决于行为正负效果的比较。但由于这是形成市场力量的两种不同方式，两者的调整方法在细节上也存在很多差异，特别是，每种具体垄断行为类型所产生的消极效果与积极效果互不相同，因此，支配地位滥用行为的调整方法也有不同于垄断协议的地方。这一调整方法的形成经过了比较漫长的过程，无论是美国的《谢尔曼法》第2条还是《欧盟运行条约》第102条都过于简陋，其实体内容大部分是通过大量的判例或配套立法补充上来的。以下依托对这两个法律体系相关规则实践的考察，阐明反垄断法上对支配地位滥用行为的一般分析方法。

第二节　互联网经济在认定支配地位方面的特殊性

本书前文多次提到，从20世纪90年代起，互联网经济的发展给反垄断法传统理论与规则提出重大挑战，人们发现与传统的商品相比，软件产品的生产与销售存在许多新的特点，不能机械套用传统的规则。进入21世纪以来，随着软件的应用范围不断扩大，甚至由此发展出庞大的互联网产业，这些挑战更不容易回答。人们对这些新特点作了多方面的梳理归纳，比较准确地将一些最关键的问题提炼出来，但始终不能用反垄断法理论作出有效的解释。本书的最重要任务就是在这一方面实现重要突破，并希望这一突破能够作为中国对世界反垄断法学的重要贡献。实际上传统反垄断法理论对这些领域仍然是有效的，因此受到挑战的不是反垄断法理论，而是人们对于传统理论的理解深度与运用能力。

关于如何将这些新的特点有效地与传统反垄断法理论体系相融合，将在以后各章节进行详细讨论。为下文讨论的方便，在此节中先说明一下互联网经济中所出现的新特点，以后在各种问题的讨论中，都将对这些特点予以呼应以体现针对性。此外，到目前为止，互联网产业中所发生的最典型的案件是我国的奇虎诉腾讯案，这一案件典型地体现了软件产业中所谓网络效果、锁定效果，以及互联网产业中双边市场的特点所提出的挑战，因而必须进行全面的分析，后文相关章节中也会就关联的判决内容作出详细分析。

一、市场份额不再是认定支配地位的主要标准

界定企业市场支配地位的标准，传统产业是以市场份额为主并参考其他因素的，但在互联网环境下，尤其在软件等新兴产业中，市场份额在市场认定中的重要性有所减弱，同时出现一些新的元素构成市场力量认定过程中的关键因素。这主要体现为所谓"网络效果"与"锁定效果"，这种互联网经济的特点会在互联网产业中构成新的市场力量来源。与搜集企业财务信息、评估企业创新能力、考察企业产品边际成本，以及考察市场动态竞争等相关信息并不容易相比，市场份额标准相对而言则操作简单，有关数据较易获得，但由于互联网企业的正外部性和单边免费性使市场份额的重要性被降低，市场份额衡量标准的作用不再明显，因此界定互联网企业市场支配地位不应再以其为主要标准。同时，我国《反垄断法》对市场份额还采用了推定标准，也缘于上述原因，推定标准应当被限制使用。

一般来说，"所谓竞争压力，主要来自于价格上涨所引起的需求转向，即甲企业价格上涨时，消费者会转而购买竞争者的替代性产品，而竞争者则将扩大产出以填补这一空间，如果后者扩张能力很强，则能充分满足消费者的需求转向，从而使前者的涨价行为得不偿失。多数情况下，竞争者的生产能力与其市场份额成正对应关

系，因而考察企业间的相对力量时，可以将市场份额作为最主要的指标。而新经济产业中，企业的成本主要是开发成本，生产成本则很小"[1]。但在新兴经济中，由于其自身的特点，创新是其第一生产力，任何企业或个人无法保证可以控制科技的发展和突破，任何一点技术上的突破都可能带来对垄断的巨大冲击，想阻止别人对替代性产品的开发几乎是不可能的。

此外，传统产业中支配企业一般是通过提高价格来获得高额的垄断利润，而提高价格意味着产出减少。在互联网经济产业却不完全是这样。由于付出了大量研发成本，因而企业在投产后，需要尽可能扩大产量以分摊成本、收回此前的研发投入，这一方面会导致市场份额增加，另一方面意味着价格降低。"因此，对于新经济产业，市场份额所代表的负面因素减少，而转化为积极因素的可能性增大，大型企业对市场的控制能力削弱。"[2]

二、网络效果与锁定效果

"网络效果"由美国学者杰弗瑞·罗尔福斯（Jeffrey Rohlfs）于 1974 年发现，最早描述的是电信产业中存在所谓"网络效果"，网络效果是指人们从某种产品或某项服务那里所能得到的满足感与使用者人数的增加成正比的情况。比如对每个电话用户来说，随着电话用户数量的增加，电话网络对他的价值也越来越大，而如果只有他一个用户，则这个电话对他毫无用处。不过在传统产业中，这一现象只是局部的，没有引起反垄断法研究的过多关注，而在软件与互联网产业中，网络效果则具有普遍性，成了反垄断法研究中不能回避的问题。

---

〔1〕　许光耀、肖静："《谢尔曼法》第 2 条意义上的'垄断'"，载《时代法学》2010 年第 5 期。

〔2〕　许光耀、肖静："《谢尔曼法》第 2 条意义上的'垄断'"，载《时代法学》2010 年第 5 期。

以微软公司的操作系统软件 Windows 为例。所有的应用软件开发商都要基于 Windows 系统来设计自己的软件，对用户来说，Windows 系统上凝聚的应用软件越多，对用户的效用越大；反过来，使用 Windows 系统的用户越多，则对应用软件开发商的效用也越大。在形成这种正向互动之后，即便其他经营者开发出更好的操作系统软件，其对消费者的吸引力也是有限的，因为更换操作系统将失去大量应用软件所提供的"效用"，从而发生重大的转换成本；反过来，应用软件开发商同样缺乏转换的意愿，因为新系统没有用户，基于新系统而开发的应用软件也得不到"效用"。由此形成一种所谓"赢者通吃"现象，即某个经营者在进入市场的环节战胜竞争对手后将赢得该市场上的所有消费者，此后，竞争者的替代性商品将不再容易进入市场。

如前所述，在传统产业中获得市场力量的根本性原因在于竞争者无力扩大产出，消费者虽然拥有转向的自由，但其自由却得不到物质上的满足。在软件及互联网产业中则不同，其成本主要发生在研发环节，在进入生产环节后，其增量成本微不足道，因而任何竞争者均不缺乏扩大产出的能力，但问题是，消费者由于需要付出巨大的转换成本，因而缺乏转向的意愿。网络效果就是造成转换成本的重要原因之一，另一个重要原因是所谓锁定效果。

锁定效果是阿瑟教授提出的，一般来说它是"导致从一个系统（可能是一种技术、产品或是标准）转换到另一个系统的转移成本大到转移不经济，从而使经济系统达到某个状态之后就很难退出，系统逐渐适应和强化这种状态，从而形成一种'选择优势'把系统锁定在这个均衡状态"。[1] 仍旧以 Windows 系统为例，用户需要花费大量时间与精力学习这一系统软件的操作方法，而要更换一种操

---

〔1〕 王晔、张铭洪主编：《网络经济学》，高等教育出版社 2013 年版，第 59 页。

作系统软件时，则需要重新花费时间学习，这同样会造成转换成本，阻碍消费者的需求转向意愿，即便市场上出现了技术上更优越的操作系统软件，消费者也未必会发生转向需求，除非 Windows 系统给他们造成了更沉重的负担。

在互联网行业，用户放弃现在所熟悉的产品而改用其他产品往往要付出一些成本，如：学习新的操作方式将增加用户的时间成本，购买新的设备将增加用户的财务成本，改用新的社交网络产品也会浪费其在原社交网络上积累的人脉成本，等等。如果需要付出的成本较大，互联网用户就不愿改用其他互联网产品，即使该产品在功能上具有更多优势。这就意味着用户已经熟悉的互联网产品对用户产生了较大的锁定效应。只有当其他新的互联网产品带给用户的价值大于转移成本时，用户才会突破用户锁定效应，转向使用其他新的互联网产品。

在存在用户锁定效应的情况下，互联网企业总是千方百计地扩大自己的网络规模从而强化锁定效应。因此，尽管互联网行业具有低经济成本进入优势，但强烈的锁定效应可能导致该行业的市场准入变得困难。这意味着潜在的竞争者因为沉淀成本太大或者难以开发出突破用户锁定效应的革新性产品，很难进入当前已经形成用户锁定效应的互联网市场展开有效竞争。即使该行业的平均利润率非常诱人，但潜在的竞争者由于担心自己的产品无法突破已有的互联网企业对消费者的锁定效应，如果贸然进入已经产生锁定效应的互联网产品市场，沉没风险非常高，故他们往往是"望市兴叹"，放弃进入此互联网市场。竞争对手的减少，意味着已经产生用户锁定效应的互联网企业容易在相关市场形成并维持其市场支配地位。

三、具体案例的考察

（一）美国微软案与欧盟微软案的比较

1. 美国微软案的介绍。从 1994 年起，美国司法部对微软公司提起了三次诉讼，这促使学者和实务界对互联网经济与反垄断法的关系开始进行更深层的思考，这其中涉及支配地位在互联网经济中的认定，同时也含有"搭售行为"的内容，所以涉及"搭售"的内容会在本书第五章第一节中详细展开，本章不再赘述。

1994年，美国政府首次对微软公司提起诉讼，指控它实施了一系列违反《谢尔曼法》第2条的行为，其中包括将Windows操作系统与其开发的应用程序捆绑销售。第二次诉讼发生于1997年，[1] 微软公司被指控在其Windows95操作系统中置入"Internet Explorer"浏览器（以下简称IE浏览器），严重违反了前述同意令。1998年6月，上诉法院作出终审判决，推翻了初审判决并指出，"一个技术上的搭售应该被确认为合法的，如果该搭售能够带来一些优势"。[2] 而在该案中，Windows95操作系统与互联网浏览器软件是不可分割的整体，这属于"功能一体化产品"，[3] 将二者结合在一起对于最终消费者是有益的，判决最后还对"功能一体化产品"进行了界定，即"若干种产品合成一个产品来销售，会产生很多优越性，而如果把它们独立销售后再由买方结合在一起使用，则不会产生这些优越性"。[4]

1998年5月，美国司法部、19个州和哥伦比亚特区起诉微软

---

〔1〕 David A. Heiner, "Assessing Tying Claims in the Contest of Software Integration: A Suggested Framework for Applying the Rule of Reason Analysis", *University of Chicago Law Review*, Winter, 2005.

〔2〕 文学国：《滥用与规制——反垄断法对企业滥用市场优势地位行为之规制》，法律出版社2003年版，第415页。

〔3〕 "功能一体化"概念是1980年柯达公司案中提出的。案情参见 Berkey Photo v. Eastman Kodak Co., 603 F. 2d 263 F. 2d 263, 276, 281（2C 1979），cert. denied, 444 U. S. 1093（1980）。

〔4〕 David A. Heiner, "Assessing Tying Claims in the Context of Software Integration: A Suggested Framework for Applying the Rule of Reason Analysis", *University of Chicago Law Review*, Winter, 2005.

公司违反《谢尔曼法》第 1 条和第 2 条[1]以及各该州的反托拉斯法，许多相关文章和著作中提到的"美国微软案"事实上常指的是这一次。本次案件中，原告共提出四项指控，其中一项是再次指控微软公司在 Windows 操作系统的销售中捆绑了 IE 浏览器，构成非法搭售。由于电脑销售商在出售电脑前，须在其中预先安装一系列操作系统软件及必要的应用程序软件以保证电脑的基本操作，就操作系统软件而言，微软的 Windows 操作系统是必不可少的，因而电脑销售商须购买这一系统并将其预装在电脑上后出售给最终用户。而浏览器软件属于应用软件，并非操作系统所必须的软件，许多应用软件都是由用户根据其个人喜好挑选安装。当时市面上主要的浏览器软件有微软的 IE 浏览器以及网景公司（Nescape）的 Navigator 两种。微软通过将 IE 浏览器预先置入其 Windows 操作系统中，导致几乎每台电脑上均安装有 IE 浏览器，同时还禁止电脑销售商将 IE 浏览器卸载，以保证消费者所购买的每台电脑上都安装有 IE 浏览器，这个行为被原告指控构成搭售，并对 Navigator 产生排斥效果。哥伦比亚联邦地区法院于 2000 年作出一审判决，认定微软的搭售行为违反了《谢尔曼法》以及所涉 19 个州的反托拉斯法，判令微软公司将其 Windows 操作系统与 IE 浏览器分拆。

　　该案涉及问题很多，其中最主要的有两点：其一，在操作系统软件市场上，微软公司是否拥有垄断力；其二，微软公司的搭售行为是不是构成"垄断力滥用行为"。对于第一个问题，初审法院认为可以认定微软在这一相关市场上拥有垄断力。微软否认了这一点，并指出在这一市场上"市场份额不等于垄断力"。微软不服一审判决，向哥伦比亚特区巡回法院提起上诉，而该院则将案件发回

　　〔1〕　参见 United States vs. Microsoft：Ill-considered Antitrust，Carfax Publishing Company，Mar 1998 和 Microsoft Case May Be Prelude to a Wider Antitrust Battle，*New York Company*，Feb 9，1998.

177

初审法院，要求其按照合理规则进行重审。最终美国司法部和微软公司于2001年11月达成一项协议宣布双方进行庭外和解。由于这一和解，该案没有作出最后的判决。

2. 欧盟微软案的介绍[1]。1998年美国一家服务器和服务器操作系统供应商太阳微系统公司（SUN Microsystems）要求微软向其提供开发Solaris操作系统（Solaris操作系统也是一种电脑运行的系统，可以作为其他软件运行的平台，其功能与windows操作系统具有竞争性）所必需的全部信息，遭到微软公司拒绝，前者遂于1998年10月10日向欧盟委员会投诉，指责微软公司的上述拒绝行为构成支配地位的滥用。这一拒绝交易行为将在第五章第四节"拒绝交易行为"里详细展开。

欧盟委员会受理投诉后进行调查时，发现微软公司将其Windows媒介播放器与Windows操作系统捆绑销售，其行为方式与上述美国微软案中一样，将Windows媒介播放器预先内置于Windows操作系统中，要求电脑销售商[2]在电脑上安装Windows操作系统时，不得将其中的Windows媒介播放器删除。于是欧盟委员会依职权对这一行为同样展开了调查，并于2004年最终认定微软公司的这两种行为都构成支配地位滥用行为，要求微软公司不得再从事类似行为，并处以4.97亿欧元罚款。[3] 微软公司不服，向欧盟初审法院起诉，请求撤销委员会的决定。

欧盟委员会认为，虽然搭售行为在软件行业中非常普遍，但由于微软公司的Windows在操作系统市场上拥有支配地位，其上述搭售行为使得用户在使用其Windows操作系统时，也必须接受其Win-

---

[1] EC Microsoft [2007] E. C. R. Ⅱ-3601 at [927].

[2] 判决书中称为"原装设备生产商"（Original Equipment Manufacturer，OEMs）。

[3] 2008年2月，欧盟委员会以微软不执行上述判决为由，又对微软公司处以8.99亿欧元的巨额罚款。

dows 媒介播放器，因此构成支配地位滥用行为。而微软公司则认为，Windows 媒介播放器与 Windows 操作系统的组合并非搭售，而是对 Windows 操作系统的升级，构成新的产品，因而其行为不构成搭售；而且这一行为并没有对竞争者产生排斥，即便构成搭售也不至于违法。

欧洲初审法院于 2007 年作出判决，驳回了微软公司的请求。法院首先认定微软公司在操作系统市场上拥有支配地位，然后对微软公司从事的两种行为进行了详细的效果分析，这里只讨论其中关于搭售行为的分析部分。根据前文的讨论可以想象，这一分析主要涉及以下问题："其一，Windows 媒介播放器和 Windows 操作系统是不是构成两种独立的产品；其二，如果构成两种产品，微软公司将其捆绑在一起是否具有强制性；其三，这一行为是否在媒体播放器市场产生排斥效果；其四，这一行为是否有合理的抗辩理由。微软公司并不否定自己在操作系统市场上拥有支配地位，但在上述四个要件上都提出了如下抗辩，这些观点又都被欧盟初审法院否定"。[1]

（1）Windows 媒介播放器和操作系统是否构成两种独立的产品。微软公司认为，将"媒体播放功能"纳入 Windows 操作系统是对后者的升级与完善，也是"适应技术发展和消费者需求变化的需要"，自微软公司于 1992 年将二者结合在一起后，这种结合已经成为惯例，二者虽然在物理上可以分拆，但如果缺少媒体播放功能，Windows 操作系统就不再是消费者熟悉的完整系统，因此 Windows 媒体播放功能属于 Windows 操作系统的组成部分，二者共同构成同一个产品。

欧盟委员会则认为，Windows 操作系统和 Windows 媒介播放器

---

〔1〕　范志强："从欧盟微软案析欧盟竞争法对支配地位滥用行为的规制"，湖南大学 2009 年硕士学位论文。

属于两个独立的市场；欧洲初审法院进行审理后，接受了欧盟委员会的观点，认为 Windows 操作系统和 Windows 媒介播放器构成两种相互独立的产品。

（2）两种产品是否被强制性地结合在一起销售。微软公司认为自己的行为并不具有强制性。首先，Windows 媒介播放器是免费的，消费者并没有为此支付费用；其次，微软公司也并没有要求消费者只能使用 Windows 媒介播放器，消费者完全可以将其删除，改而使用其他的媒体播放器，微软公司并没有意愿也没有能力阻止消费者这样做。

欧盟委员会反驳了微软公司的上述理由，认为：首先，微软对 Windows 媒介播放器的免费可能是表面性的，实际上其价格隐藏在 Windows 操作系统的价格之中，消费者支付的 Windows 操作系统的价格实际上既包括其本身的价格、也包括 Windows 媒介播放器的价格，因此 Windows 媒介播放器实质上并不是免费的，只是没有单独收费而已；其次，微软禁止电脑销售商卸载操作系统中的 Windows 媒介播放器，使得终端消费者根本买不到不含有这种播放器的 Windows 操作系统，因而构成强制。虽然微软声称自己并不禁止消费者改用其他人的媒体播放器，但事实上既然消费者被迫拥有了微软的播放器，一般就不会再花费成本使用其他生产商的播放器。Windows 媒介播放器之所以拥有巨大的市场份额，并不是因为其本身强大的市场竞争力，而是这一捆绑所造成的结果。

欧洲初审法院认为，由于微软禁止电脑销售商拆除 Windows 媒介播放器，[1] 因此消费者要想获得 Windows 操作系统，就不得不接受 Windows 媒介播放器，因而满足了"强迫"要件。强制性地将

---

〔1〕 法院注意到电脑销售商可以安装其他媒体播放器，但它强调，即使安装了其他媒体播放器也不能拆除 Windows 媒介播放器，总之消费者无法逃脱 Windows 媒介播放器，因此构成对消费者的强迫。

两种产品捆绑在一起销售，构成搭售。而且在法院看来，并无证据证明在删除 Windows 媒介播放器后，Windows 操作系统会质量下降，从而影响到应用软件的设计与开发，因此可以认定这一搭售并不能带来效率；而且委员会的方案并不完全禁止微软将其媒体播放器与其操作系统结合，而只是要求其同时提供两种版本，使消费者、开发商可以自由根据自己的需求进行选择，并使媒体播放器市场上的竞争者受到的排斥减少到最低程度。

3. 对美国微软案与欧盟微软案的比较。表面看来欧盟微软案与美国微软案的案情非常类似，差异仅在于被搭售品有所不同，在美国案中，被搭售品是 IE 浏览器，在欧盟案中则是 Windows 媒介播放器。这一差异显然大同小异，然而实质上两边判决的作出却蕴含着不同的分析过程，尤其是对于支配地位的认定上有明显区别。

微软公司在上述案件中，作为软件市场支配地位所有者给其他竞争者进入相关市场造成的壁垒，给大众留下了深刻印象。这种市场壁垒可能源于特定的技术或特定的客户需求，也可能以知识产权的名义出现。[1] 而由于互联网经济的出现，微软通过产品本身的丰富和系统化，为应用软件操作系统软件的可能进入者建立了更多无形的壁垒。微软通过对其产品的功能性组合，将各种应用软件的功能均加入到 windows 操作系统中，那么在操作系统这个相关市场上，潜在的竞争者如果想要进入，就不仅需要提供操作系统，还需要研发具备竞争力的浏览器、媒体播放器、即时通信、电子邮件等相关应用软件，而开发具备竞争力的操作系统和上述全部软件并成功推广使用，无疑是一项耗费巨大时间成本和研发成本的工程，对

---

　　[1]　事实上，针对原告的指控，微软公司曾以知识产权保护为由提出抗辩，声称一些限制性的许可措施是为了保证受到版权保护的软件不被实质性的改变，此外，对于授权许可的限制，则是为了防止视窗系统作为一个支持多种应用软件被广泛使用、稳定、持续的平台的基本价值受到损害。法院对此抗辩进行了反驳，指出知识产权并没有产生违反反垄断法的特权。

于潜在竞争者而言基本就成为无法逾越的障碍。而由于网络效应的存在，先期的开发者获得了先发优势和在先的市场份额，导致后来的竞争者被锁定在后发劣势之中，使潜在的竞争者丧失了平等竞争的机会。因此在信息时代的高科技市场中，评价相关市场的进入难度时，资本、品牌、生产设备等传统资源未必是考量的重点，技术、研发力量、自主知识产权、消费者偏好等，越来越成为潜在竞争者不可逾越的壁垒。

而欧盟与美国法院的处罚结果不同，显然是因为人们对于互联网的认识有了进一步的加深。美国微软案一审判决于 2000 年，当时互联网兴起不久，人们对其使用方法尚不十分了解，因此对于浏览器、媒体播放器等应用软件的卸载、安装尚不熟悉，如果所购电脑里已经安装了 IE 浏览器，电脑用户的确会懒得更换其他浏览器——主要是由于大多数人缺乏更换软件的能力，而如果事后再去请求电脑销售商的帮助又十分麻烦，因此微软的搭售行为的确对其他浏览器产生了严重的排斥效果。但欧盟微软案判决于 2007 年，人们对于互联网的操作已经十分熟悉，对互联网用户来说，多数应用软件的卸载、安装已成为基础知识，许多浏览器与媒体播放器甚至会随着其他操作自己安装上去。这些竞争性软件彼此并无冲突、互不妨碍，这种情况下，将 Windows 媒体播放器植入 Windows 操作系统不再会对其他媒体播放器产生排斥性，因而根本无须让微软提供两种版本。

（二）我国支配地位认定的实践——3Q 大战

我国《反垄断法》实施以来，影响最大的反垄断案件无疑是奇虎诉腾讯案（以下简称为 3Q 大战）。[1] 这一案件典型地展示了互

---

〔1〕 一审被告及二审被上诉人为腾讯公司、腾讯计算公司，后者是前者的全资子公司，在反垄断法上视为同一竞争主体，因此本书中统称为"腾讯"。对方当事人是北京奇虎科技有限公司，文中简称为"奇虎"。

联网产业以及双边市场的特点给反垄断法适用带来的挑战，这些挑战在进入 21 世纪后一直是世界反垄断法研究中最热点的前沿问题，但总体说来，各国学者的探索均未取得实质性进展，各种定性与设想之间无法形成合理的联系并与反垄断法理论体系相融合，因而"3Q 大战"的爆发为此提供了实现重大突破的难得契机。遗憾的是，如前所述，该案的判决没有很好地完成这一任务，其中的一些误差还有可能对互联网企业的行为产生严重误导。这一局面对我国反垄断法学研究提出了迫切要求，必须尽快通过对该案判决中各种利弊得失的分析，探明反垄断法在这一领域的适用方法，引导互联网产业的正确发展方向，同时弥补判决书所未能完成的创新，对世界反垄断法学理论作出重要贡献；同时，借助于对这一标志性案件的剖析，可以对反垄断法上许多基础问题予以澄清，填补大量理论空白，并加深对于反垄断法原理的挖掘，从而对整个学科的发展起到全方位的推动作用，因此，对这一案件进行深入系统研究已成为我国反垄断法学界的当务之急。本书全文其实都高度依赖这一案件所提供的分析素材，实在是因为本案涉及的相关焦点几乎贯穿了整部反垄断法。

本案的案情在前面章节中已经说明，此处不再展开，只分析其中与"市场支配认定"相关的案情与判决。

2010 年，奇虎公司一方面宣称腾讯公司的即时通信软件"QQ"对用户的硬盘进行扫描以获取用户的隐私，一方面在 QQ 上外挂一款名为"扣扣保镖"的软件，引导用户卸载 QQ 的各种增值服务以及 QQ 所加载的各种广告。腾讯遂于 2010 年 11 月 3 日发布《致广大 QQ 用户的一封信》，宣布"在 360 公司停止对 QQ 进行外挂侵犯和恶意诋毁之前，我们决定将在装有 360 软件的电脑上停止运行 QQ 软件"[1]。

"二选一"行为只持续了一天，在工业与信息化部的干预下，双方均停止了排斥行为，然后分别对对方的排斥行为提起诉讼：腾讯指控奇虎的上述行为构成不正当竞争行为，[2] 而奇虎则对腾讯的"二选一"行为提起反垄断诉讼，指控其滥用市场支配地位，从事了《反垄断法》第 17 条所禁止的"限制交易行为"。[3] 2013 年 3 月 20 日，广东省高级人民法院作出初审判决，认定本案的相关市场为全球即时通信软件及服务市场，在这一市场上，腾讯并无支配地位，因而其行为不构成支配地位滥用行为。奇虎对这一判决不服，向最高人民法院提起上诉。

2014 年 10 月 8 日，最高人民法院作出终审判决，基本维持了原判：认为大陆地区属于案中的即时通信服务市场，并根据"市场份额、相关市场的竞争状况、被诉经营者控制商品价格、数量或者其他交易条件的能力、该经营者的财力和技术条件、其他经营者对该经营者在交易上的依赖程度、其他经营者进入相关市场的难易程度"[4]，判定腾讯在相关市场上并无支配地位，对于"二选一"行为，判决书认定其在相关市场"即时通信市场"上不仅没有"排除、限制竞争的效果"，反而对这一市场上的竞争产生了"促进作用"[5]。

---

[1] 参见腾讯公司："致广大 QQ 用户的一封信"，http://www.cnbeta.com/articles/tech/126084.htm，最后访问日期：2018 年 3 月 15 日。

[2] 最高人民法院于 2014 年 2 月 24 日就该案作出终审判决，判定奇虎公司败诉。参见中华人民共和国最高人民法院民事判决书（2013）民三终字第 4 号。

[3] 奇虎同时指控腾讯将安全软件"QQ 医生"与 QQ 相捆绑，构成《反垄断法》第 17 条所禁止的搭售行为。两审法院均正确地认定，这一捆绑并无强制性，不满足搭售行为的"强制性"要件，因此这里不再对这一行为进行讨论，详情参见中华人民共和国最高人民法院民事判决书（2013）民三终字第 4 号。

[4] 参见中华人民共和国最高人民法院民事判决书（2013）民三终字第 4 号。

[5] 参见中华人民共和国最高人民法院民事判决书（2013）民三终字第 4 号。

如果将目光从即时通信服务市场上移开些许，很容易发现上述认定是不正确的。"二选一"行为将迫使多数用户为保留 QQ 而放弃奇虎所提供的服务，尤其是其获得用户的主要工具 360 杀毒软件，从而使奇虎的用户数量减少，最终使其在互联网广告市场上失去大量广告业务，如果持续下去，"排除、限制竞争的效果"将会是十分明显的；之所以没有发现这种"排斥、限制"效果，是由于法院将相关市场界定得过于单一，实际上由于双方当事人的经营模式均具有"双边市场"性质，这一案件中并存着三种消费者需求，需要同时界定三个市场，而不是只界定一个即时通信服务市场。

传统的支配地位认定方法主要考察当事人对相关市场上生产能力的控制程度，由于互联网产业中市场力量来源上的特殊性，以及双边市场条件下支配地位的相对性以及跨市场特点，这一方法在本案中无法适用。判决书中对界定相关市场的目的与根据、支配地位的本质与认定标准、支配地位滥用行为的分析步骤与方法等众多基础问题缺乏到位的领悟，在面对复杂现象时无力把握问题的本质，最后只能依赖对传统规则的字面套用。实际上在各国的同类研究中，这些局限具有相当的普遍性，因此要想对该案判决进行有效的讨论，还需要对相关反垄断法理论问题进行更深层次的挖掘。

五、我国对于互联网经济中支配地位的认定

在认定互联网行业市场支配地位时，除了要改革市场份额推定法、重视分析市场进入壁垒外，鉴于互联网企业的研发成本、盈利能力、对关键技术的拥有量、技术创新的能力等因素对其市场支配地位的形成和维持有重要影响，还有必要对这些因素予以充分考量。

中国以欧盟竞争法为主要借鉴对象，但由于后起优势，避免了欧盟法第 102 条在文字表达上的主要缺陷，在《反垄断法》中对滥用市场支配地位行为进行了规定。第 17 条规定："禁止具有市场支配地位的经营者从事下列滥用市场支配地位的行为：①以不公平的高价销售商品或者以不公平的低价购买商品；②没有正当理由，以低于成本的价格销售商品；③没有正当理由，拒绝与交易相对人进行交易；④没有正当理由，限定交易相对人只能与其进行交易或者只能与其指定的经营者进行交易；⑤没有正当理由搭售商品，或者在交易时附加其他不合理的交易条件；⑥没有正当理由，对条件相同的交易相对人在交易价格等交易条件上实行差别待遇；⑦国务院反垄断执法机构认定的其他滥用市场支配地位的行为。本法所称市场支配地位，是指经营者在相关市场内具有能够控制商品价格、数量或者其他交易条件，或者能够阻碍、影响其他经营者进入相关市场能力的市场地位。"[1]

与欧盟法相比，该条对各种排斥性行为均增加了"正当理由"这一条件，虽然没有对其作出进一步说明，但实践中可以参考欧盟所规定的那些抗辩理由。对第1项所针对的过高定价行为没有施加这一限制，但该项本身即含有"不公平"的要件，同样可以容纳对抗辩理由的考察。

因此我国《反垄断法》对支配地位滥用行为的分析方法同样分为三个基本步骤：其一，先判断当事人是否具有一定的支配地位；其二，认定当事人的行为对竞争产生排除限制（负面影响，消极效果）；其三，考察当事人的抗辩理由是否成立（正面影响，积极效果）。每种滥用行为类型对竞争产生的积极效果与消极效果不同，学术研究必须进行系统的梳理，以便为执法与司法实践提供具体的指引。本书各章的讨论，即分别对应着上述内容。首先需要考察支配地位的认定方法；而要对支配地位进行认定，首先仍然需要界定相关市场（详细请参考第三章的内容）。

---

〔1〕 参见我国《反垄断法》相关条款。

也就是说，对于传统的支配地位认定，需要考察的因素有：涉嫌当事人的市场份额；现有竞争者扩大产出的能力；其他经营者进入相关市场的难易程度，即市场壁垒情况，以判断潜在竞争者能否进入该相关市场；买方的对抗能力，如果买卖双方互有需求，就可以实现双方力量的互相制衡。按照上述四个因素的考察方法，传统经济中认定市场支配地位就需要同时满足四个条件：其一，涉嫌当事人拥有极高的市场份额；其二，现有竞争者无力扩大产出；其三，潜在竞争者无法及时进入相关市场；其四，买方缺乏对抗能力。这四个条件缺一不可。

而在互联网经济的市场支配地位认定中，除了传统方法中需要考虑的因素，还需要考虑以下方面的影响：

第一，网络效果与锁定效果的影响。前文多次提到，在新经济产业中，网络效果和锁定效果是其重要的特点，正是由于这两种效果的存在，转换成本成为衡量支配地位的决定性因素。与传统产业中转换成本主要依靠交易一方所作出的沉没投资不同，新经济产业中，由于产品的免费性，用户基本没有发生经济上的沉没投资，因此这一因素不再是其转换服务商的主要障碍。在软件与互联网产业中，这两种效果尤其突出，并成为产生与维持支配地位的常规性力量来源。前文所提到的，微软公司的 Windows 系统在电脑操作系统市场上长期拥有支配地位就是因为这两种效应的存在，同时 IE 浏览器和 Windows 播放器长期占有巨大市场份额也需要归功于这两种效应。可以说，微软公司并非由于拥有巨大的市场份额才拥有支配地位，而是由于拥有支配地位才获得巨大的市场份额，并且由于这两种效应的存在，得以长期维持这一优势地位。

第二，用户数量的比较。互联网经济中，核心的竞争力当然是科研研发能力，而最直接的表现就是用户数量，可以说，对于互联网企业，其真正的产品并非某种商品或服务，而是用户数量或称之为流量。以 3Q 大战为例，腾讯公司必须是互联网广告市场上用户数量最多的经营者之一，锁定效果才可能为它带来支配地位，然而在该广告市场上所有竞争者的用户可能分别来自于浏览器、媒体播放器、即时通信、社交软件、支付平台等各种互联网的服务提供商，那么就需要将所有市场上分别用户数量最多的经营者识别出，再与腾讯的 QQ 用户数量进行比较，那么在这个识别的过程中，就需要考虑到不同的需求替代性，从而界定多个服务市场，并且对众多经营者的用户数量进行分类统计，才可以得到准确的结果。此时大数据的使用就变得格外关键，只要有合理合法的大数据可以证明某一个经营者在互联网经济中的某个相关市场上拥有比例最大的用户数量，且该经营者拥有排斥竞争的能力，就可以推定其拥有支配地位。

第五章　互联网经济中滥用支配
地位的具体行为考察

　　相对于对市场支配地位的不同理解，各国学者或者立法对市场支配地位滥用行为的界定基本一致，即具有市场支配地位的企业限制竞争的行为，而一般性行为不是滥用行为。本书第四章曾指出，反垄断法的核心价值应为经济效率，因此滥用市场支配地位的行为应被理解为具有市场支配地位的企业损害经济效率的行为。

　　对于具体的滥用行为各国反垄断法的具体规定虽有所不同，但基本都采取了一般规定加列举的模式。例如《欧共体条约》第102条规定："一个或几个企业在共同体市场上或者在该市场一个重大部分滥用其市场支配地位，如果由此能够损害成员国之间的贸易，该行为与共同体市场是不协调的，从而得予以禁止。尤其是含有下列情形的滥用行为：①直接或间接强迫接受不公平的购买或销售价格，或者其他交易条件；②限制生产、销售或者新技术的开发，损害消费者的利益；③就相同交易采用不同的交易条件，从而使某些交易对手处于不利的竞争地位；④订立合同时，强迫对方购买性质或者交易习惯上与合同标的无关的商品或者服务的。"我国台湾地区也采用的是这种模式，其"公平交易法"第10条规定："独占之事业，不得有下列行为：①以不公平之方法，直接或者间接阻碍其他事业参与竞争。②对商品价格或服务报酬，为不当之决定、维持或变更。③无正当理由，使交易相对人给予特别优惠。④其他滥用市场地位之行为[1]。"从以上立法体例来看，滥用市场支配地位的行为本身难以完全列举，因此各国反垄断法中大多设定了兜底条款，或者由司法系统来确定。

我国《反垄断法》第17条也采取了这种重点列举、非穷尽的方式对此进行规定。从理论的角度来看，互联网行业的滥用市场支配地位行为和传统行业中的行为表现并无本质的区别，行为类型和构成要件也都没有新的突破。只是由于行业的经营模式和产品不同，互联网行业的滥用市场支配地位行为有一些新的表现形式。从实践角度看，目前已出现的案例、事件中较为常见且带有互联网产业特色的表现形式主要有搭售、拒绝交易、歧视性待遇等几类。理论上说，互联网企业也有可能实施不公平高价或低价、低于成本定价和限定交易几类行为，没有将其归为新的表现形式的原因一方面是目前实践中的案例不多，另一方面是在这几类行为中，互联网企业也尚未表现出与传统产业明显的差异。为篇幅所限，本书接下来只集中讨论实践中较为常见同时也易于引起困惑的五类滥用市场支配地位行为的认定与违法性判断。总之《反垄断法》列举的每一种市场支配地位滥用行为都会同样的出现在互联网经济中，本章之所以特别对其中几项行为进行考察，主要是因为这几种行为是最常见的行为类型，因此更有针对性和代表性，并非只有这五种行为会发生在互联网经济中，特此说明。

第一节　搭售行为的反垄断分析方法

在经营者滥用市场支配地位的各种具体行为类型中，搭售是其

---

[1]　赖源河编：《公平交易法新论》，中国政法大学出版社2002年版，第503页。

中最典型的一种，互联网经济中的搭售行为与传统的搭售行为本质的区别在于：所搭售的商品在互联网经济中并非真的由支付对价取得，而是用户免费取得，前文已经详述这是由于互联网经济中双边市场的特性所致，第四章提到的微软公司在美国以及欧盟屡遭诉讼就是一个最好的体现，也促使人们对调整此类行为的传统反垄断分析方法进行深刻反思。

美国反托拉斯法中曾经长期对搭售适用本身违法规则来进行违法性的判断，然而由于芝加哥学派学说的普及，[1] 人们已认识到搭售也有可能产生许多的积极效果，但司法上仍长期在本身违法规则的框架内进行修补，以期在把效率因素考虑进来的同时又不动摇传统的模式；随着互联网产业、新经济形态的发展，人们对反垄断法在搭售领域适用的传统模式进行了更加彻底的思考，于是越来越发现传统模式的勉强与缺失，因而美国关于搭售行为的调整方法开始从本身违法规则向合理规则转变。欧盟法上并不直接采用本身违法规则，但欧盟法对于搭售行为的评价也曾长期受到本身违法规则的影响，并且在 2007 年对于微软案的判决中，体现出欧盟法院的这一思维仍然没有得到根本性扭转，因而在搭售行为违法性判断方面反倒落后于美国的进展。

---

〔1〕 芝加哥学派的理论属于新古典经济学，他们认为经济学研究的是资源稀缺条件下人的选择行为。该学派继承了奈特（F. knight）以来芝加哥大学传统的经济自由主义思想和社会达尔文主义理念，认为市场竞争过程就是市场力量自由发挥作用的过程，是一个"生存检验"的过程；他们坚信瓦尔拉均衡和自由竞争理论依然有效，厂商行为是厂商预期的函数，政府无需干预。由于该学派关注问题的中心是经济效率，认为反垄断政策的目标是促进经济效率，因此，芝加哥学派也被人们称为"经济效率学派"。与哈佛学派的结构主义不同，芝加哥学派侧重于对市场绩效（Market Performance）的分析，由此发展出的反垄断法学派认为效率是反托拉斯政策唯一的目标，竞争只是实现效率最大化的手段而不是反托拉斯政策的最终目的，并且强调反托拉斯政策的重点应放在对企业行为进行干预，其中主要是对卡特尔等企业间的价格协调行为和分配市场的行为实行禁止。更多相关介绍参见：王传辉：《反垄断的经济学分析》，中国人民大学出版社2004年版，第55~65页。

我国《反垄断法》第 17 条第 1 款第 5 项在对具有市场支配地位的经营者进行规制时提出"没有正当理由搭售商品，或者在交易时附加其他不合理的交易条件"，体现了上述思想的改变，但是在司法实践中的适用还需要进一步的细化。

一、搭售的概念及违法性的一般判断

"所谓搭售（tie-in），简单地说是指卖方销售某种产品、服务时，须以买方接受第二种产品、服务为条件，其中前一种产品称为'结卖品'，后一种产品称为'搭卖品'。"[1] 由此可见，仅从行为外观表现来看，搭售是卖方对买方所施加的条件，不一定符合买方的意愿，在卖方拥有支配地位的情况下就有可能存在支配地位滥用问题；同时，搭售又是卖方与买方之间的纵向协议，如果有不只一个卖方对自己的买方从事搭售行为，则可能共同对第三人产生排斥，因而这些卖方之间也有可能存在垄断协议问题。因此在美国法上，搭售行为有可能违反《谢尔曼法》第 1 条、第 2 条；而在欧盟竞争法方面，搭售行为则可能违反《欧盟运行条约》第 101 条、第 102 条的规定。总体说来，搭售行为与其他纵向协议关系一样，只有当构成支配地位滥用行为，或充当横向垄断协议的手段时，反垄断法才予以干涉。

美国《反托拉斯法》上曾长期对搭售行为的规制持有最严厉的态度（适用本身违法规则就是一个很好的体现）："'搭售协议除了压制竞争以外，很难用于什么其他目的。'这种协议使得竞争者无法自由进入搭售品市场，这并不是由于施加数量限制的当事人的产品更好，或价格更低，而是由于它在另一个市场上具有力量或影响。同时，买方被迫放弃其对产品的自由选择。由于这些原因，如果当事人在搭售品市场上具有市场力量，足以对搭售品市场上的自

---

〔1〕 许光耀："搭售行为的反垄断法分析"，载《电子知识产权》2011 年第 11 期。

由竞争产生明显的限制，并对'并非少量的'州际贸易产生了影响的话，则搭售协议本身是不合理的。"[1]在法院看来，搭售必定压制竞争，而且只会压制竞争，不可能有什么正当的目的，因此当然是违法的。

　　1958年尚属哈佛学派的影响占主导地位的时期，上述判决主要着眼于行为的负面影响，否则它应当注意到现实生活中难免发生一些中小企业从事的搭售，并追问一下它们从事搭售的原因——它们缺乏必要的市场力量，因而不太会是企图压制竞争的。不久以后芝加哥学派占了上风，在其影响下，人们注意到搭售行为也有可能产生效率，但美国各联邦巡回法院并没有很快认定搭售行为的合理性。虽然不同法院在具体操作方法上存在一定的差异，但一般说来，要对搭售行为适用本身违法规则，一般应当满足以下四个要件："①结卖品和搭售品是各自独立的产品；②卖方实施了强制，使得买方事实上不得不接受被搭售品；③卖方在搭售品市场上拥有相当大的经济力量，来强制买方接受被搭售品；④搭售行为在被搭售品市场上产生了反竞争效果。"[2]然而，这只是理论上的总结，美国联邦最高法院自始至终没有就此阐明过自己的系统标准。

　　支配地位一直以来也是欧盟重点打击的对象。《欧盟运行条约》第102条（原《欧共体条约》第82条）规定："一个或多个企业滥用其在共同市场上，或在其重大部分中的支配地位，如果有可能影响成员国间的贸易，则被视为与共同市场不相容而被禁止。这类滥用主要有：……（d）使合同的缔结取决于贸易伙伴对于额外义务的接受，而无论是依其性质还是按照商业惯例，该项额外义务均与合同的标的无关。"[3]不过欧盟并未一直坚持对搭售行为持保守态

---

[1]　许光耀："搭售行为的反垄断法分析"，载《电子知识产权》2011年第11期。
[2]　许光耀："搭售行为的反垄断法分析"，载《电子知识产权》2011年第11期。
[3]　许光耀："搭售行为的反垄断法分析"，载《电子知识产权》2011年第11期。

度，受美国影响，其对《欧盟运行条约》的具体适用作了一定的调整。

相对于美国法，欧盟竞争法对搭售问题的规定立足于控制具有垄断地位公司的单方面行为以及对中小企业的保护上。搭售产品在市场中的优势已成为裁决滥用搭售的先决条件，其规范的立场，主要是搭售行为对于被搭售产品市场可能带来的闭锁效果，并同时关注搭售对于搭售产品和被搭售产品市场可能带来的高度市场进入障碍。

美国和欧盟对于搭售行为的反垄断调整有明显不同：

第一，违法性判断原则不同。在美国，搭售行为的滥用只有在同时具有排挤竞争和减少消费者福利的后果时才构成违法，而且必须对市场竞争有实质上的不利影响，具有主观性。而欧盟委员会在认定滥用搭售时，认为损害了竞争就必然会产生对竞争者和消费者的损害，并且其所要求的损害程度也较低，所以在有些情况下，仅有一个竞争厂商受影响即可指控滥用搭售行为成立。

第二，规范搭售行为的基本原则不同。美国的《反托拉斯法》对搭售行为的态度经历了一个长久的历程，海德案（Jefferson Parish Hosp. Dist. No. 2 v. Hyde）[1] 以来，其规范搭售行为的原则开始和缓，甚至还在一些案件中开始适用合理原则。相反，在欧洲，古典理论仍起着很大的作用，尽管欧盟竞争法偶尔也会穿上后芝加哥学派的外衣，但《欧共体条约》规范搭售行为的基本原则，仍以当然违法原则为主并未趋于缓和。

第三，诉讼方面不同。在美国，法院所起的作用是主要的，而欧盟则把调查、研究搭售行为违法的权力，适用法律的决定权力等都交给了欧盟委员会。可见区别于欧盟的行政机构诉讼活动，就搭

---

〔1〕 海德案的详细分析可以参见吴玉岭：《契约自由的滥用与规制——美国反托拉斯法中的垄断协议》，江苏人民出版社2007年版。

售问题，私人反托拉斯诉讼是美国的特点。

综上所述，分析和研究欧美反垄断法规制搭售行为的立法及其实践的经验教训，对于我国相关反垄断立法的完善大有裨益。

二、欧美法律上关于搭售行为的法律规定

（一）美国法上的规定分析

在美国的司法实践中，搭售案件的审理中仍以适用本身违法规则为原则，但是法官也同时开始考虑效率的因素。

1. 独立产品要件。搭售行为是将两种互不相同的"独立产品"搭配在一起销售。然而现实中绝大多数产品（包括商品和服务）都可以拆分成两个或更多组成部分，那么这些组成部分相互间究竟属于两种"独立产品"的简单叠加还是共同组合为一种独立的"单一产品"，在现实中则很难准确判断。比如前述章节提到的美国微软案，微软公司即认为浏览器是操作系统不可分割的一个构成零件，而法院则认为操作系统和应用软件分别属于两个独立的相关市场。

美国 1984 年的海德案确立了"消费者需求"的判断标准，并将其作为判断产品独立性的有效工具。"标准独立性要求"指的是"如果对搭售品存在独立的需求，则两种产品是相互独立的。"[1]在该案中，原告是一名麻醉师，他指控一家医院对其进行了非法搭售，因为这家医院要求，如果想使用其手术室就必须使用某一家麻醉师事务所的麻醉师。[2]"消费者需求标准"关注的是消费者对于搭售品有无独立可分离的需求。霍温坎普教授也提出了同样的观点："搭售的基本标准是：如果在一个运行良好的市场上，搭售品

---

〔1〕　许光耀："搭售行为的反垄断法分析"，载《电子知识产权》2011 年第 11 期。

〔2〕　Jefferson Parish Hosp. Dist. No. 2 v. Hyde, 466 U.S. 2, 7, 104 s. CT. 1511, 1556 (1984).

与被搭售品通常是分开销售的，则认为二者是独立的产品。"[1]

与此相反，欧盟法上则主要关注被搭售品的独立性，同时在操作上采用更简便的方法：不一定会直接考察消费者是否对两种产品各有"独立的需求"，而主要是看有无生产商专门生产被搭售品、而不同时生产搭售品。不过这种方法本质上仍然是对于"消费者需求"标准的灵活使用，其遵循的逻辑为：如果有生产商专门生产被搭售品，则表明消费者对被搭售品有独立的需求，所以被搭售品就应当被独立地销售。

但无论关注的是搭售品的独立性还是被搭售品的独立性，都是有局限性的，只限于对于涉嫌行为的静态考察，关注的也只是搭售行为发生当时的市场状况，并没有将市场的动态发展考虑进去，因而只能适用于那些创新性不强、变动性不大的产业，对于具备飞速发展、产品更新迭代迅速等特点的新经济产业显然无法直接适用。美国法院现在就会采用"新产品"方法作为判定"独立产品"的手段，这种方法是指：如果两种产品进行组合后构成一种"新产品"，而不再是"两种独立的产品"，则不构成搭售；既然根本不构成搭售，那么也无需适用本身违法规则来进行违法性判断。这样，"独立产品"要件渐渐演变成为"新产品"要件，本身违法规则和合理规则也在司法适用中逐渐融合。

2. 新产品标准。如前所述，"新产品"同样采用"消费者需求"标准来认定，即判断消费者对组合后的产品是否有独立的需求。这种方法与传统的只分析"搭售品"或"被搭售品"的独立性的方法相比，显然更可以加入对于"效率"的考虑，也更能包容和考虑到市场的动态发展趋势。

这种方法究其本质是"消费者需求"标准的变通使用，不再依

---

[1] [美] 赫伯特·霍温坎普：《联邦反托拉斯政策——竞争法律及其实践》，许光耀、江山、王晨译，法律出版社 2009 年版，第 437 页。

赖消费者当下的需求，而是通过对效率的分析来预测消费者未来的需求。以电脑的数据处理器、存储器、驱动器为例，这些产品都曾经分别是独立的产品，20世纪60年代后，IBM将它们集合成一个产品合成包后，之前那些专门生产与IBM处理器相连接的外接设备的小公司的利益就会受到损害，于是他们联合指控IBM的"集成"行为构成了搭售。但IBM辩称这种组合现在已成为电脑的基本配置，整个集合就是一件新产品，其中每个部分不可拆分。所以在互联网经济中，"许多原本相互独立的功能不断被并入平台软件，这种功能集成有利于降低产品成本，简化应用软件生产商的产品设计，并有利于应用软件更好地与平台软件相兼容"，[1] 这说明在考察消费者需求时应当格外注意对其效率的前瞻性分析。

到后来，美国的一些法院甚至直接根据效率来认定"新产品"，而创新性地渐渐抛开了"消费者需求"分析。在 *Jefferson Parish* 案中，奥康纳（Conner）法官认为，"如果将两种产品打包的经济好处巨大，则不宜把这个产品包视为两种产品"[2]；波斯纳（Posner）法官也认为"如果将两种产品联合提供有明显的效率，则应将其视为单一产品"。[3]

但是从形式上和分析步骤来考察，"新产品"标准仍然是在本身违法规则的框架下、用于考察本身违法规则的"独立产品"要件的方法，这种对于本身违法规则适用方式上的变通与修正也有弊

---

〔1〕　互联网不发达的时期，应用软件必须与各电脑生产商的硬件兼容，自出现平台软件（即操作系统软件，如微软的 Windows）后，则由它与硬件兼容，而应用软件只需与平台软件兼容即可。随着互联网经济的发展，有一些应用软件的功能越来越具有基础性作用，因而有将其并入平台软件的需要。参见谷琛：《美国对软件搭售的反垄断法规制》，湖南大学2008年硕士论文，第14、15页。

〔2〕　［美］赫伯特·霍温坎普：《联邦反托拉斯政策——竞争法律及其实践》，许光耀、江山、王晨译，法律出版社2009年版，第458、459页。

〔3〕　［美］赫伯特·霍温坎普：《联邦反托拉斯政策——竞争法律及其实践》，许光耀、江山、王晨译，法律出版社2009年版，第502页。

端，如事实上混淆了原本清晰的反垄断法理论依据，而且会干扰法律规则的明确性与稳定性，把简单的分析步骤人为地复杂化了，对于当前互联网发展更迅速、更复杂的中国而言显然不值得借鉴。更适当的做法是应该放弃本身违法规则，而直接对搭售行为适用合理规则，把搭售行为的构成认定与效率分析（违法性判断）区分开来，各自构成独立的分析阶段。

（二）欧盟法上的规定分析

欧盟竞争法上对所有垄断行为进行分析的基本方法是相同的，即首先考察该行为可能产生的负面效果，从而判明其是否构成垄断行为；其次，考察其是否能够产生足够的积极效果并对两种效果进行权衡。《欧盟运行条约》第102条的适用过程也基本如此。

一般说来，其分析步骤有三：①考察当事人是否在相关市场上拥有支配地位。②如果当事人拥有支配地位，则考察其行为是否对竞争产生排除、限制效果。③该排除、限制是不是实现某种垄断结果所必需，相关市场上是否仍然存在竞争压力。在欧盟竞争法早期，对这一条文的适用比较机械：支配企业一旦被认定从事了该条所禁止的行为，大多会被认定为非法，在相当程度上很类似于在适用本身违法规则。但自20世纪后期以来，欧盟法也进行了修正，开始采取效果原则进行分析，根据《欧盟查处支配地位滥用行为指南》，支配企业从事搭售行为时，其反垄断法分析过程主要有以下步骤：

1. 考察当事人的行为是否构成搭售行为。与美国的上述做法不同，这里对搭售的认定过程中不需要融入效率的分析，它只着眼于市场行为的静态考察，而不进行"新产品"的考察。根据《欧盟查处支配地位滥用行为指南》，所谓搭售，通常是指客户购买一种产品时，被要求从支配企业那里购买另外一种产品。[1] 在"两种产品是否构成不同产品"的认定上，基本的标准是消费者的需求，即在发生这一搭售行为之前消费者对两种产品是不是分开购买的。

（1）两种不同的产品。在"不同产品"的证明上，关注的是消费者过去的购买行为。可以采用"直接证据"，即直接调查消费者的购买行为，如果能证明其对搭售品的需求是从支配企业这里购买的，而对被搭售品的需求则从其他人那里购买的，则应将其视为两种不同的产品。但还可以采用更简便的方法，如果能够证明市场上有的企业专门生产、销售被搭售品，而并不同时生产搭售品，则可以用作"两种产品构成不同产品"的"间接证据"；或者，如果并不存在这样的生产商，则可以调查一下在竞争性条件下，经营者是不是倾向于将两种产品分开销售，这也可以间接地证明这是两种不同的产品。[2]

（2）强制性地结合在一起销售。欧盟竞争法认为"搭售"更本质的特点在于：它是"强迫"消费者同时接受两种不同的产品。强迫的形式可以多种多样，主要包括合同约定、技术捆绑等。此时需要注意的是：其一，合同约定，是指在双方的买卖合同中约定，买方在购买合同产品时，必须同时购买另一种产品。其二，技术捆绑，是指卖方在物理上将两种产品结合在一起进行销售，买方没有分开购买的机会，因此如果要得到搭售品，只好同时接受捆绑在一起的被搭售品。其三，混合捆绑，即卖方虽然不采用技术捆绑方式，买方有分开购买的机会，但其所要支付的对价高得多，以至于远远不如接受搭售行为更为划算。[3] 不管采用哪一种方式，其共

---

〔1〕　参见《欧盟查处支配地位滥用行为指南》第 48 段。
〔2〕　参见《欧盟查处支配地位滥用行为指南》第 51 段。
〔3〕　参见《欧盟查处支配地位滥用行为指南》第 48 段。

同效果是使消费者无法将两种产品分开购买。

不过需要澄清的是，上述混合捆绑主要是利用对某一产品的价格操纵来进行的，而这种操纵能力是支配地位带来的。有时经营者会将若干种商品组合在一起销售，而对其中的一种或几种进行降价销售，从而使这些产品的总价格降低。这同样会吸引消费者，从而对竞争者产生排斥作用，但其只要在降价的产品市场上无支配地位，则其对消费者的吸引力不是来自于市场力量的运用，就不纳入反垄断法的管辖。"这种行为将迫使竞争者进行同样的降价，最终是对消费者有益的。"[1] 这时需要进一步关注的，则是这一组合销售行为是不是会构成掠夺性定价，关于掠夺性定价的具体分析，将在本章第三节展开。

2. 是否在搭售品和被搭售品市场上产生反竞争效果。搭售行为须对竞争产生损害，"搭售或捆绑销售可能在搭售品市场或被搭售品市场上产生反竞争效果，或同时在这两个市场上产生反竞争效果"。[2] 如前所述，后芝加哥学派认为这是搭售行为所可能产生的主要负面效果，而《欧盟查处支配地位滥用行为指南》同样认为，搭售行为可以将支配地位传导到被搭售品市场上，从而获得第二个支配地位，尽管这个新的支配地位并不能带来第二份垄断利润，但它至少增加了行为人在被搭售品市场上的交易量，而这种交易量的增加是利用支配地位排斥竞争者来实现的。[3]

在有些情况下，支配企业会采用搭售手段，来维持其在搭售品上的涨价。[4] 这与前文中所介绍的后芝加哥学派的观点是一致的，该派认为搭售行为人在取得第二个支配地位后，可以利用这一地

---

〔1〕 参见《欧盟查处支配地位滥用行为指南》第61段。
〔2〕 参见《欧盟查处支配地位滥用行为指南》第52段。
〔3〕 参见《欧盟查处支配地位滥用行为指南》第54段。
〔4〕 参见《欧盟查处支配地位滥用行为指南》第56段。

位，以被搭售品作为搭售品，反过来再对原搭售品进行搭售，从而使两个支配地位相互支撑，提高市场进入的壁垒，最终使其支配地位得以长期维持。有时相互捆绑的产品不止两种，则其种类越多，排斥性效果就越强。此外，在水、电等受到价格管制的市场上，卖方获得利润的空间有限，因而更倾向于搭售其他产品来获得更多的利润，在这些市场上，搭售的目的是对价格管制进行变相逃避，[1]排斥竞争者的目的反而倒不重要了，因为这些市场一般具有"自然垄断"特点，再加上政府管制的原因，竞争者很难进入市场，并不需要从事排斥行为来维护支配地位。

3. 搭售行为是否能产生足够的效率。欧盟竞争法在认定搭售行为可能产生负面效果之后会再进行专门的效率考察，而不是像美国法上那样对其进行"新产品"的要件分析。只要搭售行为能够产生效率就可以获得豁免，但必须同时满足两个条件：其一，其所造成的限制是实现效率所必不可少的；其二，市场上的竞争压力并没有被消除，还存在必要的竞争压力来阻止其提高价格。

可以看出，与美国的"新产品要件"相比，欧盟的分析框架其实也近似于本身违法规则的修正适用，二者分析的内容完全一样，只是欧盟的分析步骤逻辑性更强。在欧盟的分析框架中，反垄断分析的初步起点始于"搭售"行为的认定，之后再分析各种行为产生排斥竞争的方式不同所导致的效率的差异性。如果不能同时满足"搭售"的两个构成要件，则当事人的行为根本不构成搭售，分析过程到此为止；如果构成搭售，则根据搭售行为通常会产生的负面效果与积极效果进行比较权衡，看其是否满足豁免要件，最终确定其法律责任。

因此在这一框架中，仅是搭售行为的认定过程中不需要融入效

---

〔1〕　参见《欧盟查处支配地位滥用行为指南》第57段。

率的分析，它只着眼于市场行为的静态考察，考察卖方是否将两种原本独立销售的产品强制性地组合在一起销售，而不必根据能否产生效率而进行"新产品"的考察。效率的考察则留给之后单独的步骤进行分析，不必同"搭售行为的认定"混同在一起，这样既可以保证法律的逻辑自洽，也使得效率的认定环节更有针对性，自然也会更加准确。也就是说，依照美国法的规定，只要构成搭售就很容易同时获得负面的法律评价，而依照欧盟法的规定，"搭售"只是一个客观中性的概念，是否合法取决于后续的分析环节。

三、互联网经济中搭售行为的表现及案例分析

根据反垄断实务部门规制垄断行为的一般路径，对互联网企业搭售行为进行反垄断法规制的第一步是对该行为是否构成反垄断法规制的搭售行为进行认定。互联网经济中最早引起人们关注的反垄断案件，就是软件搭售案件，特别是在第四章提到的美国与欧盟对于微软案的判决差异，在全世界反垄断法理论与实务界引起广泛争议。不过关于这两个案件的争议有不同的特点：在美国微软案发生时，虽然众说纷纭，但大家基本上都持中立态度，而到 2007 年欧盟案判决后，越来越多的人倾向于提出批评意见。这主要是因为随着时间的推移，人们对于互联网领域的技术与产品更加熟悉，而且对于软件领域给反垄断法带来的特殊问题已经有了一些较成熟的思考。关于欧盟和美国微软案的案情以及两案判决的对比，本书已经在前述相关章节展开分析过，此处不再赘述，而是对我国司法适用中的两个典型案例展开评价与比较分析。

（一）华为技术有限公司与 IDC 公司滥用市场支配地位纠纷上诉案[1]

本案是我国首例因标准必要专利许可引发的纠纷，被舆论称为

---

[1] 参见广东省高级人民法院（2013）粤高法民三终字第 306 号判决书。

"中国标准必要专利反垄断纠纷第一案"，属于互联网新技术条件下的重大疑难复杂案件，既引起了世界各国通信业的高度关注，也为知识产权与反垄断的一个重要交叉领域"标准必要专利"提供了一个绝佳"交战"机会。本案同样被选为中国反垄断法执法十周年"十大反垄断司法案件"，也是 2013 年中国法院十大知识产权案件。

1. 基本案情。IDC 公司其实是交互数字集团（Inter Digital Group 交互数字集团的子公司），即美国交互数字通信有限公司（Inter Digital Communications）的缩写，该公司旗下有交互数字通信有限公司（Inter Digital Communications, INC）、交互数字技术公司（Inter Digital Technology Corporation）、交互数字专利控股公司（Inter Digital Patent Holdings Inc）、IPR 许可公司（IPR Licensing Inc.）等子公司，均是在美国注册的企业法人，且均是 Inter Digital, Inc（交互数字公司）的全资子公司，互为关联公司，对外统称为"Inter Digital Group"（交互数字集团）。该公司参与了全球各类无线通信国际标准制定，拥有一系列无线通信基本技术相关的专利，堪称全球通信标准专利巨头。

而华为公司则是世界通信终端生产的最主要与最重要的公司之一，其与 IDC 公司之间的恩怨也正是源于这一系列无线通信专利。华为公司作为全球重要的电信设备提供商，主要依靠销售终端通信设备为生；而 IDC 公司则是一家不进行任何实质性生产，仅以专利许可作为经营模式的公司。在 IDC 公司 2010 年的年报中自称，截至 2010 年底，其持有 18 500 项专利和待批的专利申请。公司目前还通过全资子公司持有与无线通信基本技术相关的专利组合。在公司的专利组合中，有许多专利和专利申请，已经成为或可能成为蜂窝以及其他无线标准（包括 2G、3G、4G 和 IEEE802 系列标准）必要专利或专利申请。其他公司（包括所有主要的移动手持设备制造商）制造、使用或销售基于这些标准的产品需要得到其必要专利的许可，并将需要获得其待批专利申请中必要专利的许可。公司的大部分收入来自公司专利组合中的专利许可。华为公司为了维护自己的权益，给交互数字公司以反击，将其告上中国法院。

2008年11月开始，华为公司与IDC公司就多项标准必要专利的许可使用费进行多次谈判。但无论是以一次性支付专利许可使用费为标准，还是以专利许可使用费率为标准，IDC公司拟授权给华为公司的专利许可费（率）均远远高于苹果、三星等公司。为此，双方一直未能达成一致。

2011年7月，IDC公司将华为公司起诉至美国特拉华州法院，并向美国国际贸易委员会（ITC）起诉，称华为公司涉嫌侵犯其在美国享有的7项标准必要专利，请求对华为公司启动"337调查"，并禁止华为公司制造、销售、进口相关产品。2011年12月，华为公司将IDC公司诉至深圳市中级人民法院，认为IDC公司违背了其承诺的义务，请求法院判令其按照"公平、合理、无歧视"（FRAND）原则确定IDC公司就其标准必要专利许可华为公司的许可费率或费率范围。据了解，IDC公司于2009年9月加入欧洲电信标准化协会（ETSI），并声明承诺给予标准必要专利实施人以公平、合理、无歧视条件的授权许可。

深圳中院经审理认为，IDC公司是中国电信领域（移动终端和基础设施）技术标准的必要专利权人。根据我国法律，IDC公司应将其标准必要专利以公平、合理、无歧视的原则授权给华为公司使用。2013年2月，深圳中院作出一审判决，确定根据"公平、合理、无歧视"原则，标准必要专利许可使用费率应为0.019%。同时，深圳市中级人民法院一审判决判定IDC公司因实施了垄断行为，判其赔偿华为公司人民币2000万元，但同时驳回了华为公司提出的关于 IDC 公司对必要专利一揽子许可构成捆绑搭售行为的诉求。[1]一审过后，双方当事人均提起上诉。

2013 年 10 月 28 日，广东省高级人民法院终审判决维持了深圳市中院的一审判决，判定 IDC 公司因实施了垄断行为，赔偿华为公司人民币 2000 万元，不予认可华为公司提出的关于 IDC 公司对必要专利一揽子许可构成捆绑搭售行为的诉求。

2. 判决评价。本案中，首先应当判断 IDC 公司是否具备支配地位。交互数字集团拥有全球（包括中国和美国）3G 无线通讯领域 WCDMA、CDMA2000、TD—SCDMA 标准中的必要专利，基于 3G 标准中每一个必要专利的唯一性和不可替代性，交互数字集团在 3G 标准中的每一个必要专利许可市场均拥有完全的份额，交互数字集团在相关市场内具有阻碍或影响其他经营者进入相关市场的能力。另由于交互数字集团不进行任何实质性生产，仅以专利许可作为其经营模式，华为公司无法通过标准必要专利的交叉许可来制约交互数字集团。故就本案来说，交互数字集团在与华为公司进行 3G 标准必要专利许可谈判时，具备控制华为公司使用其 3G 标准必要专利的价格、数量及其他交易条件的能力，法院就此认定交互数字集团在华为公司界定的本案相关市场中具有市场支配地位。

然后判断该行为是否符合搭售的要件。与一般财产权利相比，当搭售和捆绑涉及知识产权产品时，由于知识产权产品通过搭售和捆绑销售的边际成本更低，一揽子许可可以改善效率，因此一揽子许可未必是垄断的，但若该一揽子许可是强迫性的，违反公平贸易原则且缺乏正当理由的，则应受到反垄断法的规制。具体到本案中，首先，关于 IDC 公司被指控将标准必要专利与普通专利捆绑搭售的行为，交互数字集团上诉认为，被诉的两种专利难以区分，将

---

[1]　参见广东省深圳市中级人民法院（2013）深中法知民初字第 352 号一审民事裁决书。

两者捆绑销售符合行业惯例，并能促进市场竞争，不构成违反反垄断法的搭售行为。法院认为，在标准技术条件下，必要专利具有唯一性和不可替代性，而普通专利一般都存在可替代性，将二者捆绑销售，将导致必要专利权利人在必要专利许可市场上的市场力量延伸到普通专利的市场，从而将阻碍或限制普通专利市场的竞争。本案中，IDC公司在与华为公司的许可谈判中，将二者捆绑销售为强制性的一揽子许可，该行为将导致无论华为公司是否需要，只要其欲获取必要专利的许可，则必须同时购买其他普通专利，该行为显然限制了普通专利市场的竞争行为，构成滥用市场支配地位。故原审法院认定IDC公司的行为构成搭售行为，违反了反垄断法。同时IDC公司还抗辩声称，标准必要专利与普通专利难以区分，但由于其在加入相关无线通信领域标准组织时，必须披露相关必要专利和专利申请，因此对于特定的标准组织成员而言，其拥有的必要专利和专利申请权是可以确定的，所以其声称二者难以区分、两者捆绑销售属于行业惯例的主张缺乏事实依据，法院不予支持。

第三步是进行效率的分析。由于标准技术条件下，必要专利本身就具有唯一性和不可替代性，因此无论是2G、3G还是4G标准下的必要专利均不具有可替代性，将其一起捆绑销售，不仅符合效率，而且不会产生如非必要专利般的将在某技术市场上的支配力不当延伸、限制相关市场竞争的问题。而且，在一审诉讼中，华为公司的诉讼请求为，"要求法院按照公平、合理、无歧视原则判定交互数字技术公司等就其全部中国标准（包括2G、3G、4G标准在内）必要专利许可华为公司的许可费率或费率范围"，这同时就证明了将两种专利进行捆绑许可并未违背华为公司的意愿，不具有强迫性。至于将普通专利与必要专利捆绑销售的问题，IDC公司已经提供证据证明，全球许可是市场上常见的且广泛采用的交易模式，交互数字公司对苹果公司、三星公司等其他跨国公司的授权许可均是全球范围许可；而且，从无线通信领域来看，由于必要专利在各个地域均形成不同的权利，对一定范围内的必要专利进行打包许可符合效率原则，特别对跨国公司而言有利于降低成本进而有助于提高消费者福利，在华为公司没有提出反驳证据的情况下，不宜认定该行为是限制竞争、违反反垄断法的。故此，原审法院认定 IDC 公司虽然构成了搭售行为，但是其产生的效率大于对于竞争的限制，所以不构成滥用市场支配地位。

由此可见，本案基本是遵循了欧盟竞争法的分析步骤对 IDC 公司的涉嫌行为进行了反垄断分析，并且再次重现了欧盟微软案的分析过程：①标准必要专利和普通专利构成两种独立的产品；②如果构成两种产品，IDC 公司将其捆绑在一起是否具有强制性；③这一行为是否在专利许可市场产生排斥效果；④这一行为是否有合理的抗辩理由。

（二）"高通"案[1]

我国《反垄断法》实施以来，如果说影响最大的案件是奇虎诉腾讯案的话，那么高通案可以名列第二，前者的意义主要在于典型地反映了反垄断法领域的最前沿问题，从而给学术创新提供了重大契机；后者的重要性主要是暴露出反垄断法传统理论与规则的局限性，在过高定价的认定这一问题上力不从心。

2015 年 2 月 10 日，美国高通公司宣布因违反中国反垄断法律，将被罚款 9.75 亿美元（约合人民币 60 亿元）；另外高通也将对中国市场的智能手机专利授权，作出多项调整。这一数额创造了中国反垄断罚款最高纪录。

从发改委的行政处罚决定书上看：高通公司在其拥有的 CDMA WCDMA 和 LTE 无线通信标准必要专利组合的市场份额为 100%；

---

〔1〕　参见发改办价监处罚〔2015〕1 号。

CDMA WCDMA 和 LTE 无线通信终端基带芯片的市场份额也超过了50%，具有了绝对的市场支配地位。CDMA 和 WCDMA 是指中国联通和中国电信运用的 3G 标准，LTE 则是中国联通、电信以及移动三家运营商的 4G 标准。发改委判定高通滥用市场支配行为主要表现在以下三个方面：其一，收取不公平的高价专利许可费；其二，搭售非无线标准必要专利许可；其三，在基带芯片销售中附加不合理条件。除了罚款外，高通被责令整改的主要内容包括：其一，对在我国境内销售的手机，由按照整机售价收取专利费改成按整机售价的 65% 收取专利许可费；其二，向购买高通专利产品的中国企业提供专利清单，不再对过期专利收取许可费；其三，不再要求我国手机生产企业将专利进行免费反向许可；其四，在专利许可时，不再搭售非无线通信标准必要专利；其五，销售基带芯片时不再要求签订一切不合理的协议。

本案所涉及的其他反垄断法问题还有：其一，无线标准必要专利与非标准必要专利的搭售；其二，实际上，本案中还发生发改委的处罚决定书中没有涉及的另外一种搭售。高通公司在向交易相对人授予无线标准必要专利许可时，要求对方必须购买高通的芯片，否则将拒绝许可；同时，又要求芯片购买方必须同时接受高通的无线标准必要专利的许可，否则将拒绝芯片的供应。

表面来看，这两个搭售行为完全没有必要，因为高通在这两个相关市场上都具备支配地位，这保证了这两种商品均有充分的需求，根本不需要搭售行为的"杠杆作用"来传导市场力量。但回顾一下前述后芝加哥学派的观点，高通公司的上述行为就很好理解了。高通公司的真正用意在于预防性的占领市场，通过搭售行为来使其两个市场的支配地位相互支撑和锁定，等于同时构筑了两个市场壁垒给潜在的竞争者，当潜在竞争者意图进入其中一个市场时，就必须同时进入另一个市场，这大大提高了进入的难度，从而可以有效地排斥潜在的竞争，有助于高通公司在相关市场内长期维持其支配地位。

四、互联网经济中中国现有法律对于搭售行为的认定

（一）《反垄断法》及相关立法中关于搭售的规定

1.《反垄断法》第 17 条中关于搭售的规定。我国《反垄断法》第 17 条第 1 款第 5 项规定禁止具有市场支配地位的经营者"没有正当理由搭售商品或者在交易时附加其他不合理的交易条件"，其中"正当理由"这个词组表明，我国反垄断法对于搭售行为的立场效仿欧盟，并非一概禁止，而会适用"效率分析"的方法对其进行下一步的违法性判断，而且依照字面意思和前述的司法实践都表明"正当理由"的考察与"搭售"行为的认定是两个独立的环节，从而避免了美国"新产品"分析的弊端。

2.《消费者权益保护法》中的规定。我国《消费者权益保护法》第 8 条规定"消费者享有知悉其购买、使用的商品或者接受的服务的真实情况的权利。消费者有权根据商品或者服务的不同情况，要求经营者提供商品的价格、产地、生产者、用途、性能、规格、等级、主要成分、生产日期、有效期限、检验合格证明、使用方法说明书、售后服务，或者服务的内容、规格、费用等有关情况"；第 9 条规定"消费者享有自主选择商品或者服务的权利。消费者有权自主选择提供商品或者服务的经营者，自主选择商品品种或者服务方式，自主决定购买或者不购买任何一种商品、接受或者不接受任何一项服务。消费者在自主选择商品或者服务时有权进行比较、鉴别和挑选"；第 10 条规定"消费者享有公平交易的权利。消费者在购买商品或者接受服务时，有权获得质量保障、价格合理、计量正确等公平交易条件，有权拒绝经营者的强制交易行为"。

以上规定实质上也是对于"搭售行为"的禁止。然而与反垄断法不同的在于，《消费者权益保护法》主要是基于保障最终消费者福利的立场，所以在此处的"搭售"就等于"强制交易"，不考虑效率的分析。实践中，与此相关的情形其实是很常见的。比如消费者在购票软件或网站上订购机票、火车票、酒店时经常会遇到"被默认勾选"一些附加服务，这些附加服务往往费用不高且非常隐蔽，消费者经常在不知不觉中就会付费购买本不需要的服务或产品，[1] 这种行为显然侵犯了消费者的知情权、自主选择权和公平交易权，其实质都是经营者以隐蔽的方式搭售消费者不知情或不愿意购买的商品或服务。此时消费者作为被侵权人，直接援引《消费者权益保护法》和民法的相关规定进行维权显然会比《反垄断法》[2] 更加直接有效，也更容易获得救济，因为消费者和受理机构此时只要证明"捆绑销售"行为的成立即可，无需再进行效率的分析。

3. 《工商行政管理机关禁止滥用市场支配地位行为的规定》。2010 年国家工商总局发布的《工商行政管理机关禁止滥用市场支配地位行为的规定》中，试图对搭售行为的反垄断分析方法进行具体细化，其实质是"允许不违规的搭售，但不得损害消费者利益"。其中对于"搭售行为"相关的条文有两个：

（1）第 6 条"禁止搭售"的规定。第 6 条的表述为"禁止具有市场支配地位的经营者没有正当理由搭售商品，或者在交易时附加其他不合理的交易条件：①违背交易惯例、消费习惯等或者无视商品的功能，将不同商品强制捆绑销售或者组合销售；②对合同期限、支付方式、商品的运输及交付方式或者服务的提供方式等附加不合理的限制；③对商品的销售地域、销售对象、售后服务等附加

---

〔1〕 参见新华网："购票软件花式搭售侵犯消费者权益"，http：//www. xinhua-net. com/comments/2018-02/23/c_1122439433. htm，最后访问日期：2018 年 12 月 20 日。

〔2〕 《反垄断法》第 50 条规定"经营者实施垄断行为，给他人造成损失的，依法承担民事责任"，此条可被视为私人提起诉讼的法律依据。关于反垄断法私人救济的更多论述，本书将在第六章第四节展开详细论述。

不合理的限制；④附加与交易标的无关的交易条件"。[1]

这一条文的问题在于只是做出了禁止性的规定，但是没有就搭售行为的一般分析步骤及构成要件进行具体规定。其中第 1 项其实是列举了"不同产品"的一些类型，但是没有概括性的解释认定不同产品的根本标准其实是消费者的需求，商品功能并非决定性因素。同时，对于"强制性"的解释，限于"捆绑销售或组合销售"，但是"捆绑"和"组合"显然是不同质的行为模式，"捆绑"主要是指物理或技术上直接结成一体，"组合"则是以物理上的可分割为前提。同时，依照反垄断法的一般理论，当被告的行为被认定构成搭售后，应当由原告证明这一行为能够产生反竞争效果，被告才有义务以"正当理由"来抗辩，本条规定则完全没有涉及这一点。

接下来的两项规定则已经超出了搭售的范围。搭售是两种不同产品的组合，《反垄断法》第 17 条第 1 款第 5 项的禁止对象虽然有两类，一是"搭售商品"，一是"附加其他不合理的交易条件"，但二者应当有相同的性质，否则完全没有必要放到同一项里进行规定。而这两项中对"合同期限、支付方式、商品的运输及交付方式或者服务的提供方式"等附加限制，并不是以存在"两种产品"为前提的，所以应当另行规定，与"搭售行为"区别对待。

（2）第 8 条关于"正当理由"的规定。在搭售行为的反垄断法分析框架上，"搭售行为的认定"与"正当理由的规定"应当结合起来理解，后者规定："工商行政管理机关认定本规定第 4 条至第 7 条所称的正当理由，应当综合考虑下列因素：①有关行为是否为经营者基于自身正常经营活动及正常效益而采取；②有关行为对

---

[1]　参见《工商行政管理机关禁止滥用市场支配地位行为的规定》第 6 条，http://www.gov.cn/flfg/2011-01/07/content_1779980.htm，最后访问日期：2018 年 3 月 15 日。

经济运行效率、社会公共利益及经济发展的影响。"[1] 所有垄断行为的违法性判断都是正负效果的比较，第 6 条所禁止的搭售行为如果能够产生效率则应当被允许。第 8 条第 1 款第 2 项可以视为对积极效果的概括：包括经济效率，也包括对公共利益的增进，此时第 1 项的规定就显得有些语义重复了，希望后期可以作出更严谨的修改。

（二）互联网经济中搭售行为的构成要件

根据上述案例的考察以及法律条文的分析，并结合反垄断执法部门规制所有垄断行为的一般路径，本书认为对互联网经济中的搭售行为进行反垄断法分析的第一步是需要对该行为性质进行认定，其构成要件可以从主体和客观两个维度进行：

1. 主体要件：具备支配地位的互联网企业。互联网经济中的搭售行为与传统搭售行为主要的区别在于，其行为主体必须是具有市场支配地位的互联网企业，即同时具备以下因素：

第一，主体不仅是经营者，还必须限于互联网企业。传统理论中的学者将互联网企业界定为"在虚拟的网络空间，利用网络技术与消费者直接进行软件商品交易、提供中间平台服务或为消费者、第三方提供交易机会等经营活动，谋求经济利益的主体，包括互联网基础服务提供商（ISP）、互联网内容提供商（ICP）、互联网应用服务提供商（ASP）、互联网数据中心提供商（IDC）等"，[2] 然而，随着互联网经营模式与传统市场的不断融合，许多传统产业或市场也携带有"互联网+"的元素，那么传统的定义和分类就难

---

〔1〕 参见《工商行政管理机关禁止滥用市场支配地位行为的规定》第 8 条，http：//www. gov. cn/flfg/2011-01/07/content_ 1779980. htm，最后访问日期：2018 年 8 月 15 日。

〔2〕 Yuval Shavitt, Udi Weinsberg, "Topological Trends of Internet Content Providers", Arxiv Preprint, 2012（4）.

以解决互联网企业的界定问题。如果只是具备"互联网"的元素，那么未必需要特殊或修正地适用反垄断法，因为当提及互联网经济中的反垄断法规制时，最重要的就是需要考虑到双边市场、网络效应、锁定效应的特点，否则仅适用传统的规则就足矣。所以此处提到的"互联网企业"应当以网络效应和双边市场为核心特征，相应的其提供的商品或服务也必须具有网络效应和双边市场的特性，这样才可以将一些以"互联网"之名，实际仅提供线下服务的传统企业排除于互联网企业的范围之外。

第二，该互联网企业必须具备市场支配地位，这是纳入《反垄断法》管辖的前提。在第四章的分析中，我们已经提到传统的理论和实践中，认定企业具有市场支配地位时优先考虑的是市场结构因素。[1] 而由于互联网经济具有网络效应、双边市场、锁定效应等特征，互联网行业往往呈现寡头垄断的市场结构，并且其市场结构具有明显的变动性。[2] 因此，单纯的市场结构因素已无法准确认定互联网企业的市场支配地位，而应当从以下几方面改良适用：其一，要提高市场份额的认定标准；其二，需改革市场份额的计算方法，充分考虑用户数量的作用，通过互联网企业的销售数量、客户数量、访问量等因素确定市场份额；其三，加强对市场壁垒的分析。与传统产业相比，"较高的市场份额只是认定互联网企业市场支配地位的必要条件，而较大的市场进入壁垒才是认定其市场支配地位的充分条件"。[3] 因此，应当强化对互联网行业市场壁垒的分析，主要包括对技术壁垒、用户规模及转移成本、互联网企业的科研创新能力和研发成本、知识产权滥用等因素的综合考量。

---

〔1〕　吴太轩：《技术标准化的反垄断法规制》，法律出版社 2011 年版，第 84 页。

〔2〕　叶明："互联网行业市场支配地位的认定困境及其破解路径"，载《法商研究》2014 年第 1 期。

〔3〕　叶明："互联网行业市场支配地位认定新思路"，载《中国社会科学文摘》2013 年第 9 期。

2. 客观行为要件。依据上述法律条文，可以将互联网经济中的搭售行为客观要件具体总结如下：

第一，从事了"搭售商品"的行为。其中，"搭售"须符合"使消费者别无选择"。无论是强制性的"捆绑销售"，还是隐蔽的"默认勾选"，其本质都是在消费者不知情或无法选择的情形下进行，如果是消费者明知且接受的"组合售卖"，那么显然符合契约自由的精神，根本无需反垄断法律的干预。在"内蒙广电锡盟分公司滥用市场支配地位行为案"[1] 中，需要判明当事人是否将这两种产品"强制性"地组合在一起销售，其并不直接采用合同约定的方式，也不属于物理或技术上的捆绑，但对于不愿意接受 4 元基本付费节目包的用户，当事人拒绝或者拖延办理有线电视业务，由于这些业务是用户必需的，因而这种拒绝或拖延具有强制性，使得消费者除了接受搭售以外别无选择。使消费者在信息不透明的情况下接受这一被搭售品，也可视为强制的表现形式。这种对于"强制"的认定值得借鉴。

第二，是"商品"的认定。传统行业中的搭售行为，须发生在等价有偿的交易环节中，搭售对象应当是从外观上能予以明确区分的独立商品。[2] 然而互联网经济中大多数互联网企业是通过"双边市场"来经营的，往往一方市场提供着免费的商品或服务，那么"搭而不售"的免费性是否就无法被认定了呢？前述高通案的处罚

---

〔1〕 内工商处罚字〔2016〕002 号。本案大致案情如下：2015 年，内蒙古锡林郭勒盟工商行政管理局在市场检查中发现内蒙古广播电视网络集团有限公司锡林郭勒分公司（简称内蒙广电锡盟分公司）在锡林浩特市城区收取有线电视收视费过程中，附加不合理交易条件，强制用户将可选择的服务项目"4 元基本付费节目包"与"26 元基本收视维护费"捆绑缴纳。2015 年 11 月 13 日，经国家工商总局授权，内蒙古自治区工商行政管理局对这一行为进行调查，最终认定这一行为违法并予以处罚。

〔2〕 Stan Liebowitz, Stephen Margolis, "Bundles of Joy, the Ubiquity and Efficiency of Bundles in New Technology Markets ", *The Journal of Competition Law & Economics*, 2007 (12).

对此作出了极好的回答，即对于互联网企业而言，即便是"免费产品/服务"的捆绑销售，如果其意图是同时维护两个相关市场上的支配地位，仍然可能被认定为搭售行为。

所以对于互联网经济中搭售对象的界定，应当从单一产品和需求特性标准出发进行认定：[1] 首先，互联网经济中搭售的对象是具有网络效应的技术产品。在认定时需要判断相互捆绑的商品或服务在功能上是否独立、性质上是否互异。其次，认定时要以需求替代性为标准进行分析。只有在用户对搭售商品存在独立的、可被分离的需求时，才会形成独立的搭售商品市场，此时消费者本来对于被搭售的商品或服务用户有其他选择，而"搭售行为"导致其无从选择时，就可以被认定为互联网企业搭售。

综上所述，认定互联网经济中搭售行为需要从主体和客观方面出发进行综合分析，只有同时具备上述两个要件时才能认定互联网企业实施了搭售行为。但是此时只是完成了搭售行为的认定阶段，还需要对其进行违法性判断，只有违法的互联网经济搭售行为才需要承担法律责任。

（三）互联网经济中搭售行为的违法性判断

在对涉案企业的搭售行为进行事实判断后，紧接着就是对该行为是否违反反垄断法进行效果评价，这是两个独立且先行后续的步骤。

1. 互联网经济中搭售行为违法性判断的一般原则。通过对于相关法律法规的分析，可以发现对于互联网经济中的搭售行为而言，无论是立法还是司法实践都表明，对其违法性的认定主要适用的是合理原则，即通过正负效果的比较来进行效率分析。这主要是互联网经济的网络效应与锁定效应所决定的。

---

〔1〕 李剑：《搭售的经济效果与法律规制》，中国检察出版社 2007 年版，第 214 页。

第一，互联网企业的搭售行为往往会在产生反竞争效果的同时对竞争产生促进作用。[1] 美国的本身违法原则由于忽略了该行为的正面效果会导致对该行为的绝对禁止，对于产业效率和消费者福利显然并无益处。所以在后期的司法判例中美国的法院也开始采取合理原则对其正、负效应进行价值判断。但是这种修正的适用对于美国这样的判例法国家当然非常有效，中国作为成文法国家，不可能在一概禁止的同时再由法官去发挥主观能动性进行司法纠偏。

第二，互联网经济的发展要求反垄断法在规制互联网行业的搭售行为时适用合理原则。互联网产业相比传统产业而言，产业技术基础较为薄弱，而且核心竞争力是创新与研发能力，本身违法原则的简单适用会对互联网产业的搭售行为粗暴否定，对于整个行业的创新动力肯定有所打击，甚至有可能阻碍互联网经济的发展。而全面考虑正负效果的合理原则，加强了行为中对技术发展有利因素的分析，对促进创新和行业活力显然大有裨益。

2. 互联网经济中搭售行为违法性判断的考察因素。

（1）实施涉嫌行为的目的。在运用合理原则对搭售行为进行违法性判断时，首先需要对互联网企业的主观目的进行考量，[2] 仔细考察涉嫌企业实施搭售行为的动机和意图，看其是否在主观上具有排斥、限制竞争的目的。然而在实践中涉案企业的主观目的往往非常隐蔽、很难直接认定，那么可以通过对其外在的行为表现进行推断。搭售行为同时连接着结卖品（主要商品）和搭卖品（搭售商品）两个市场，所以需要对两个市场的行为分别考察：

一方面，在结卖品市场，搭售行为主要表现为两种互相独立的

---

[1] 王先林：《中国反垄断法实施热点问题研究》，法律出版社2011年版，第341页。

[2] Lawrence A. Sulivan and Warren S. Grimes, *The Law of Antitrust: An Integrated Handbook*, West Group Press, 2000, p.155.

两种商品的组合销售。如果该行为是企业利用垄断地位所做出，使得消费者别无选择，且该行为并非维护竞争所必须，那么就有理由推断该企业具有滥用市场支配地位排斥、限制竞争的主观目的。

另一方面，在搭卖品市场，如果搭卖品本身是不具备优势地位的，但随着被搭卖的事实而逐渐扩大了市场份额，抢占了其余同质商品的市场，最终将结卖品市场上的垄断力传导至搭卖品市场并且排斥了搭卖品市场上的其他竞争者，形成寡头垄断的事实，就足以认定其具有排斥、限制竞争的故意。

当然，这种主观目的的考量只是搭售行为违法性判定的起点，最终还需要结合客观影响得出结论。

（2）搭售行为对竞争产生危害。危害竞争是认定行为违法的关键，搭售行为只有在对竞争产生实质性的限制、损害后果时，才可能受到反垄断法的规制。借鉴欧盟的经验与中国的司法实践，在对竞争效果进行客观考察时，可从以下几个因素来进行综合考量：

第一，是否排斥、限制竞争。在互联网经济中，该行为是否产生了排斥、限制竞争的效果依然需要从搭卖品和结卖品两个市场来进行分析：一方面，互联网搭售行为通常是通过将搭卖软件的代码植入结卖品程序中，或推出以结卖品为平台的新服务方式，利用网络效应及锁定效应强迫用户一起购买，欧盟和美国的微软案就是这样的典型案例。虽然互联网产业中鼓励经营者通过发展技术良性竞争，并允许其利用技术扩大竞争优势，但如果这种竞争是通过搭售行为实现的，并且利用搭售行为将其他竞争者排挤出结卖品市场，就可以认定该搭售行为产生了排斥、限制竞争的后果。另一方面，结卖品与搭卖品的捆绑销售能够使互联网企业利用杠杆作用进入搭卖品市场，实现规模效应，并且利用结卖品与搭卖品的组合竞争优势获得在搭卖品市场的垄断地位，正如之前的高通案一样通过两个相关市场的支配地位联合使得搭卖品市场由原来的充分竞争市场变为垄断市场，也就足以认定该搭售行为对竞争产生了实质性损害，具有违法性。[1]

第二，是否阻碍技术创新。互联网企业属于充分利用网络资源、不断开发新技术的创新型企业。创新对于互联网企业来说尤为重要，不仅是其发展的根本动力，更是其保持长久生命力的关键。而且互联网企业之间的有效竞争主要通过技术创新来实现，可以说丧失了创新能力也就丧失了有效竞争。因此，判断互联网企业搭售行为是否具有违法性，也应考察其是否阻碍了互联网行业的技术创新。

由于互联网企业搭售行为是将不同软件、技术或平台进行融合，因而其能够在一定程度上促进互联网产业的技术创新。然而，如果互联网企业实施搭售行为可能将拥有创新技术的企业排挤出市场，阻止拥有创新能力的潜在竞争者进入市场，不仅会造成创新技术的流失，还会严重影响技术创新的持续性，导致网络市场技术创新举步维艰。同时，如果互联网企业通过搭售行为对用户实现锁定效果，就会导致后者难以消费其他互联网企业的产品。这不仅提高了其他竞争者的创新风险，也会严重打击其创新积极性，进一步加剧了互联网行业创新环境的恶化。

第三，是否损害消费者福利。增加消费者福利是反垄断法的终极立法目的。对于消费者福利的损害与否则是衡量竞争是否受到实质性损害的重要考虑因素，具体表现为：首先，互联网经济中的搭售行为会降低垄断企业自身的创新积极性，还会将具有创新能力的现有竞争者和潜在竞争者排挤出市场，导致消费者无法享受自由竞争市场产生的新产品、新技术等福利。其次，互联网产业中的部分搭售行为虽然能够实现技术的融合和功能的提升，但消费者同样享

---

〔1〕 Steven D. Anderman, *Competition Law and Intellectual Property Rights*, Clarendon Press, 1998, p. 45.

有按照个人需求和意愿进行消费的自由。如果互联网企业利用网络外部性和锁定效应侵犯了消费者的知情权和自由交易权，自然会损害消费者的利益。最后，当互联网企业滥用支配地位将其他竞争者排挤出市场并将垄断力延伸至搭卖品市场后，就有能力提高产品价格，并导致消费者不得不接受高价商品或劣质服务，还可以趁机推出大量的增值服务，利用锁定效应强迫消费者支付高额的增值费用。最终消费者不仅无法享受到竞争所带来的价格利益，反而会因此遭受不正当高价的侵犯。

（3）无正当理由要件。在某些竞争市场中，虽然搭售行为危害了市场竞争，但可能是因为一项技术创新所必须的特定产品组合，此时就是发展技术的合理抗辩，具备"正当理由"。为了鼓励互联网企业技术创新、推动互联网行业技术的一体化发展，应当排除此种搭售行为的违法性。但这种违法性排除只是一种短期的支持行为，具有阶段性。[1] 当互联网企业经过发展具备一定的竞争力时，就不应再享受此种优惠政策。

同时，基于善意保护搭售商品的质量和性能，也是一项正当的理由。与传统行业不同，互联网产业中的一些软件、程序等商品具有技术上的互补性或存在精密或特殊的设计。相对而言，提供软件、程序等的互联网企业对于商品功能的特性等更了解也更专业。此时，互联网企业通过将功能互补、技术一体化的结卖品与搭卖品组合销售，能够保证商品的质量和性能，也会对市场效益和消费者福利产生积极效应。因此，如果互联网企业能够证明其他替代品无法在结卖品上使用或者应用到结卖品上会使其本身质量受损、性能下降，则该搭售行为不违法。

---

〔1〕〔美〕理查德·A. 波斯纳：《法律的经济分析》，蒋兆康译，法律出版社 2012年版，第 452~460 页。

第二节 价格歧视行为的反垄断法分析

我国《反垄断法》第 17 条明确列举了三类价格滥用行为：不公平定价（包括垄断高价和垄断低价）、掠夺性定价和价格歧视。其中，不公平定价是剥削性滥用行为，其本质是一种利用垄断地位攫取高额利润的行为，反垄断法规制的目的是要将价格恢复到"合理""公平"的水平；掠夺性定价和价格歧视是排他性滥用行为，其本质是通过排挤竞争对手或潜在竞争对手的方式维护自身垄断地位，反垄断法立法目的是维护自由的竞争秩序。但是，不论属于何种滥用，在认定这三类行为时都需要至少四个步骤：认定支配地位；行为构成符合要件；行为具有违法性；有"正当理由"可以豁免。

在现实生活中，价格歧视并不一定直接表现为定价上的差异。卖方可能会对同等交易采用同样的定价，同时采用其他方式来对某个或某些客户进行价格减让，这主要表现为捆绑和搭售、返点、津贴或提供运输服务等方式，这些交易条件有些并不直接表现为价格条款，但可能最终会导致客户实际支付的价格存在不同，比如卖方为有些买方提供某种附加服务而对其他买方不提供，这实际上就会导致后一类买方的成本增加，当然，如果前一类买方为这种额外服务提供了对价，则二者实际支付了无差异的价格，因而不构成价格歧视。

由此可见，"价格歧视"指的就是：具备支配地位的经营者，在没有正当理由的情况下，对条件相同的交易相对人实施不平等待遇的交易价格。我国《反垄断法》第 17 条第 1 款第 6 项对此有所规定。

美国的《罗宾逊—帕特曼法》对此进行了更加细致的说明。该法将"价格"规定为"买方实际支付的金额",而不是商品的标价或零售价,据此,如果"交易条件"的差异最终不导致交易成本上的不同则不构成歧视,只有对竞争造成损害的价格歧视,才会受到反垄断法的调整。

同时,日常生活中人们在使用"过高定价"这一概念时,可能指的只是行为人对其所有的产品都同样采用远远高出成本的价格,而价格提高必然会减少产出。以电信业务为例,许多电信网络公司,对于用户的手机流量都有不同时段的差异定价方法:白天是"忙时",流量收费较高,而午夜零点至六点为"闲时",收费极低甚至有 5 元或 10 元不限流量的套餐。电信网络公司之所以如此定价,是因为可以通过白天忙时较高的收费收回运营成本,同时固定用户,并引导消费者将部分上网需求从白天转移到深夜来降低运营成本;夜间流量非常便宜,消费者的需求能够得到更充分的满足,并使网络资源得到更充分的利用。此外,由于这种低价套餐的吸引,电信公司的销售量明显扩大,卖方更容易实现规模经济,从而进一步降低成本,消费者则反过来可以得到更低的价格与更充分的服务。

上述两种情况下,采用价格歧视不仅没有减少消费者福利、社会总产出,反而促进总产出和消费者福利的同步提升,此时如果对卖方的价格歧视行为一刀切,最终其实还是由消费者来付出更多费用,并且降低使用量,从而减少社会总产出。

而在电信网络以外的产业,如互联网经济中的其他产业,这种商业模式被更加广泛使用。以电脑软件产业为例,微软公司的操作系统长期同时分为企业版与家庭版两种版本,家庭版的软件按边际成本定价,而企业版的价格则要高得多。乍看之下这种区别对待完全在外观上符合价格歧视的要件:首先,两种版本的区别是人为刻意造成的，二者间成本差距不大，属于同等交易。其次，二者的价格差异很大，远远超过其成本间的差异。最后，行为人拥有支配地位，否则企业版用户自然会转向购买其他人的软件，但事实上并没有。这种模式按边际成本定价每扩大一笔销售均可增加一定的利润，但仅靠这种销售不足以收回其前期研发投资。因此，为了维护产业的发展，哪怕是支配企业从事价格歧视行为也是可以促进效率的。因此，关于价格歧视是不是应当予以禁止，必须进行个案考察，其基本的标准在于它是否增加社会总产出。哪怕是进行价格歧视的是支配企业，如果其行为的效果是增进社会总产出，则不构成滥用。

在竞争充分的市场上，竞争压力会使经营者的价格尽可能地趋近于成本，因而它对所有消费者的价格应当是相同的。但由于市场信息透明度有限，实际上经营者经常对不同客户采用不同价格，一方面这种行为有助于增加经营者的利润，而利润最大化是企业的本质属性；另一方面，在行为人拥有支配地位的情况下，这种行为又有可能产生排除、限制竞争的效果，因而有可能受反垄断法管辖。

一、价格歧视行为的一般分析：概念及其条件

（一）价格歧视行为的概念

关于价格歧视的概念在经济学意义上与法学意义上尚不统一。

从经济学的角度上讲，如果某个企业进行两笔销售所得的回报率不同，则构成价格歧视。经济学家斯蒂格勒于1987年提出，当两种或两种以上相似产品出售时，如果价格与边际成本的比例不相等时，则存在价格歧视。也就是说，不存在价格歧视的情况是，企业在销售两种或两种以上相似商品时，虽然销售价格不同，商品的边际成本也不同，但是，销售价格之差与边际成本之差成固定比例。相反，如果企业对两种或两种以上的商品收取相同的销售价格，但边际成本不同，还是构成价格歧视，其中，支付较高价格的一方被称为非受惠方，支付较低价格的一方被称为受惠方。

从法学的角度来讲，反垄断法意义上的价格歧视具有明显的目的性，其目的是损害竞争秩序，从实质上减少竞争或维护其垄断地位，因此是否具有反竞争效果是识别反垄断法意义上价格歧视的关键。价格歧视受反垄断法规制的主要原因在于垄断企业通过价格歧视"可以影响以交易对方为轴心的竞争秩序"。[1] 也就是说，具备"正当理由"的"客观差异行为"并不会构成反垄断法意义上的价格歧视。

关于价格歧视行为的最早立法是美国《罗宾逊—帕特曼法》，其第1条（a）项第1款规定："卖方就相同等级和质量的产品，对不同的购买人采用不同的价格，如果这种价格歧视的结果有可能大大减弱竞争，或有可能在任何种类的商业中造成垄断，或损害、毁灭、阻碍与那些给予这种歧视利益的人之间的竞争，或与那些故意接受这种歧视利益的人之间的竞争，或与他们的客户之间的竞争……则是非法的。"[2] 按这一规定，价格歧视行为必须同时满足以下条件才会纳入反垄断法的管辖：①行为人对不同交易对象采用"不同价格"；②"不同价格"针对的是"同一等级、同一质量的产品"；③对竞争造成的损害，包括对卖方所在市场上的竞争产生损害，也包括对买方所在市场上的竞争产生损害。

中国《反垄断法》的规定则是禁止"具有市场支配地位的经营者""没有正当理由，对条件相同的交易相对人在交易价格等交易条件上实行差别待遇"。

（二）价格歧视行为的构成要件

1. 歧视动机。经营者实施歧视行为的直接动机是追求利润最

---

〔1〕　曹士兵：《反垄断法研究——从制度到一般理论》，法律出版社1996年版，第235页。

〔2〕　许光耀、王文君："对星巴克咖啡'价格歧视行为'的反垄断分析"，载《价格理论与实践》2014年第3期。

大化。经营者既可以通过细化产品分类（如前述提到的操作系统的企业版和家庭版）来实施歧视行为，也可以通过独家授权给某一分销商来进行歧视行为，或者主动划分地域市场，在不同的国家或地区实施不同的定价策略来实施歧视行为。但无论哪种表现，其主观目的都是提高价格、获得最大利润。当然主观目的的判断依旧需要如下客观行为的表现来推定。

2. 具备支配地位。经营者具备支配地位是其实施歧视性价格行为的大前提。如果一个经营者根本不具备支配地位，则其价格行为只能影响自己的销售情况或收益，对于市场而言完全没有效果。支配地位的判定方法在本书第四章中详细分析过，此处不赘述。

3. 不同价格。美国《罗宾逊—帕特曼法》制定于其国内市场上刚刚出现大型连锁商店这种经营模式的背景下，连锁的"超级市场"对传统的小零售店造成了巨大冲击，大型连锁商店可以从供应商那里得到较低的进货价格，并且有实力构建更全更完善的购物环境。这种零售行业创新的商业模式本身并不是现代反垄断法需要关注的重点，正如目前网购正在冲击传统的实体店一样，反垄断法不应当也不会阻止这种商业模式的"升级换代"。但《罗宾逊—帕特曼法》制定于1936年，还没有现代反垄断法的分析思路，其制定的目的在于保护中小零售商，而手段则是禁止供应商对两种商店采用不同的价格，从而阻止连锁商店在零售价格上获得竞争优势。[1]

出于这种立法目的，在《罗宾逊—帕特曼法》的实施过程中发生了许多重大误差，甚至出现了反竞争的适用，其中最重要的误会在于：该法所关注的价格只是表面性的"交货价格"，即买方在产品到手时总共支付对方多少钱，而忽略了两笔交易在整体内容上的差异。比如购买同样的商品，甲消费者支付了10美金，其中货款5

---

〔1〕〔美〕赫伯特·霍温坎普：《联邦反托拉斯政策——竞争法律及其实践》，许光耀、江山、王晨译，法律出版社2009年版，第631页。

美金，运费 5 美金；乙消费者只支付 5 美金的货款，不用商家送货而自行提货。对于这种情况，《罗宾逊—帕特曼法》只关注到两个消费者付出了不同款项就会简单认为这构成价格歧视；相反，如果甲、乙两人都支付 5 美元，但乙自行提货，而卖方为甲免费送货，则不构成价格歧视，这显然是非常荒谬的。美国"司法部自 1997年后就不再执行该法，而联邦贸易委员会也基本上把它忽略不计了"。[1]

《罗宾逊—帕特曼法》所造成的误差使人们注意到要把"价格差异"与"价格歧视"区别开来，仅当价格的差异与成本的差异不对应时，才构成价格歧视。因此波斯纳指出："经济学家采用价格歧视这一术语，指的是向不同客户销售相同产品时采用不同的价格，尽管其销售的成本是一样的。更准确地说，各笔交易中，销售价格与边际成本的比率互不相同。"[2] 其关注的核心问题不再是价格之间的差异，而是价格与成本的关系。

霍温坎普与波斯纳的意见基本相同："如果某个企业进行两笔销售所得的回报率不同，则构成价格歧视。用技术性更强的说法，两笔销售的价格与边际成本的比率不相同时，则构成歧视。"[3] 这里"比率""回报率"同样是为了消除两笔交易的数量差别所造成的干扰。

4. 同等交易。欧盟注意到美国法上的问题，因而采用了不同的规定，但是文字不够凝练，非常拗口，所以也需要进一步的文本解释。《欧盟运行条约》第 102 条（c）项规定："一个或多个企业

---

〔1〕 ［美］赫伯特·霍温坎普著：《联邦反托拉斯政策——竞争法律及其实践》，许光耀、江山、王晨译，法律出版社 2009 年版，第 631 页。

〔2〕 Richard Posner, *Antitrust Law*, University of Chicago Press, Chicago and London, 2001, pp. 79~80.

〔3〕 ［美］赫伯特·霍温坎普：《联邦反托拉斯政策——竞争法律及其实践》，许光耀、江山、王晨译，法律出版社 2009 年版，第 624 页。

滥用其在共同市场上，或在其重大部分中的支配地位，如果有可能影响成员国间的贸易，则被视为与共同市场不相容而被禁止。这类滥用主要有：……（c）对同等交易的其他交易伙伴适用不同的条件，从而使其处于不利的竞争地位；……"[1] 由此可见，欧盟在认定价格歧视时，分析的重心为"同等交易"。

《罗宾逊—帕特曼法》采用的措辞是"针对相同等级和质量的产品"，其背后的逻辑是，同一生产商的同一"等级"与"质量"的产品应当成本相同，因而价格也应当是相同的。但这一规定只能包含生产成本而忽略了交易成本，即使是完全相同的产品，如果交易成本有差异，则不构成欧盟法上的"同等交易"：一笔交易中买方只购买了产品，而另一笔交易中买方同时购买了产品与运输服务，必须在后者中去除购买服务的部分，才与前者构成"同等交易"，然后再比较两笔交易的价格中，用来购买产品的部分是不是相等。这同样是在考察价格与成本之间的关系，与美国法上的界定方法本质上是一致的，区别仅在于视角不同：美国人着眼于价格差异有无成本上的理由，而欧盟则着眼于同等交易的价格是否存在差异。其背后的本质都是要考察两笔交易的单位价格与单位成本是否存在差异，或者"更准确地说"，两笔交易的平均利润率的差异。

5. 企业出售的产品不能转卖。企业对于同等交易的消费者采取不同的定价策略后，如果出售的产品可以在不同的消费者群体中自由流通，那么企业的这种歧视策略实际上是失败的，不同消费者之间进行的交易对于企业而言毫无贡献。以较低价格买到产品的消费者，只要其依旧以低于该企业意图销售给"贵价群体"的价格转卖给后者，那么"贵价群体"的消费者将放弃向企业购买产品，转而直接向"低价群体"消费者购买，"低价消费者"某种程度上成

---

〔1〕 王敏茹："对价格歧视行为的若干分析"，载《价格与市场》2014年第3期。

为企业产品的分销商，这种情况下，企业的歧视行为就不能成立。

（三）价格歧视行为的违法性判断

同样的，价格歧视行为的认定与违法性判断依旧是分开独立且先行后续的两个步骤。

1. 对竞争造成实质危害。这是该行为被判定为违法的根本条件。反垄断法的目的在于保护竞争本身而不是保护竞争者，其针对的是行为而不是客观事实，所以纳入反垄断法调整的行为应当是那些足以影响市场竞争秩序的行为。对此美国法将"竞争损害"分为横向（初级）竞争损害和纵向（次级）竞争损害。前者指的是支配地位企业在某个地区降价销售，对该地区市场上的竞争对手造成了排除竞争的效果；后者指的是上游企业采取歧视行为对下游企业造成危害，如批发商对不同零售商进行不同的定价，这就会在下游市场造成竞争损害。后者这种行为常常是支配地位企业利用纵向垄断协议的形式来实现，关于滥用支配地位与纵向垄断协议联合损害竞争的内容，将会在本章第四节详细展开。

2. 无"正当理由"。中国法上对于"正当理由"没有详细的规定，美国《罗宾逊—帕特曼法》对此有较为明确的描述，再结合司法实践和相关法律条文，我们可以将"正当理由"总结如下：

（1）适应竞争。《罗宾逊—帕特曼法》第 2 条 b 款规定："如果卖主证明，他向买主提供商品或服务的低价销售，是真诚的、为适应竞争对手在提供这些商品或服务中的，他就可以据此进行反驳"。[1]

（2）出于成本的辩护。《罗宾逊—帕特曼法》第 1 条 a 款规定："本规定不适用于那些因制造、销售、运输成本不同而做的合理补贴。"这样一来，同一产品的销售价格不同，如果仅仅反映了不同

---

〔1〕〔美〕赫伯特·霍温坎普：《联邦反托拉斯政策——竞争法律及其实践》，许光耀、江山、王晨译，法律出版社 2009 年版，第 624 页。

的买方向生产商支付的不同成本，生产商的价格歧视行为就是合法的。需要注意的是，成本辩护是一种积极的抗辩，由被告方承担举证责任。

然而，该法没有明确规定产品的成本因素有哪些，因此，美国联邦最高法院和联邦贸易委员会一般会考虑下列五项元素来确认产品成本：其一，装载与运输成本；其二，目录支出；其三，单独用于一个客户或一个客户群体所使用的设备折旧；其四，平等给予所有客户的佣金返现；其五，制造成本。

二、互联网经济中的价格歧视行为

（一）价格歧视行为通常是有效率的

本书在阐述其他行为类型的反垄断分析方法时，在介绍完行为的构成要件后，一般先要考察其可能产生的消极效果，然后再阐明它有可能带来哪些积极效果，并就二者的权衡方法进行不同程度的对比衡量。这是反垄断法的一般分析方法与步骤。市场上如果存在不同的客户群体，每个群体愿意为该产品付出的最高价格不同，则采用单一定价必定无法充分满足消费者的全部需求，因为这个单一定价必定会高于保留价格最低的客户所能支付的水平，他们只好放弃购买，社会总产出即无法实现最大化。此时如果允许行为人采用差别定价，则有可能增进社会总产出。经济学上往往将价格歧视分为三种类型来讨论：

1. 一级价格歧视是指卖方对每个消费者都按其保留价格进行销售，这可以使社会总产出达到最大值。

2. 二级价格歧视指对于相同产品或服务的不同消费量或"区段"，厂商索取不同的价格，也就是说，"对基本的需求量采用正常价格，对边缘的需求采用低于正常的价格，以吸引边缘客户的消费需求"。[1]

3. 三级价格歧视是指对消费者进行分类，对不同类型的消费者，根据其需求弹性来确定不同的价格。这与一级价格歧视有些类似，但要从事三级价格歧视，必须满足两个基本条件：①卖方有能力将其消费者划分为不同的群体。比如将汽车轮胎的消费者划分为汽车生产商、汽车维修商等群体，然后对前者采用较低的价格，对后者采用较高的价格。对可口可乐的消费者就无法进行这样的分类。②不同的消费者群体间无法进行套利。如果汽车生产商购买轮胎后可以向维修商转售，则价格歧视就无法维持，因为维修商会转而从汽车生产商那里购买轮胎，而不再接受轮胎生产商的歧视性价格。

同一级价格歧视一样，这种歧视总体上同样是增进产出的；在固定成本较高的产业，这种价格歧视还往往是收回沉没投资的基本手段，而在互联网经济中，这一点体现得尤为显著。软件开发的成本几乎全都发生在进入生产环节之前，均属于固定成本，在进入生产环节后，它一方面需要尽快增加产出，以便有足够的产量来分摊固定成本，这需要尽可能降低价格；但由此造成利润率太低，不足以收回研发投资，因而最好能够从部分消费者身上多获得一部分利润。因此开发商有时会就同一种软件提供两种版本，分别按两类客户的保留价格来销售：家庭版按照边际成本定价，而企业版的价格则高得多。这在外观上符合价格歧视的要件，[2] 但这对于维持软件企业的创新却是十分必要的。

这"三级"价格歧视的分类并不存在递进关系，它们描述的是价格歧视的三种表现形式；而所有这些形式下价格歧视都不会减少

---

〔1〕 李东华："三级价格歧视策略运用分析"，载《中国连锁》2013 年第 8 期。

〔2〕 对于只采用一种版本的竞争者，这种行为显然具有排斥效果，因为该竞争者将因此失去所有的家庭用户。但竞争者必定也发生了大量的前期投入，因而也需要制作不同的版本，其家庭版软件的价格也是很低的，这种情况下，价格歧视行为既未产生第一类损害，也未产生第二类损害。

社会总产出。在一级价格歧视形态下，每个消费者所得到的报价都没有超出其保留价格，因而不会损害其购买意愿，每笔交易都成功了，社会总产出没有减少；在二级价格歧视形态下，对边缘产量进行低价销售反而会使社会总产出增加；在三级价格歧视形态下，价格歧视还成了维持社会总产出的必要条件，比如上述内容中如果不允许软件开发商针对不同客户区别定价，则会对该产业的生存构成威胁。因此一般经济学研究从宏观上认为，价格歧视不仅是无害的，而且是有重大效率的。

从反垄断法角度，还可以总结出另外一些价格歧视的积极因素，比如价格歧视对垄断协议可以起到破坏作用：在价格相对透明的市场上比较容易达成垄断协议，其维持也相对容易，因为如果某个参与者背离了垄断协议所定的价格，则相对容易被发现；而如果能够对不同客户采用不同价格，则会降低价格透明度，从而使得垄断协议成员不容易从事欺骗行为。

（二）价格歧视行为也可能产生竞争损害

作为最早对价格歧视进行法律制裁的国家，美国在价格歧视法律法规制定和设计上具有较强的代表性，因此成为各国借鉴的重要对象。美国的价格歧视体系主要包括成文法律和判例法以及其他指南性法律。该法律的实施形成了三个重要支柱，即联合竞争行为的控制、滥用市场支配地位行为的控制和企业合并行为的控制。

反垄断法并不是对价格歧视一律禁止，它只禁止反竞争的价格歧视。从现有的经验来看，价格歧视只产生在《罗宾逊—帕特曼法》所列的两种竞争损害的情况下，才有可能导致社会总产出减少，因此要认定其构成垄断行为，必须证明其有可能产生这两种损害中的一种；[1] 然后，正如其他垄断行为的反垄断法分析一样，如果该行为能够产生足够的积极效果，则不受禁止，而积极效果的最终衡量标准是其对社会总产出的净效果。

由于我国目前的行政垄断问题十分严重，因而很可能会频繁出现一种非典型性的价格歧视行为。从《反垄断法》的规定看，行政垄断的最典型形式之一是地方政府对外地企业采取歧视性措施。我国《反垄断法》在规制行政性竞争方面，除了总则中的第8条，还专设第五章全章对于行政性垄断行为作出了禁止性规定的列举，并于第七章中的第51条规定了行政垄断的法律责任。相比之前缺乏明确的法律规定，这些法条的设定肯定是有进步之处的，至少使得我们在规制行政性垄断行为方面有法可依，也表明了立法者对于行政垄断所持的坚决反对的态度，从而有利于提高各级政府机构的反垄断意识，也有利于建立一个维护竞争、保障市场自由平等的法治环境。但是在具体规定方面我国反垄断法还有待完善，这样才能适应不断发展的经济社会的新要求、新情况，从而更好地遏制行政垄断。

《反垄断法》第33条作出了对于"行政垄断"的规制性规定。然而其中第一项针对的是价格歧视行为，这类行为旨在提高外地企业的成本，从而使本地企业在竞争中居于有利地位；后四项则旨在限制外地企业进入本地市场，是在准入上的歧视，其中有些行为最终也会产生价格歧视的效果。这些"行政机关和法律、法规授权的具有管理公共事务职能的组织与市场上的一般'卖方'有很大区

---

[1] 价格歧视行为有可能产生两种不利后果：一是对竞争产生损害，主要是指对竞争者产生排斥效果；二是对消费者构成剥削，因为部分消费者必须支付较高的价格。但根据前述的经济学研究成果，反垄断法并不反对经营者按照消费者的保留价格来定价，因而并不把价格差异本身作为负面效果。并且反垄断法虽然以维护消费者利益为最终目标，但在具体行为的分析过程中并不直接关注消费者的利益，而一般是通过维护产出最大化来维护消费者的利益。

别，但上述行为符合第二类价格歧视的构成要件，其目的是偏袒本地企业，对竞争者产生强烈排斥而又不可能产生效率，因而应受到禁止。"[1]同时，第33条所规定的"地区封锁"，即禁止地方行政机关及其授权主体实施地方保护，设置地区性壁垒而限制市场竞争的行为。这一条也是我们俗称的"地方保护主义"的体现。这种人为设置地区贸易壁垒的行为，可以称为我们当前行政垄断中表现最突出、危害最大的一种，因为该行为直接阻碍了商品的自由流通和市场竞争，损害了公平、自由的竞争秩序，妨碍"建立统一、开放、竞争有序的市场体系，危害社会主义市场经济体制的建立与完善"。[2]

再回到前面所举的软件产品的例子，可以发现对同一软件制作不同的版本并不必然产生这两种损害：①它不会产生第一类价格歧视损害。支配企业的家庭版软件价格虽然较低，但其他经营者也有同样的版本，因此未必能将对方的家庭版用户争夺过来；它也不能用这一版本争夺对方的企业版用户，因为这一版本不能用于企业，否则的话倒会首先吸引自己的企业版用户。②第二类价格歧视损害是使受歧视的买方在下游市场处于不利的地位，但家庭版用户与企业版用户不存在竞争关系，因而根本不存在下游市场。不产生上述两种损害后果之一的价格歧视行为，不构成垄断行为，哪怕其行为人拥有支配地位。

三、互联网企业价格歧视的认定理论

微软公司、中国联通、中国电信等企业普遍存在差别定价行

---

〔1〕 依《反垄断法》第51条，这种行为由行为人的上级机关责令改正，反垄断执法机构只有权向该上级机关提出处理建议。但提出建议的理由，应当是将其认定为非法的歧视行为。

〔2〕《反垄断法》第1条明确规定了我国反垄断法的立法多元化的立法目的，即其直接目的在于预防和制止垄断行为，保护市场公平竞争，其最终的目的则为了提高经济运行效率，维护全体消费者的权益和社会整体公益。

为，如前文所述，这种差别定价行为有可能是提高企业经济效率的合理行为，那么如何将违法的价格歧视行为从大量的差别定价的行为中区分出来，就需要明晰互联网企业价格歧视的认定方法。

前文提到，美国《罗宾逊—帕特曼法》对价格歧视的规定是"同样的产品与像广告和产品展示的物品那样在平等的基础上按比例给予促销支持，对于相关竞争中的购买者一般应收取相同的价格。……从事商业的人在其商业过程中，直接或间接地对同一等级和质量商品的购买者实行价格歧视，如果价格歧视的结果实质上减少竞争或旨在形成对商业的垄断，或妨碍、破坏、阻止同那些准许或故意接受该歧视利益的人之间的竞争，或者是同他们的顾客间的竞争，是非法的"。

再考虑到互联网经济双边市场、网络效应与锁定效应的特征，互联网企业的价格歧视至少从以下几个方面展开认定分析：

（1）实施主体应该具有市场支配地位，这是构成违法性价格歧视的主体要件，也是认定互联网企业价格歧视行为是否成立的一个前提，因为交易相对人在没有其他选择的情况下，才能接受不公平的差别定价。

（2）市场上存在不同的消费意愿，使得具有市场支配地位的互联网企业能对交易相对人进行分层，确定不同的消费价格。也就是说，存在价格歧视行为，这是构成违法性价格歧视的行为要件。根据经济学理论，是否满足价格歧视的实质要件要进行成本—价格分析，即销售价格之差与商品成本之差比例不同才构成价格歧视。

（3）实施价格歧视的主体有能力阻止高弹性顾客向低弹性顾客的转移，或转卖套利行为的发生。实施价格歧视的目的在于排除、限制竞争，以攫取垄断利润。若出售的商品能在不同购买群体间转售，则价格歧视行为就会被受惠一方的套利行为挫败。

（4）实施价格歧视没有正当理由，具有排除、限制竞争的后果。实施价格歧视的企业与交易对手存在竞争关系，或者交易对手之间存在竞争关系。只有这样，价格歧视限制、排除竞争的目的才能实现。反垄断法的目的在于维护市场竞争秩序，不具备此要件不能构成反垄断法意义上的违法行为。正当理由包括"因制造、销售、运输成本不同所做的合理补贴；随着市场影响条件的不断变化或商品适销性的变化而产生的价格变化，例如，容易变质腐烂的商品、过时的季节性商品、司法拍卖的扣押物品、停业中善意销售的商品；卖者能够证明其低价或劳务、设施的提供是善意的、平等的同竞争者的低价，或与竞争者提供的劳务、设施相适应"，等等。

第三节　掠夺性定价行为的反垄断分析方法

一、掠夺性定价行为的一般分析方法

《反垄断法》第 17 条第 1 款第 2 项规定，"禁止具有市场支配地位的经营者，没有正当理由，以低于成本的价格销售商品"。这个规定的核心要件在于"低于成本价格"。一般而言，经营者当然不会轻易以低于成本价格的售价来出售产品或服务，这从表面看来显然是无利可图的，何况这种"无利可图"貌似还可以让消费者受益，因此这种行为非常具有隐蔽性。但事实上，这种"低价倾销"的模式可以在短期内有效地将其余竞争者赶出市场，进一步巩固其支配地位，在这之后行为人就再次拥有了自由提高价格的能力，最终消费者无从选择只能接受垄断者制定的一切规则。显然，这种行为的实质是通过短期的利益损失来获得长期的支配地位，以及未来的高额收益。对于这种情况合法性的判断，不能以单个产品的销售价格予以认定，而应当以所有商品的最终销售情况进行总体判断。

（一）掠夺性定价行为的构成要件

1. 经营者具备支配地位。这依然是所有滥用支配地位行为的

前提条件。

2. 价格低于成本。这是掠夺性定价的核心特征。美国法学教授阿瑞达和特纳于 1975 年在《哈佛法学评论》上发表了《掠夺性定价和与〈谢尔曼法〉第 2 条有关的行为》一文[1]。文中提出了一个检验掠夺性定价的法律标准，即如果经营者的定价低于可合理预见的平均可变成本，那么就构成掠夺性定价，并且主张用边际成本代替更难计算的平均可变成本。这一方法在美国法院判决掠夺性定价的案件时被广泛采纳，具体为：如果一个价格高于成本，却造成了将竞争对手排挤出市场的事实，此时企业使用的是阻止进入定价，而非掠夺性定价；只有当企业以低于成本价，将竞争对手排挤出市场时才能认定为掠夺性定价。

3. 排挤竞争对手的可能性。掠夺性定价的实质目的就是要将竞争对手排挤出市场，最终导致损害有效竞争。而美国法院对此作出认定的考量主要基于两方面：消灭竞争对手的意图和损害有效竞争的结果。其中对于后者结果的判断，最直接的方法就是考察企业市场份额的变化。如果掠夺性定价的行为，导致掠夺方市场份额的增加，同时被掠夺方市场份额的缩小，甚至掠夺方最终独占了整个市场，那么就可以认定为存在损害有效竞争的行为。

4. 排除竞争对手后提高价格。掠夺方将竞争者驱逐出市场后必然会提高价格，或将价格提高到掠夺性定价前的水平，或者提高到垄断价格水平。经营者不可能长期承受低于成本价格的损失，因此当竞争对手被排挤出市场后，必然会伴随着掠夺方的提价行为，唯此才能将其在掠夺战中受到的损失补偿回来。换句话说，如果掠夺方一味地降价，永远没有提价的行为，即便市场上只剩它一个生产商，那么对于消费者福利而言是毫无损失的，这种"慈善行为"

---

[1]　Areeda. P. and Donald F. Tuner, "Predatory Pricing and Related Practices under Section 2 of the Sherman Act", *Harvard Law Review*, 1975, 88, pp. 679~733.

显然也不在反垄断法的关注范围内。

（二）掠夺性定价行为的违法性判断

我国《反垄断法》颁布之前，对于掠夺性定价的规定主要见于《反不正当竞争法》和《价格法》。1993 年颁布的《反不正当竞争法》第 11 条规定："经营者不得以排挤竞争对手为目的，以低于成本的价格销售商品。有下列情形之一的，不属于不正当竞争行为：①销售鲜活商品；②处理有效期限即将到期的商品或者其他积压的商品；③季节性降价；④因清偿债务、转产、歇业降价销售商品。"这四款可以视为"合理理由"以作为实施低价倾销行为的抗辩，表明我国法律对于该行为的态度是：并非一概否定，如果有合理理由或产生的效率大于对竞争的损害，则可视为被允许的。遗憾的是这一条在 2017 年新修订的《反不正当竞争法》中被删除了。目前更具备操作性的是国家发改委发布的《关于制止低价倾销行为的规定》，这个规定提出了平均成本和行业平均成本的概念。其中第 5 条规定，"本规定所指低于成本，是指经营者低于其所经营商品的合理的个别成本。在个别成本无法确认时，由政府价格主管部门按该商品行业平均成本及其下浮幅度认定"。这一标准是作为掠夺性定价的企业平均成本的补充标准，可作为一般司法实践的参考。

那么，在对掠夺性定价行为进行违法性判断时，实质就是对于掠夺性定价行为产生的效率和对竞争的损害进行对比分析，如果效率小于损害，则该行为是应当被禁止的。在进行效率考量时，需要考虑以下因素：

1. 出于防御策略的降价销售。当一个市场具备激烈的竞争强度时，新企业的进入或其他市场条件的变化，都会导致现存企业通过降低价格以巩固市场份额、追求利润最大化的行为。这样的低价销售，一方面可以扩大产量，提高消费者福利，另一方面，也不可能将其余高效的竞争者排挤出市场。那么此时降低价格，只是企业适应市场变化的独立经营行为，是追求利润的企业对于一般市场条件变化的正常反应。实践中可能出于以下动机削减价格：

第一，为适应竞争对手发动的价格战而降低价格，这可以被视为一种被动降价的行为，是企业为了自保的自然反应；

第二，由于出现了不可预测的市场变化，如过剩的产能，产品过时被淘汰，需求萎缩，或其他不可抗因素，企业为避免损失进一步扩大而降低价格，这也可以被视为一种被动的降价行为，是企业甩掉沉没资本、及时止损的策略；

第三，为了维持现有的营销渠道，或正在形成的销售网络，当市场条件改善，或企业经营状况加强，企业扩大生产后，为维持现有的这种成长态势而降低价格。这种降价行为是主动的，是为了维持企业的正常经营，当然，此时若发生将其他竞争者排挤出市场的客观事实，这种行为就会转化为滥用支配地位、维持其支配地位的违法行为。

上述三种降价行为，即便是具备支配地位的企业所做出的，但由于价格低，短期内对于消费者是有利的；同时，企业对于竞争对手价格削减或经济状况突然变化时作出的应急反应，也是一个经营者良好发展的必备条件，因此对于这种行为持合理分析的态度，对于鼓励企业创新和改善市场竞争条件是大有裨益的。

2. 出于市场扩张的效率考量。还有一种降价行为，是由于企业为扩大市场需求或者为了以更低成本与经营者展开竞争而做出的。但是这种市场扩张效率的抗辩，应该同时具备三个条件以避免被滥用：

第一，具有提高效率的合理性。由于低于成本价的销售增加了产品的销售量，如果其真正促进了创新或扩大了规模，这种促进市场效率的方式就具有合理性；

第二，必须发生在没有对竞争限制更少的方法可供选择时。也就是说，经营者在行使该抗辩时，必须证明如果不以低于成本的价格销售，或者不在一个短时期内维持这样的低价销售，就无法获得市场扩张的效率；

第三，低于成本价格销售的投资补偿必须是源自效率的提高，是通过增加了自身的利润而实现的，如提高产品质量或降低产品成本，而不是通过消灭或惩罚对手而获得。

综上所述，掠夺性定价，实质是"行为人通过扩大自身损失的方式，来迫使竞争对手只能采用亏损价格销售，意图使其退出市场，或放弃扩大产出的意愿，目的在于排斥成功后再把价格提高到竞争性水平以上，从而回收掠夺成本，并获取垄断利润"。[1] 也就是说，掠夺性定价的本质在于行为人主动扩大损失，而掠夺性定价的意图则在于排斥竞争者，并且必然包括两个阶段：即第一阶段的亏损，以及第二阶段通过提高价格获得垄断利润的补偿。

二、互联网经济中掠夺性定价行为分析的新困境

在互联网经济领域，由于双边市场的存在，企业往往采取免费的定价模式，比如，360公司的杀毒软件就是免费提供给客户。而滴滴公司、美团公司所采用的已经不仅仅是免费，甚至是疯狂补贴的手段（即负价格）。再者，在网络经济中，产品的边际成本也往往是零。比如，微软公司复制一份软件的边际成本基本为零。故以价格是否高于成本来判断是否构成掠夺性定价的传统思路在网络经济时代已经无法适用。正像霍温坎普教授所说，"在信息技术时代，成本—价格比较法应当完全被放弃"。[2]

中国的互联网领域的发展在世界上是比较领先的，而且在"互

---

〔1〕 许光耀："掠夺性定价行为的反垄断法分析"，载《政法论丛》2018年第2期。

〔2〕 Herbert Hovenkamp, "The Areeda –Turner Test for Exclusionary Pricing", *A Critical Journal, Review of Industrial Organization*, Volume 46, Issue3, pp. 209~216.

联网+"的政策指导下,互联网的发展对中国未来的发展的影响会非常大。但是中国互联网行业基本已经被百度、阿里巴巴和腾讯所控制。任何新商业模式出来,如果离开已占优势地位企业的支持,几乎都无法生存下去。而这些新的商业模式中的领头羊,会在市场支配企业及其背后的资本的支持下,通过价格战消灭竞争对手。由于一家独大、赢者通吃是网络领域企业发展的天然属性,这些领头羊公司不仅会在企业发展的初期采用这种竞争模式,在这些企业发展成熟后,也会采用这种模式来压制、消灭新进入市场的竞争者。所以,如何判断这种价格战是否就是反垄断法所禁止的掠夺性定价,就非常有意义。

《反垄断法》第 17 条第 1 款第 2 项明确禁止具有市场支配地位的企业"没有正当理由,以低于成本的价格销售商品",换言之,我国《反垄断法》禁止滥用市场支配地位的企业实施掠夺性定价行为。然而,伴随着互联网的快速发展,互联网产品"免费"模式日渐盛行,互联网企业实施掠夺性定价的也日益增多,并呈现一些新特点,遗憾的是,我国反垄断立法与执法并未对这变化作出及时回应,导致反垄断法在规制该行为时遭遇诸多困境。如在 1998 年的"美国微软案"中,由于对软件产品缺乏一个具有普适性的成本检验标准,美国司法部无法认定微软的销售行为构成掠夺性定价,转而指控微软的行为构成搭售。[1]

在欧盟,对于互联网产品的成本,欧盟委员会虽然确定了"同等效率的竞争对手"检验标准,但是,欧盟委员会对具体案例中应该采取平均可避免成本还是长期平均增量基准并未形成一致意见,导致实践中对互联网企业掠夺性定价的认定存在争议。譬如,2003 年法国电信公司的一家子公司瓦纳多(Wanadoo)公司由于对 AD-

---

〔1〕〔美〕查尔斯·F. 儒勒:"美国诉微软案",宋飞译,http://www.doc88.com/p-294947330374.html,最后访问日期:2018 年 5 月 9 日。

SL 服务的收费无法使其收回可变成本和总成本，被欧盟委员会认定其实施了掠夺性定价[1]。瓦纳多公司就欧盟委员会的决议向欧盟一审法院提出抗辩，认为自身不具有收回成本的可能性，因此，自己的低价销售行为不能被认定为掠夺性定价。欧盟一审法院虽对瓦纳多公司提出的收回损失标准等争议问题进行了认真审视，但最终未接受其主张。上述案例折射了互联网企业掠夺性定价的认定存在诸多障碍。除上述案例暴露出的互联网产品的成本检验标准不确定之外[2]，对是否应淡化互联网企业实施低价销售的主观意图、怎样界定互联网企业低于成本价销售的"正当理由"等也未达成一致。

互联网经济中对掠夺性定价的认定之所以存在以上困境，主要源于反垄断立法与理论研究的滞后性。检视国内外的相关立法，我们不难发现，虽然大多数国家的反垄断法都对掠夺性定价作了规定，如美国的《罗宾逊—帕特曼法》第 2 条、德国的《反限制竞争法》第 20 条、欧盟《欧共体条约》第 102 条以及我国的《反垄断法》第 17 条等，但是，由于这些反垄断立法原则性较强，而且都是立足于传统经济而非新兴的互联网经济，致使其在规制互联网企业的掠夺性定价时缺乏可操作性和针对性，造成实践中认定互联网企业掠夺性定价的标准不统一。

各国反垄断立法的不足在很大程度上源于理论界对互联网企业

---

〔1〕 Commission Decision of 16 July 2003 Relating to a Proceeding under Article 82 of the EC Treaty, COMP /38. 233- Wanadoo Interactive, http：//ec. europa. eu /competition /antitrust /cases /dec_docs /38233 /38233_87_1. pdf, search date：2017-11-10.

〔2〕 关于掠夺性定价认定中的成本检验标准，各种执法和司法实践中主要采取了平均可变成本、平均可避免成本、平均总成本和长期平均增值成本几种。具体参见 Raimundas Moisejevas, Ana Novosad, Virginijus Bit, Raimundas Moisejevas, Ana Novosad, Virginijus Bit, "Costs Benchmarks as Criterion for Evaluation of Predatory Pricing", *Jurisprudence*, 2012, 19（2）.

掠夺性定价特殊性的研究既不具有针对性，也不够全面和深入。目前，大多数学者研究的是传统行业的掠夺性定价[1]，忽视了互联网行业的特殊性对规制互联网企业掠夺性定价的影响。与传统行业相比，互联网行业呈现更普遍、更典型的交叉网络外部性以及双边市场的特点，即某种互联网产品的价值不仅取决于交易一边市场的用户规模和数量，更取决于交易另一边市场用户的规模和数量。在双边市场特点的影响下，互联网企业往往通过在一边市场提供免费产品以扩大其平台的用户规模，从而保证其在另外一边市场获得利益。互联网产品的这种"免费性"特征，加之互联网行业普遍存在的边际成本递减现象，使互联网行业掠夺性定价的认定更为困难。

此外，既有对互联网企业掠夺性定价的研究多专注于定价成本的认定[2]，忽略了对该行为其他方面（如低价行为的合理性）的分析，致使传统认定掠夺性定价的方法在适用于互联网企业时面临窘境。由于只有准确认定互联网企业的掠夺性定价，才能对其进行有效规制，否则不仅可能使不该受到规制的行为被追究法律责任，而且可能使应该受到规制的行为逃脱法律制裁，妨碍竞争机制的正常发挥。而要准确认定互联网企业的掠夺性定价，确定科学的认定思路非常关键。在反垄断实践中，欲规制某行为，首先需要判断该行为是否属于反垄断法规制范围的行为。

按照我国《反垄断法》第 17 条规定："禁止具有市场支配地位

〔1〕　参见谢亨华："反垄断法中掠夺性定价的规制研究"，中国政法大学 2006 年博士学位论文；游珏："论反垄断法对掠夺性定价的规制"，载《法学评论》2004 年第 6 期；Adrian Emch，Gregory K. Leonard："掠夺性定价的经济学及法律分析：美国和欧盟的经验与趋势"，载《法学家》2009 年第 5 期。上述著作都立足于传统经济背景对掠夺性定价作出了深度探讨。

〔2〕　参见王传辉："对微软垄断案的法律经济学分析"，载《经济法论丛》2002 年第 1 期；臧旭恒："美国现行反垄断法对软件产业的适用性探析——以搭售和掠夺性定价为例"，载《中国工业经济》2005 年第 5 期；刘戒骄："网络性产业的放松与规制改革——国际经验与中国的实践"，中国社会科学院研究生院 2001 年博士学位论文。

的经营者从事下列滥用市场支配地位的行为：……②没有正当理由，以低于成本的价格销售商品；……"从上述规定看出，认定互联网企业掠夺性定价时，可以分为两个步骤：第一步，从形式上分析行为主体是否为具有市场支配地位的互联网企业，以及互联网企业实施的行为是否属于反垄断法规制的低于成本价销售的行为；第二步，从实质上分析互联网企业低于成本价销售行为是否没有正当理由。互联网企业实施的行为只有同时满足这两个条件，方可定性为掠夺性定价。

三、互联网经济中掠夺性定价行为的案例考察

经过一系列理论的研讨之后，此处将对一些互联网产业中实际发生的案例进行分析。

（一）天猫商城"零元店"是否构成掠夺性定价

天猫商城是淘宝的一个购物平台分支，与普通淘宝网店的主要区别在于这些商城都是需要提供企业资质审查的"实体店"，所以往往售卖的货物是有一定品牌影响力的，甚至是许多线下名牌的网上分店。为了促销，有一部分天猫"名牌"服饰旗舰店曾经推出一段时间的"付邮零元购"活动，即需要消费者首先支付正常价格购买服饰，当收货以后需要按照约定在天猫平台上给予商家好评，然后店铺会返还购物金额，这样等于消费者只出了邮费就可以"零元"购买商品。但是部分消费者发现在偶尔的返现成功后，多家店铺负责人就"失联"了，甚至店铺也不存在了，于是许多消费者维权都陷入了困境，并且开始向淘宝平台举报该行为是典型的"低价倾销"。

此时就是在掠夺性定价中最常见的错误：只有具备市场支配地位的"低于成本价格销售"，才谈得上是否构成"掠夺性定价"。天猫平台上有上百万个服饰店，目前没有任何证据显示在该相关市场上，有部分商家或品牌是占据明显优势地位的。消费者对此的愤

怒主要来源于商家对双方契约的破坏，但并不意味着"违反反垄断法"这顶大帽子可以随便乱戴。

具备支配地位是一切判断滥用支配地位行为的大前提条件，如果没有支配地位的存在，个体的行为并不会影响到竞争秩序，所以不是反垄断法需要关注的问题。当然此时并不是说这种带有一定欺骗色彩的行为就"无处申冤"了，虽然不能援引《反垄断法》进行干预，但是作为消费者完全可以将其视为违反《消费者权益保护》的涉嫌违法行为来向相关部门举报；同时这种行为还违反了2017年新修订的《反不正当竞争法》第8条中的"禁止刷单"行为，以及在2019年实施的《电子商务法》的相关规定，消费者依旧是可以依据上述法律进行维权的。

此时还有另一个可能违规的行为涉及其中，就是"好评返现"行为。

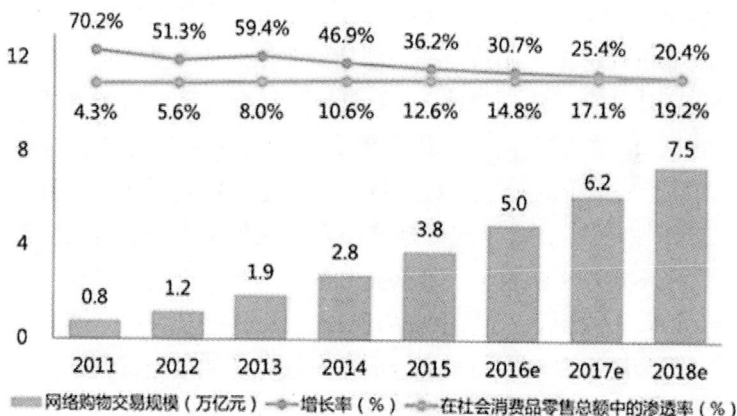

图 5-1　2011-2018 年中国网络购物市场交易规模

如图 5-1 艾瑞网[1]对 2011 年至 2018 年网络购物交易数据进行了分析整合（预测）所示，我国网络交易规模不断扩大，网络购物交易总额占社会消费品零售总额的比例亦呈逐年增长的趋势。随着市场竞争愈演愈烈，网络购物交易中出现了新型的竞争方式——"好评返现"，即当消费者在电商平台购买商品之后，商家会提示"请您给出消费好评，即可以获得返现回馈"，如在淘宝网站常见的表述为"全五星并写下×字以上的好评，截图给客服，立返现金××元"，还有一些电商平台明示消费者，如果可以写下××字以上的好评及图片展示，则会获得网站积分，而这些网站积分都是可以直接折现用于下次消费的（如京东网站返还"京豆"积分）。那么这种行为是一种不正当竞争，还是一种掠夺性定价呢？

分析的路径同上，首先确定该要求好评的企业是具备市场支配地位的，如果没有市场支配地位，那么消费者还是只能援引其他相关法律法规进行维权。

（二）互联网企业的"烧钱补贴"行为是否构成掠夺性定价

互联网经济中，尤其是一些创新商业模式的企业，起初为占领市场份额往往会"大把烧钱"，采取补贴甚至是负价格的方式"花钱赚吆喝"，这种行为仅从其表现形式来看完全具备"掠夺性定价""低于成本价倾销"的行为特征。但是指控其构成反垄断法上的"掠夺性定价"，首要前提是该经营者在相关市场上占据支配地位，否则不足以影响竞争，那么此时的行为可能会受到其他法律的规制，但是不会纳入反垄断法的管辖。即便是占据支配地位的企业，其行为还需要对市场竞争造成实质损害，如果是有利于消费者的行为显然也不构成掠夺性定价。

同时还需要注意的是，为何我国《反不正当竞争法》之前规定

---

[1] 参见艾瑞网的相关调查报告，http：//www.iresearch.cn/，最后访问日期：2018 年 11 月 1 日。

了类似行为而新法修订时却取消了这一条文，原因就在于原条文的规定是针对一切经营者的，不强调必须具备支配地位。那么此时经营者的行为就很难被判定为对市场竞争实质造成损害。毕竟我们之前也多次强调，掠夺性定价这种行为往往会产生许多经济效率，一味禁止则难免落入计划经济的窠臼，不利于繁荣发展我国的市场经济。所以反垄断法对此行为的调整非常谨慎，必须经过多重步骤的多次验证才可以判定其违法。

第四节　与纵向协议的联合

《反垄断法》主要针对的是三种垄断行为：垄断协议、支配地位滥用、经营者集中。垄断协议又分为横向垄断协议和纵向垄断协议。这三种行为无论构成要件还是违法性判断都是不同的分析路径，然而司法实务中经常会将几种被规制的行为混淆。而我国目前司法实践中经常出现将纵向垄断协议与支配地位滥用行为混淆的判决，非常不妥，这主要都是由于没有认识到一个关键因素：纵向垄断协议是无法单独对竞争产生损害的，只有与横向垄断协议或支配地位滥用结合起来，才可能造成损害、限制、排除竞争的后果。

纵向垄断协议本身应当是一个中性的概念，法律在首先判断经营者之间是否成立纵向垄断协议的时候并非就此对其进行了负面的法律评价，而应当只是判断其"垄断协议"这一客观事实。纵向垄断协议单独是无法妨碍、限制竞争的，只有与横向垄断协议或滥用支配地位结合在一起才会发生损害竞争的效果。所以在判断其违法性时，既需要考察经营者是否具备支配地位，也需要考察该协议是否可能与横向协议或支配地位结合而产生损害竞争的效果。此时需要考察上下游经营者之间的关系、上游竞争者之间的关系，以及下游经营者之间的关系，而对其综合判断。仅考察单个纵向协议本身就作出"是否损害竞争"的判断，以及用"是否具备支配地位"去进行纵向协议的抗辩，显然混淆了垄断协议与滥用支配地位两种垄断行为的界限，实为不妥，所以本书单独将"纵向垄断协议与支配地位滥用的联合"作为一节，进行介绍，以厘清二者的关系。

一、纵向垄断协议概述

垄断协议又可以依照达成协议的双方不同而区分为横向垄断协议与纵向垄断协议，中国《反垄断法》的第 13 条规定了"横向垄断协议行为"，第 14 条则规定了"纵向垄断协议行为"，并于第 15 条引入了欧盟的"豁免制度"作为垄断协议违法性判断的补充制度。具体而言，横向垄断协议发生于相关竞争市场内处于同一竞争水平的经营者之间，因而也被称为"水平垄断协议"；[1] 纵向垄断协议则往往发生于同一产品相关市场内、不同经营阶段的上下游经营者之间，如生产商与销售商、批发商与零售商以及其他在生产和销售链中有着垂直关系的市场主体之间。然而如果要判断经营者是否有参与垄断协议的行为，首先就是需要判断经营者是否存在"垄断"，如果根本没有"垄断"，或者说是"垄断状态"的存在，那么垄断协议自然也无从谈起。

（一）纵向垄断协议的构成要件

纵向垄断协议，具体指的是位于生产、销售链条不同环节的企业之间订立的、关于当事人之间购买、销售、转售约定产品（包括技术、服务）之条件的协议，如果有可能导致社会总产出减少，或给当事人带来提高价格的能力，则构成纵向垄断协议。结合《反垄断法》第 14 条，这一定义可以解读如下：

1. 协议的主体。就主体而言，纵向垄断协议是发生于不同环

---

[1] 参见钱晓英主编：《经济法概论》，电子工业出版社 2010 年版，第 104 页。

节的经营者之间订立的协议，反垄断法关注的是其中生产商与批发商之间的关系，且这一协议关系中，双方当事人处于商业流程的上下游。也就是说，终端消费者与零售商之间订立的纯消费合同不属于纵向垄断协议，因为终端消费者既不是反垄断法意义上的经营者，也不从事竞争活动。当然，如果在该消费者协议中，企业滥用其支配地位损害了消费者利益，如对消费者过高定价等，消费者可以援引《反垄断法》第三章进行维权（在欧盟可适用《欧盟运行条约》第 102 条，美国则是《谢尔曼法》第 2 条），或者援引我国《反垄断法》第 50 条要求经营者承担民事责任。但这都不属于纵向垄断协议讨论的范围。

2. 协议的内容。纵向垄断协议的内容应当是关于产品的购买、销售、转售条件的协议，即须与产品的价格与售卖相关，而不涉及双方的生产与研发活动。如果涉及研发与生产的其他环节，那么两个经营者就成了平行的合作关系，则可能成立横向垄断协议。所以纵向垄断协议的内容只能限于售卖过程，此处应当警惕部分经营者利用纵向垄断协议之名来掩盖横向垄断之实。

3. 订立协议的目的。就协议人的主观目的而言，需有"意图提高价格的目的"，仅仅从协议外观看到"限制、消除竞争"就判断其为垄断协议，在司法实践中显然容易误判。

4. 纵向垄断协议不能包括代理协议。由于代理活动的后果是由被代理人全部承担的，同时还需要符合被代理人的合法合理利益，所以在这种协议中代理人并非独立的竞争主体，被代理人与代理人之间不存在竞争关系，所以代理协议不能算作纵向垄断协议。

（二）纵向垄断协议的违法性判断

1. 合理原则还是违法性判断原则。《反垄断法》第 13 条对横向垄断协议的构成和"垄断协议"的概念都作出了具体规定，第 14 条则采取"一般列举+兜底条款"的方式对纵向垄断协议的构成进行了描述，但是并未对纵向垄断协议的成立标准给予明确规定，所以在司法实践中，我们只能综合第 13 条、第 14 条以及第 15 条"豁免制度"的规定综合来判断，但是由于法律条文的不明确，使得不同的学者和法官会对此三条法律规定作出不同的解读。

一种观点认为第 13 条对于"垄断协议"的规定就只限于横向垄断协议的判断，所以对纵向垄断协议的考察无需考虑"排除、限制竞争"，而只需要看是否满足第 14 条的列举性规定，一旦满足则该协议违法，这种解读被称为"违法推定"。另一种观点则认为，同属于一部法律的条文当然应当前后呼应，第 13 条的规定同样适用于第 14 条，不能因为语义上的重复而违背反垄断法的立法目的，所以在对纵向垄断协议进行判断时，必须考虑到该协议是否具备限制、排斥竞争的效果。这种解读固然比第一种更符合立法原意，但是还忽略了纵向垄断协议本身即便成立了，也是可以产生积极效果的。如果真的综合三个条文来进行判断，那么首先应当是判断该纵向垄断协议是否成立，再次综合考察协议成立以后的反竞争效果（即是否有效率大于消极效果），同时还要以豁免制度作为底线对其进行最终的违法性考察，以上三个步骤应当次第进行，缺一不可。

2. 具体案例的考察。此处将以中国反垄断首例被告被同时起诉实施纵向垄断协议和滥用市场支配地位的案件——光明轮胎诉韩泰轮胎案[1]对前文的结论进行检验。

（1）案情简介。被告韩泰公司是韩泰轮胎的中国内地总经销商，原告光明公司作为韩泰公司的下级经销商（分销合同自 2012 年 1 月至 2016 年 6 月），负责韩泰品牌轮胎在中国湖北省武汉地区的代理批发销售业务。在二者的交易过程中，分销商光明公司认为

---

〔1〕 相关判决参见上海知产法院官网"被诉垄断和滥用市场支配行为 上海知产法院判决韩泰轮胎不构成垄断"一文，http://www.shzcfy.gov.cn/detail.jhtml? id = 10011877，最后访问日期：2018 年 10 月 5 日。

被告韩泰公司与其的分销合同中含有限定其向第三人转售韩泰轮胎商品的最低价格的垄断协议内容，同时韩泰公司还通过以高于市场终端零售价格的不公平高价批发销售轮胎商品等方式，对其从事了滥用市场支配地位的垄断行为；光明公司还认为，韩泰公司的上述行为对于市场的公平竞争有限制、损害的效果，因此向上海知产法院提起诉讼，请求法院判令韩泰公司立即停止实施"限定向第三人转售商品的最低价格"的垄断协议和不合理高价、搭售、限制销售区域、指定交易、设置不合理交易条件、价格歧视、拒绝交易等滥用市场支配地位的行为，并赔偿光明公司各项损失共计 3100 余万元。

韩泰公司则提出以下三点抗辩：其一，光明公司提交的证据是二者 2012 年特约经销书上的条款，2014 年、2015 年后的分销合同上已经删除了该条款；其二，该条款也不构成纵向垄断协议，不符合《反垄断法》第 14 条的规定；其三，韩泰公司在全球和全中国都不具有市场支配地位。综上所述，其行为不构成垄断行为。

上海知产法院受理本案查明后审理得出：首先，关于本案的相关市场，本案被诉行为的三个相关市场为"中国大陆地区乘用车轮胎市场""中国大陆地区乘用车轮胎替换市场""中国大陆地区乘用车轮胎替换批发市场"，其中"中国大陆地区乘用车轮胎替换市场"是受被诉行为影响最直接、对消费者利益影响最大的相关市场，所以应当被认为是本案审理中最应关注的相关市场；其次，本案相关市场上品牌竞争相当充分，轮胎产品在高端、中端、低端分别有数十个到数百个品牌，韩泰品牌所处的中端轮胎产品则竞争激烈，被诉的行为并没有消除竞争；再次，韩泰公司在相关市场不具有定价能力，因此不具有市场支配地位；最后，尽管韩泰公司与经销商的确达成并实施了限制最低转售价格的协议，但分析本案三个相关市场内的具体竞争状况，可知本案的相关市场内存在有效的品牌竞争，无论是韩泰品牌的品牌内竞争还是相关市场的品牌间竞争，都没有受到本案被诉行为的排除、限制。

据此，被告所实施的最低转售价格限制并未产生排除、限制市场竞争的效果，不构成垄断协议；原告指控被告不合理高价、搭售、限制销售区域、指定交易、设置不合理交易条件、价格歧视、拒绝交易等滥用市场支配地位行为，既无充分证据予以证实，又由于被告不具有市场支配地位、被诉行为不具有排除或限制市场竞争的效果，故不构成滥用市场支配地位的垄断行为。

综上，上海知产法院判决驳回原告全部诉请。

（2）判决分析。第一，关于"垄断"的认定。本案判决中提到的，"韩泰公司在相关市场不具有定价能力，只能顺应品牌间竞争，韩泰公司在相关市场不具有很强的市场地位，更不具有市场支配地位"，也就是说，本案判决只考虑到设施经营者客观上不具有"提高价格的能力"，但未考虑其是否具备"为了实现利润最大化"的目的，虽然得出了正确的结论，即"韩泰公司不具有支配地位"，但是分析过程还有待商榷。

同时，该案判决还提到"虽然韩泰公司在 2012 至 2013 年与经销商达成并实施限制最低转售价格协议，但 2012 年至 2016 年间，在本案三个相关市场均呈现消费量逐年上升、价格逐年下降的情况，韩泰品牌轮胎出厂价、最低转售价、零售价也都逐年下降，说明在本案相关市场存在有效的品牌竞争，没有证据表明韩泰品牌的品牌内竞争和相关市场的品牌间竞争受到本案被诉行为的排除、限制"，也就是说法院已经肯定韩泰公司从事了纵向垄断协议的行为，只是该行为客观上没有达到排除、限制竞争的效果，所以不具备垄断能力。这句推理显然也是前后矛盾的。法院明显混淆了反垄断法上"垄断协议"与"滥用支配地位"两种违法行为的分析步骤，判断经营者是否构成垄断协议，遵循的是"判定垄断协议成立—利用合理规则判断该协议是否限制、排除竞争——如果限制、排除了竞争则将其纳入反垄断法的管辖——再依据中国《反垄断法》第15条判断是否符合豁免条件",从而最终判断该协议是否违法且应当承担法律责任;而"滥用市场支配地位"行为的分析步骤则是"判断经营者是否具备市场支配地位——判断经营者是否利用此支配地位从事了滥用行为——该滥用行为是否客观损害了竞争"并最终决定该行为是否应当纳入反垄断法管辖且承担法律责任。

也就是说,在判断经营者是否从事了垄断协议行为的时候,是不需要证明该经营者具备市场支配地位的;相应地,如果该经营者的垄断协议行为客观上没有损害竞争,也不能想当然地推出其不具备垄断地位。尽管现实中,有时候纵向垄断协议可能转化为滥用支配地位(如都从事了"搭售"行为),但是垄断协议的分析步骤应当是与滥用支配地位行为分别进行的,法院判决将此混为一谈,既是对垄断行为分析步骤的不熟练应用,也容易导致后续案例中企业缺乏明确的指引。

第二,关于违法性的判断。如前所述《反垄断法》第13条对横向垄断协议的构成和"垄断协议"的概念都作出了具体规定,第14条则采取"一般列举+兜底条款"的方式对于纵向垄断协议的构成进行了描述,但是并未对纵向垄断协议的成立标准给予明确规定,所以在司法实践中,我们只能综合第13条、第14条以及第15条"豁免制度"的规定综合来判断,但是由于法律条文的不明确,使得不同的学者和法官会对此三条法律规定作出不同的解读。

结合"光明诉韩泰案"的判决来看,法院一方面认定被告有转售价格维持协议的行为,那么依法判断该行为应当是违法的;另一方面,又同时宣称该行为虽成立但不违法,且在此过程中也缺乏对转售价格维持所产生的积极效果的阐述,显然前后矛盾,缺乏必要的法理支持。

二、纵向垄断协议的效率分析

纵向垄断协议当然可以产生积极的竞争效果，这也是反垄断法对其采取不同于横向协议态度的根本原因。比如，若经营者之间订立了生产规模化或标准化的协议，那么就会极大地提高生产效率，并促进规模经济的实现。而且"由于纵向协议主要发生在销售领域，只要经营者不具有市场力量，那么其实现自身利润最大化的方式，就只能是提高生产与销售效率，那么就会顺理成章地促进社会总产出的增加，促进整体行业的创新"。[1]

（一）纵向垄断协议的积极效果

1. 减少"搭便车"现象。关于"搭便车"现象的经典案例是1964 年法国考恩斯腾（Consten）公司和德国格鲁恩迪克（Gründig）公司诉欧共体委员会一案。[2] 在该案中，法国的考恩斯腾公司与德国的格鲁迪克公司订立了其在法国市场的独家销售协议，格鲁迪克公司因此才得以进入法国市场。在这个独家销售协议中，格鲁迪克公司承诺，不会向除了考恩斯腾公司以外的其他法国公司提供商品，并且也不允许其下游的德国销售商向法国转售产品，相应地考恩斯腾公司则不得经营具备替代性、与格鲁迪克公司产品相竞争的商品。

两个公司因为这种互相约定、被欧共体委员会视为"地域限制"的违法行为而受到处罚，但在经济学意义上显然是具备合理性的。因为如果不是格鲁迪克公司允许数家法国公司同时在法国市场上销售其产品，但是只有其中一家公司或几家公司如考恩斯腾公司进行了宣传、促销、广而告之的营销活动，而其他销售公司依然可

---

〔1〕 参见许光耀："纵向限制竞争协议与横向限制竞争协议的比较"，载《西南政法大学学报》2007 年第 5 期。

〔2〕 参见 56/54，58/64 Establishments Consten SA & Grunding-Verkaufs-GmbH v. Commission（CASE 56/64，58/64）【1966】ECR 299.

以乘势获得市场，穿上别人做好的嫁衣获得销售利润，那么显然对于投入了营销成本的公司而言是非常不公平的。这样的市场虽然表面上是"竞争充分"的，但是显然无形中助长了"搭便车、蹭便宜"的风气，对于投资者的回报显然是一种负面的评价，归根到底也不会促进生产者研发新产品，最终还是消费者为这种"惰性竞争"买单。

因此，为了避免这种"搭便车"的行为，生产者有权也必须在一定地域或相关市场内授予部分经销商"独家销售"或"排他性供应协议"（exclusive supply agreement）的权利，如此一来，不仅会使得具备独家销售权的企业更努力推广产品，也会由于生产者获利更多而扩大商品的研发和生产，最终使消费者受益。那么此时作为"独家销售协议"的纵向协议，虽然表面上是一个标准的纵向垄断协议，但是显然产生的效益是大于损害的，所以不应当被视为违法行为。

2. 推动经营者进入市场。本段依旧以考恩斯腾和格鲁迪克案为例。双方签订"独家销售协议"时的历史背景恰好是第二次世界大战，在当时的社会背景下，法国消费者对于德国企业的厌恶情绪构成了新的市场进入壁垒，如果没有这项"独家销售协议"将二者的经济利益捆绑，并且由独家销售商考恩斯腾公司去努力营销、削弱战争的负面影响，德国公司的产品根本就无法进入当时的法国市场。同理，在跨国经济更加繁荣的今天，无论是出于贸易政策的原因还是不了解买方市场，外国公司如果没有更了解当地市场的本国公司作为其分销商去销售产品，显然进入当地市场的难度也是有增无减，这些平白增加的无谓的销售成本，最终依然会由消费者来承担。

此外，每个新产品进入新的相关市场时，供应商通常都会选择已有一定良好商誉的销售商，这首先会使消费者更容易放心，从而更容易迅速占领市场份额，但是，在打开市场后，如果没有独家销售协议，其他销售商便会搭乘商誉良好者的"便车"，最终造成恶性竞争。

3. 遏制价格飞涨，降低销售价格。除了独家销售协议这样的典型纵向协议以外，还有一类常见的纵向协议是纵向价格协议，外在表现和滥用市场支配地位中的"转售价格维持"非常类似。然而二者的主要区别在于是否利用了"支配地位"而使得其他经营者别无选择。纵向价格协议同样不会当然违法，如果上游生产商通过协议限制销售商的最高价格，这种约束不仅不会损害竞争，相反还会稳定价格，避免价格飞涨，同时也会避免出现下游销售商利用其独家销售优势乱涨价扰乱市场秩序的行为，最终依然会有利于扩大生产，为消费者谋利。

4. 改善售后服务，消费者最终获利。同样以考恩斯腾与格鲁迪克案为例。1994 年，德国格鲁迪克公司与其整个欧洲的销售商都签订了纵向协议，要求所有欧洲销售商必须承诺提供联网的售后服务，即只要是消费者购买了该公司的产品，无论在成员国内的哪个国家，都可以享受售后服务。这也成为之后许多跨国公司对其销售商的约束性要求，如此的纵向协议对于消费者而言显然是大有裨益的，同时也会促进行业的良性竞争。

（二）纵向垄断协议的消极影响

纵向垄断协议当然同时会产生一定的反竞争作用。虽然不像横向垄断协议那样对于竞争有明显损害，但其中的地域约束或价格约束在产生效益的同时，如果与横向垄断协议结合，或与支配地位滥用行为搭配，依然会对某个特定的商品竞争产生负面影响，甚至直接损害竞争。一般而言，可以具体表现为以下几种形式：

1. 与支配地位滥用行为一起，造成市场封锁。独家销售协议，会成为新的垄断力量来源，从而使得销售商由于该排他性协议获得在下游销售市场中的支配地位。如果此时下游销售商利用该支配地位，垄断高价销售产品或搭售其他商品，显然会使得消费者无从选择。同样在上述考恩斯腾公司与格鲁迪克公司案中，由于1960年德法两国之间取消了贸易配额限制，因此一些外贸公司可以直接从德国市场买到更为便宜的格鲁迪克公司产品，然后再转运回法国销售由此获取差价。因此两个公司共同起诉这些小公司的行为是不正当竞争，侵犯了格鲁迪克公司的商标权"Giant"。然而欧共体法院与欧共体委员会均作出裁定，认为两个公司之间的纵向协议事实上造成了市场封锁，排斥了其他公司进入相关市场，尤其是其中"禁止出口"的条款会导致严重的地区封锁，且该地区封锁的目的在于获取垄断利润，不利于市场的充分竞争，因此违反了《欧共体条约》第101条的规定。

2. 与横向垄断协议一起，造成价格卡特尔。如果上游生产者限定了转售的最高价格，那么对于竞争一般是没有损害的。但如果上游生产者限定了最低的转售价格，那么下游的销售商之间无形中就形成一定的价格联盟，这种协同行为最终会形成下游销售市场的价格卡特尔，消费者对于该价格只能接受，仍然丧失选择权。此时如果再没有其他竞争者进入，那么不论生产商是否扩大产出、降低产品价格，消费者所得到的依然是销售商之间联合构成的垄断高价，相关市场上仍然是没有有效竞争的。

同时，上游生产者之间，如果本身存在价格联盟，同时又分别对其销售者进行了转售价格的约束，那么就会同时构成横向垄断协议和纵向垄断协议，纵向垄断协议依然会借助横向垄断的力量形成寡头市场，最终还是会损害消费者利益，损害竞争。同时，由于纵向协议是同时约束上下游经营者的，如果生产商不遵守该协议，同样也会受到下游经销商及其垄断协议成员的联合抵制或报复，所以，在这种情况下，反而是由于纵向协议的存在巩固了生产商之间、销售者之间的横向垄断协议。

　　由此可见，单纯的纵向垄断协议是无法对竞争造成损害的。仅靠其外表判断其成立为纵向垄断协议，就认定该垄断协议违法，显然并不符合反垄断法的原理和立法初衷。"光明诉韩泰"一案中，虽然法院对于相关市场的论述非常准确，作出的判决结果也是正确的，但是在判决书中彻底混淆了"支配地位滥用行为"与"垄断协议"两种不同的反垄断规制对象，并将"纵向垄断协议"的违法性判断与"是否具备支配地位"挂钩，显然更是忽略了纵向垄断协议的效率和损害对比，并且对于纵向垄断协议的成立要件有所误解。

　　综上而言，无论是横向垄断协议还是纵向垄断协议，其分析步骤都应当是：首先，依法判定其是否构成垄断协议；其次，如果构成垄断协议，再依据效果原则比较该协议对竞争的效率和损害，进行损益分析，只有损害大于效率，才给予其违法性判定；最后，对于已给予法律负面评价的垄断协议进行豁免制度分析，如果该协议符合法定的豁免事由、并且经营者履行了相应的证明责任，则不用承担法律责任。而且对于纵向垄断协议而言，除了判断其是否构成垄断协议、是否产生效率，还要综合分析其是否可能与横向垄断协议或支配地位滥用行为一起产生损害竞争的效果，至此才是对垄断协议的完整反垄断法分析过程。

第六章　互联网经济在中国的
新发展及法律责任

第一节　互联网经济发展的新态势

一、网络经济与互联网经济的再澄清

本书在绪论部分就对"网络经济"和"互联网经济"的语义关系进行了澄清：虽然二者在中文语境中都使用"网络"一词，但是"网络经济"主要指的是经济学上的概念，是具有网络外部性特征的一种经济形态。而"互联网经济"在本书则特指具有双边市场、网络效应、锁定效应特征的、依托于互联网技术的整个经济现象。也就是说，本书讨论的"互联网经济"或"互联网行业"对反垄断法造成的新挑战，其逻辑前提是该种经济现象必须同时具有"双边市场"和"网络效应/锁定效应"的特征，如果不具备这一点，那么传统的反垄断法规则其实已足够调整而不需要再去采取特殊的规制方法。可以说，互联网经济也具备"网络经济"的特征，但是并非所有的网络经济都是互联网经济。由于二者语义的混同，无论日常分析还是学术研究都对此存在沟通障碍而无法达成清晰的认识，因此需要在表述时特别区分。同时，由于目前对于互联网经

257

济特点的研究还有待加深与展开，对于网络经济与互联网经济区别的表述更是资料寥寥，所以也需要对此加强进一步的研究。

以传统的电信业为例。电信业具有典型的网络经济特征，同时也是传统的受政府管制的公用产业。从 1998 年开始，我国开始对该行业进行一系列的改革，逐渐放松管制，引入竞争机制，然而虽然引入竞争机制后电信业有了较大改观，无论是产品价格还是服务质量方面都大有改善，最终消费者也受益良多，但是各电信运营公司为了在用户总量和业务总量上竞争，违约且违法采取各种各样的物理行为或技术手段拒绝或妨碍向其他电信运营公司提供互联互通服务，从而在客观上制造了市场垄断和市场壁垒，形成拒绝市场竞争、拒绝电信体制改革的严重后果，严重损害了广大用户的正当通信权益，阻碍行业进步和发展。这都是本书第四章分析的典型的滥用市场支配地位的表现，需要反垄断法给予干预，然而这种网络型产业滥用市场支配地位的行为，仅用传统的反垄断法就足够调整，并不需要特殊规则。

同时，电信业这种传统的网络型产业所呈现的竞争特点，是经济学界和法学界最早注意到的网络经济代表产业，且由于现代电信业也大量依托和提供互联网技术，所以在现实中很容易造成一种误解：即电信业也属于互联网经济讨论的范畴。事实上，电信业、邮政业这些都是传统的网络行业，与新兴的互联网产业虽然有一定近似性，但在进行反垄断法分析时则会采取完全不同的分析步骤与方法。对于我国的电信业市场而言，缺乏有效的竞争主体，其本质是寡头结构的市场，电信业所面对的竞争问题也是互联网产业不会遇到的。同时因为它并不具备双边市场的特征，所以不必像互联网经济一样必须适用特殊的调整规则。

在这一点上，软件行业也有类似之处。前文我们提到过，软件行业虽然也是互联网技术中非常重要的一个载体，但是软件行业其本身的调整完全可以适用传统的反垄断法规则以及知识产权法来进行规制，软件行业本身也并不具有双边市场这一特征，而只是具有网络效应和锁定效应的特点，那么之所以将其纳入本书的讨论体系，只是为了不被例外打破逻辑的整体性，而非我们将其认定为互联网经济。总而言之，只有兼具双边市场和网络效应特点的产业才是本书真正的研究对象，其中双边市场是互联网经济本质且独有的特征，但是网络效应锁定效应则并非互联网经济的独有特点。

二、互联网经济发展的最新特点

我国当前所形成的反垄断法体系，包括《反垄断法》《指南》《反价格垄断规定》《工商行政管理机关禁止滥用市场支配地位行为的规定》四部主要法律法规（法律文件），基本能够适应当前新型的互联网行业发展需求以及互联网经济的竞争发展需求，只是在具体适用的时候需要考虑双边市场与网络效应、锁定效应的特殊性而进行具体分析。不过受到社会经济不断发展的直接影响，反垄断法政策研究的目标必须不断更新并对其自身内容进行不断调整。另外，因为反托拉斯的规则具有较强的灵活性，其自身也使得经济学理论获得了支持，因此在我国反垄断法的完善建设过程中，应当充分借鉴国外反托拉斯的基本理念，以推动我国反垄断法律体系的建设和不断完善。

同时，通过分析近期新出现的一些经济和社会现象以及案例，我们发现互联网经济本身发展和演变得极其迅速，许多之前的特征和规则还未研究透彻，现实中又已经展现出了一些新的特点。甚至许多理论在本书短短的写作过程中就遇到了新的挑战，尤其是以共享经济为代表的新经济现象更是为反垄断法的适用提出了新的命题。下文将对这些新的发展特点展开叙述，并以共享经济中出现的一些案例为论据进行具体分析。

（一）双边市场理论的新发展

如前所述，互联网经济具有双边市场的性质。传统的双边市场理论，指的是借助某一交易平台使得终端用户形成双方互动，并通过对定价的适当设置（通常是免费或低价甚至补贴价），使得市场的所有终端都能够参与到市场竞争中。在互联网经济中的具体体现即"经营者在一边的服务市场上将自己的商品免费提供给用户，从而尽可能多地获得用户数量，然后再以此数量去到另一边的互联网广告市场上争夺更多的交易机会与利润"。[1] 在此特征下，互联网产业开展的商业模式较为典型的现象便是交易平台对某一方进行收费，但是对另一方少收费或者不收费。我们日常中使用的大量手机应用程序（APP）即有这种典型的特征。

然而，随着技术和经济的发展，我们发现原本免费的一边市场，随着经营者获得更多的市场力量、占据市场极大份额甚至取得支配地位后，经营者会放弃之前免费或者低价的策略，转而在原本免费的市场开始收费。非常典型的案例就是"滴滴打车"这种网约车软件以及"支付宝"这种支付软件。以滴滴打车为例，早期滴滴打车为了在短期内获得大量用户，提供非常优惠的计价方式给顾客，甚至通过各种促销活动补贴用户的车费，借此获得大量的用户，同时开展广告市场等付费市场来获利，在此广告刊登者愿意付费的动力即在于广告商所能提供平台的用户粘性。然而随着该软件逐渐占据市场支配地位、一家独大后，对于客户的用户体验、补贴策略、低价策略都开始逐渐消失，代之的则是越来越贵的约车费用。支付宝软件也同理，早期其通过提供的免费转账和提现服务来吸引顾客，当顾客非常习惯使用这种软件时，这些经营者就会开始默默且缓慢地提高价格，来从消费者身上获取垄断利润。

---

〔1〕 许光耀："界定相关市场的目的与标准研究"，载《价格理论与实践》2016年第11期。

　　也就是说，我们一直在强调双边市场的免费性，即其中一边市场通常是免费地提供产品或服务，而误以为免费性是双边市场所带来的、互联网经济的必然属性。然而目前看来这种分析已经被现实所推翻，从网约车到电子支付工具案例来看，经营者在获得支配地位后提价的行为说明在互联网经济中，互联网产业根本就不存在不能提高价格的能力。之前的免费性也并非其天然属性，同样还是竞争压力所致，因此在互联网经济中维持竞争更为重要，因为随着市场进入门槛的降低，一旦某企业获得了支配地位，就很容易放弃免费的服务将双边市场的两边都变成获利的工具，从而绑架消费者。作为共享经济的代表，目前的滴滴打车软件已经呈现了这一态势，最新兴起的共享单车模式，如果继续放任其采取同样的方式予以发展，迟早也会如滴滴打车一般在获取支配地位以后对消费者"变脸"，将其原本免费的一边市场转为收费的工具。

　　（二）市场力量的来源越加丰富

　　同样以滴滴打车软件为例，由于网络效果的存在，即便经营者提高了价格，但是消费者出于消费习惯、转换成本的衡量甚至还有沉没资本的影响（如消费者在该软件中已经充值，那么如果该软件不允许消费者提现，消费者还会受到真正意义上的经济损失），并不会轻易地转而投向其他经营者。

　　由此还可以得出另一个结论：传统产业往往由于沉没资本而导致转换成本太高，因此消费者不愿转换；而在新兴产业中除了网络效应、锁定效应导致的转换成本过高以外，同样会遇到客观的沉没资本问题，这两者共同构成了新的市场力量的来源。那么在进行反垄断适用时，就需要对个案进行分析，全面考察市场力量的来源。

　　互联网服务过程具有网络和锁定效应。而网络效应的形成必须以大规模经济为基础，也正是受到该种背景的影响，具有某一特性的网络产品的用户将会不断增加，从而使得该产品的价值不断增加，最终形成网络不断扩张的正反馈效应。受到成本转移等多种因素的影响，互联网用户被锁定为某一种服务之后，最新进入互联网的经营者往往不能获得足够的用户支持。基于此，在判断互联网服务市场自身的支配地位时，市场份额的划分将会发挥极大的作用。

（三）共享经济中双边市场理论的应用——以网约车为例

打车软件是共享经济的典型代表，手机打车软件连接着乘客和司机两大群体，具有明显的双边市场的特征。而"共享经济"这个术语最早由美国得克萨斯州立大学社会学教授马科斯·费尔逊（Marcus Felson）和伊利诺伊大学社会学教授琼·斯潘思（Joel. Spaeth），在其 1978 年发表的论文（Community Structure and Collaborative Consumption: A Routine Activity Approach）中提出。而共享经济现象在中国却是在最近几年才开始普遍起来，其主要特点是："包括一个由第三方创建的、以信息技术为基础的市场平台。这个第三方可以是商业机构、组织或者政府。个体借助这些平台，交换闲置物品，分享自己的知识、经验，或者向企业、某个创新项目筹集资金。经济牵扯到三大主体，即商品或服务的需求方、供给方和共享经济平台。共享经济平台作为连接供需双方的纽带，通过移动 LBS 应用、动态算法与定价、双方互评体系等一系列机制的建立，使得供给方与需求方通过共享经济平台进行交易。"[1]

由此可见，要实现共享经济，至少需同时具备两个条件："其一，客观上，必须存在可供分享的物品，该物品的利用效能被系统性地低估；其二，主观上，参与人必须拥有分享的态度和动机。"[2]，而有学者认为，"人与人之间缺乏信任以及交易成本的高

---

〔1〕 彭岳："共享经济的法律规制问题——以互联网专车为例"，载《行政法学研究》2016 年第 1 期。

〔2〕 See Yochai Benkler, Sharing Nicely: On Shareable Goods and the Emergence of Sharing as a Modality of Economic Production, 114 Yale. L. J. 273, pp. 276~288 (2004).

昂，直接限制了共享经济在现代社会的发展"。[1]

当前，由于互联网点对点即时通讯软件的普及以及私家车的普遍化，互联网专车平台大大降低了交易成本；并且由于网约车公司相对完善的管理，如虚拟化乘客与司机之间的通信方式（比如乘客与司机之间的沟通虽然是通过软件甚至电话联系，但是该电话号码是被虚拟化的，使得乘客与司机在完成该订单之后无法获得对方的真实电话号码，从而避免了双方私人信息的泄露），因此得以创造出一个更具有信任度和诚信度的支付体系，从而促使人们更容易接受这一新鲜事物。同时，相对较低的花费和较高的回报也激励着越来越多的人参与到共享经济之中。

在网约车软件的推广中，相关企业为降低交易成本问题，"利用所拥有的大数据及实时撮合机制，互联网专车平台搭建了一个相对封闭的个人对个人市场（peer-to-peer market）"。[2] 该市场可以大幅度地提高共享经济参与人对相关信息和资源的易得性（accessibility），具体表现为：需要乘车的乘客可通过移动通讯设备接入专车平台随时获得价格合理的驾乘服务；有能力载客的车辆驾驶人可通过移动通讯设备接入专车平台随时提供价格合理的驾乘服务。对于市场参与人而言，相关市场规模越大，则乘车服务的易得性越强。同样，乘车服务的易得性越强，则越能吸引更多的乘车人和驾驶人加入到相关市场之中。正因为如此，互联网专车平台在成立之初就表现出咄咄逼人的发展势头，并在极短时间内形成了垄断竞争的态势。

2012 年中国先后推出十余款打车软件并展开激烈的用户争夺。

---

〔1〕 彭岳："共享经济的法律规制问题——以互联网专车为例"，载《行政法学研究》2016 年第 1 期。

〔2〕 See The Sharing Economy Accessibility Based Business Models for Peer-to-Peer Markets Business Innovation Observatory Contract No 190/PP/ENT/CIP/12/C/N03C01.

各个公司为争夺客户，纷纷展开补贴大战。2014 年的补贴大战之后，重新洗牌的在线打车市场回归理性，最终剩下滴滴打车和快的打车两家，依靠其背后互联网巨头的支持，将其他竞争者挤出市场。滴滴打车和快的打车的打车软件采用高额补贴的推广方式，推动了在线打车行业的发展，实质上是两家共同获益。下文将首先对打车软件的双边市场特征进行分析，并对其用户吸引策略进行研究，以期对打车软件的补贴行为和正在探索中的增值业务给出合理解释。

1. 打车软件的双边市场特征。打车软件意在解决乘客和出租车司机之间的信息不对称：一方面，乘客在高峰期、偏远市郊区等情况下很难打到车。据中国青年报社会调查中心在 2012 年对一、二线城市的一项调查显示，97.4% 的受访者曾遭遇"打车难"，54.2% 的人经常遇到这种情况[1]。另一方面，出租车空载率高，空车与乘客常常"擦肩而过"。电召平台作为一种辅助打车方式，由于响应时间长、用户体验差和附加费用高等问题并未使"打车难"问题得到缓解。随着人们出行需求的增加，扬招打车的方式也暴露出信息不对称和车辆利用率低的问题。

打车软件是安装在智能手机的一款 APP 软件，分为乘客端和司机端。用户进入乘客端，提交打车目的地，打车软件会由近及远地分配给离用户较近的出租车，直到司机接单接用户上车；司机抢单成功后通过定位系统可以发现乘客位置。由此可见，打车软件作为一个平台，帮助乘客和司机快速实现供需匹配。和扬招打车方式相比，打车软件通过定位和路线匹配，促成了更多的打车订单，同时降低了司机和乘客搜索彼此的成本，令双方的效用得以提高。

2. 打车软件不同发展时期的定价策略。打车软件在不同时期

---

[1] 白雪、肖舒楠："97.4%受访者曾遭遇打车难"，载《中国青年报》2012 年 7 月 10 日，第 7 版。

所呈现的定价策略差异恰恰体现了我们之前所述的：双边市场的免费性由竞争导致，当竞争逐渐消失时，免费性也就逐渐消失了。

（1）打车软件发展初期的用户策略。软件平台的发展阶段可分为发展初期和稳定期，处于不同阶段的平台目标不同，竞争策略也不同。发展初期的平台主要解决"鸡蛋相生"的问题。由于交叉网络外部性的存在，使两组用户相互依存，只有同时吸引两边用户加入才能产生交易。

新生的软件平台就是要打破僵局、吸引第一批用户。Caillaud和Jullien（2003）提出平台运营方可以采用"分而治之"的策略，对其中一边用户提供优惠，先将一边的用户规模培养起来，从而有助于另一边市场的培育[1]。

平台发展初期对用户的争夺，其原因在于"赢者通吃"的规律。曲创等（2009）验证了双边市场中存在"赢者通吃"现象：若平台1的A边用户规模大于平台2，则对于B边用户来说，加入平台1能获得更高的效用，因此不仅新加入的B边用户会选择平台1，就连平台2上的B边用户也会向平台1转移，于是两个平台的用户规模差距越来越大，最终平台2将被逐出市场[2]。国内打车软件的推广，主要归功于2014年滴滴和快的高额补贴的推广方式。同时，打车小秘、摇摇招车等用户规模较小的打车平台的用户，纷纷转移到滴滴和快的上来，最终使在线打车市场上仅剩滴滴打车和快的打车两家。以滴滴打车为例，2014年1月对微信支付打车费的用户每次随机补贴12~20元；同年5月，用户支付打车费后，能够以红包的形式为好友发放现金券。

---

〔1〕　傅联英、骆品亮："双边市场的定性判断与定量识别：一个综述"，载《产业经济评论》2013年第2期。

〔2〕　曲创、杨超、臧旭恒："双边市场下大型零售商的竞争策略研究"，载《中国工业经济》2009年第7期。

据滴滴官方统计，2014 年 1 月 10 日至 3 月 27 日共补贴 14 亿元，其中 60% 为乘客所获补贴，40% 为司机所获补贴。直接发放现金券的效果十分明显，补贴期间用户数量从 2200 万增长至 1 亿；截至 2014 年 10 月，滴滴打车用户月度覆盖量比 1 月增长 179%。另据艾媒咨询的一项调查显示，高额补贴是 53.8% 的受访者选择打车软件的首要原因[1]。

补贴虽高，但如果打不到车乘客也不会继续使用。因此司机数量对乘客效用有很大影响，即司机的交叉网络外部性更强。在司机端的推广上，除了给予现金返现，打车软件还向司机用户赠送智能手机，深入到司机中示范打车软件的使用方法。这些策略减少了司机的学习成本，增加了司机数量，最终带动了乘客规模的增长。当前打车软件的补贴金额逐渐降低，为了维持用户活跃度，补贴的形式也在翻新，如滴滴打车最近针对无人应答的订单，为司机补贴一定金额，以调动司机接单的积极性。

（2）打车软件发展稳定期的用户策略。平台过渡到稳定发展期，目标是实现盈利。曲创等（2009）以大型零售商为例，说明平台发展后期，对交叉网络外部性强的消费者采取低价策略，对交叉网络外部性弱的供应商采取高收费策略。如今在线打车市场的新用户增长趋于平缓，打车软件需要根据自身业务特点，建立盈利模式。截至 2014 年 9 月，国内打车软件累计账户规模达 1.54 亿[2]。

庞大的用户规模对广告主产生极强的吸引力，促使广告商加入到打车平台中。当用户通过发滴滴打车发放红包时，抢红包页面呈现的是商家广告，广告主还将赞助部分金额用于发放打车券。对商家而言，接入打车软件等同于接入到海量客户；对打车软件来说，实现了平台自身的商业化。此外，2014 年 8 月滴滴打车和快的打车

---

〔1〕 艾媒咨询：《2014 年上半年中国打车应用市场研究报告》。
〔2〕 易观智库：《中国打车 APP 市场季度监测报告 2014 年第 3 季度》。

分别在原有客户端中增加专车服务。专车服务面对高端商务人群，价格虽高于一般打车费用，但提供更加豪华的车型，司机服务水平也有所提高。专车服务的前期推广上仍然采用补贴的形式，除此之外还加强了与企业的合作，支持对公账户结算，为企业提供差旅、商务用车的解决方案。可见，打车软件依靠原有的用户基础，引入第三方广告业务，拓展高附加值的商务用车服务，来实现盈利。

综上所述，移动互联网时代，越来越多的互联网创新产品或服务都旨在提供一个具有双边市场性质的"平台"，除本书所讨论的打车软件，网络挂号平台、在线招聘网站，都是通过平台技术将两类用户的需求进行匹配的平台。通过本书的分析可以看到，打车软件在发展初期通过高额补贴争夺用户，解决"鸡蛋相生"的难题；随着市场成熟和用户黏度的上升，补贴的额度降低，打车软件积极地探索增值服务。未来打车软件的发展仍然应着眼于解决用户于不同场景的用车需求，依托已经培养起来的用户基础，进一步探索盈利模式。

第二节　共享经济中的反垄断法问题

如前所述，共享经济作为一个新鲜出现的经济现象，是互联网经济在中国发展的典型代表，具有典型的互联网经济特征，同时又具备一定的新特征。比如对于网约车软件而言，当软件平台实施涉嫌垄断的行为时，当事人不再只限于交易双方，而是至少有三方，即：网约车平台，车主和终端消费者。那么此时真正实施涉嫌垄断行为的显然是背后的网约车平台，而非直接交易的双方。本节将秉承前文的逻辑结构，对共享经济的相关市场界定、支配地位的认定以及具体行为的考察做出分析。

一、共享经济中相关市场的界定

以网约车软件为例，至少应当区分两个相关市场：

（一）同类打车软件间的竞争

首先应当区分的相关产品市场应当是不同的打车软件之间的竞争。最初国内市场上大约有十几家约车软件平台在互相竞争，随着竞争的深入，以及 2014 年各软件平台开始的"补贴大战"，最终该市场上剩下的是滴滴打车与 Uber 打车两家公司，这两家公司都是一边通过提供免费的约车服务，一边以红包形式发放补贴给终端用户，并在发放红包时候以做广告的方式获得利润。也就是说，网约车软件首先面对的同行竞争者是同类的打车软件。

具体而言，国内市场上的"专车"公司中，滴滴打车、一号快车、易到用车、神州专车、Uber、Lyft、BlaBlaCar、Zipcar、Car2Go 都是行业翘楚，都是经历了同类公司激烈竞争洗牌后的幸存者，"互联网+"时代的生存法则或许就是赢者通吃经济（Winner-Takes-All）。这场竞争虽然裹挟着技术和创新的思维，但真正起作用的是资本。时至今日，很多初创的"专车"公司已经销声匿迹，而存活的这些公司依然不断地通过"烧钱"补贴或并购重组等方式去继续扩大市场份额和排挤竞争对手。从市场交易法则看，这类竞争手段有利于优胜劣汰，通过竞争为市场提供更为稳定和优质的服务。但是，当同行竞争者都被排挤出去，或者某个平台公司聚集了最多的供需双方后，可能会产生市场垄断，这将阻碍其他竞争者进入，不利于技术进步和保护消费者。

此外，其供需双方分散和暂时性的服务与需求特点，很可能被一些不良公司利用作为逃避社会责任的手段，比如"把让聘用的员工转为这种'临聘'导致劳动者利益得不到保护".[1] 再者，竞争导致同类竞争者之间对资本的重视超过对技术的重视，迫使平台公司把融资放在第一位，没有强大资金支持的企业，技术再先进也会失败，这必然造成巨大的社会财富浪费，并可能出现"劣币淘汰良币"的市场竞争。这种局面是平台公司自身无法解决的，因此，政府应当通过立法规制其竞争手段，为其融资和技术提供行为规范，并通过立法对其中最基本的劳动用工和准入关系进行规范，避免外部竞争成本内部化。

（二）与传统出租车行业的竞争

网约车中涉及的相关产品市场还应当被定位为"与出租车展开竞争的出租车辆乘坐服务市场"。表面看来，传统的出租车市场是需要国家颁发许可证而进行运营的准公用行业，而网约车市场针对的是由私家车主提供服务的市场行为，但是二者实际上都是由一方连人带车提供出租车辆乘坐服务的行业，所以出租车事实上成为首先受到网约车服务抢占市场份额的行业。起初，为绕开出租车或包车业务的法律规制，专车服务经营者分拆业务，转而采取了"车辆租赁+司机代驾"的商业模式。该模式的合同基础是乘客、专车软件平台、汽车租赁公司和劳务服务公司"签署"的"用车服务协议"（称为"四方协议"）。这种"四方协议"约定，互联网专车平台用户通过专车APP注册为会员后，可以通过专车软件发出用车订单；互联网专车平台再将该订单发送给租车公司和劳务公司，由后二者根据用户要求分别安排车辆和司机。在互联网专车平台出现之前，这一商业模式几乎不具备可行性。毕竟，由乘客运用自身有限资源同时敲定车辆和司机成本太高。互联网平台具有信息优

〔1〕 See J. B. WOGAN, "HOW WILL THE SHARING ECONOMY CHANGE THE WAYS CITIES FUNCTION?", at http: //www. governing. com/topics /urban /gov how sharing economy will change cities. Htm, 最后访问日期：2018 年 5 月 30 日。

势，有助于迅速匹配车辆和司机，最大限度地满足乘客要求。

问题在于，上述商业模式毕竟是为规避法律而创设的，其商业可行性有待进一步深究。线上线下（O2O）商业模式的软肋在于，线上业务的扩张往往要受制于线下的执行能力。在"四方协议"下，互联网专车平台虽能迅速促成交易，但能否如约履行，还要看租车公司和劳务公司的执行力。

正是在此环节，我们发现，出租车和包车业务的优势在于"人车合一"，与其他客运模式相比，其可以提供更为随机和便捷的服务。反之，正常情形下的租车业务和代驾业务处于"人车分离"状态之中，即使借助互联网专车平台迅速促成交易，租车公司和代驾公司也必须要历经"人车配对"步骤，方能与出租车或包车公司站在同一起跑线上进行竞争。

然而，互联网专车平台不仅仅是将线下传统的客运业务搬到了线上，更是利用线上交易平台开拓了更为广阔的线下业务，并且该线下业务只有依赖互联网专车平台方可存在和发展，而这正是"互联网+"经济的核心所在。具体而言，为避免受制于租车公司或代驾公司，并与出租车业和包车业进行业务竞争，互联网专车平台采取了实质上"人车合一"，形式上"人车分离"的经营模式。首先，在"人车合一"阶段，私家车车主在互联网专车平台进行注册，直接把本人及其车辆接入平台；其次，在"人车分离"阶段，互联网专车平台将私家车挂靠到某一汽车租赁企业名下，同时，车主也成为某一合作劳务派遣企业的签约司机。由于互联网专车平台掌握了"人车合一"经营模式的核心资源——私家车车主和车辆，其不仅能够控制与之合作的租车公司和劳务公司，还在一开始就可以同出租车公司或包车公司展开竞争。显然，在实质上"人车合一"，形式上"人车分离"的经营模式下，"四方协议"的最大功能在于规避法律的强制性规定。所以本书认为，尽管外部表现形式是不同的，但是毫无疑问网约车软件所提供的约车服务与传统出租车行业提供的用车服务属于同一个相关产品市场。

同时，由于不同于以往的传统公司，网约车公司不直接聘用员工，不为其购买社保、提供劳动保护、支付退休金等，因此大大降低了服务成本，他们最大的问题主要来自国家政策、地方监管以及传统"实体经济"竞争对手和其他团体的反对。如出租车行业声称由于在消费者权益保护、定价规则和税收等方面缺乏制度约束，滴滴、一号专车、Uber 等存在不公平竞争行为。因此，出租车公司、酒店及其他行业、劳动者保护组织等以消费者权益保护或个人信息安全为借口，不遗余力地推动制度，企图扼杀或禁止这些新的竞争者。同时，网约车公司也开展了反击，利用他们的知名度与已占有的消费者数量，提出了新的竞争策略，尽最大可能去游说政府不要干预其运作，并希望通过官方的合法性宣告来获得合法地位，并进一步巩固竞争实力。

"专车"公司通过互联网技术为有短暂且分散需求的供需双方解决了信息不对称问题，大量被闲置的零散的商品和服务被最大化地利用起来，这对传统出租车公司（通过"集中和持续"才能完成供需双方比较稳定的信息匹配与交易）造成了巨大冲击。出租车司机的收入在"专车"进入以后受到很大影响，部分出租车司机都加入了"专车"司机的行列。这种冲击引起了同类传统竞争者的紧张，频繁发生的出租车司机与"专车"司机之间相互围堵和冲突的现象，已充分反映这个问题。

各界对这些冲突的看法很多，主要有三类：

第一，打破了传统出租车行业的垄断利益。这类认识过于简单，出租车行业在本质上是政府向社会提供的公共交通的一个部分，担负着分散服务的公共交通服务职能，传统出租车公司不仅需要盈利，还担负着劳动者就业和保障、增加税收、保障交通秩序和社会稳定等责任。如果简单地取消出租车公司现有的管理模式，放任出租车采用纯粹的市场逐利行为，很可能导致大量的投机行为出现，使大众对公共交通的需求得不到满足，并可能影响社会稳定。但是，出租车行业确实也必须适应市场的要求，积极采用科技手段和市场方式更好地服务于公共交通，这不应该成为社会公众抨击的对象。比如，可以引入互联网技术重塑出租车公司；降低出租车公司向司机收取的费用；在内部引入市场竞争机制等。

第二，"专车"公司违反了公平竞争或违法经营。这类认识看似具有现行法理支持，但是实则是"过时"且不具有对应性的，不利于保护创新和社会进步。如前所述，这是新出现的共享经济，其共享公司的功能针对的是短暂而分散的供需双方的信息匹配和资源利用问题。事实上，现有法律和法理都没有直接针对性。在依法治国的背景下，无论执法还是司法都应当接受市场创新中的"法无禁止则自由"的观点，同时也应受"法无授权则禁止"的羁束，这也是良法善治的基本要求。因此，传统出租车行业肩负的责任并不会很快消失，政府和社会也不会完全改变对传统出租车行业的法律定位，其行政管制性的"垄断"有存在的理由与价值。尽管，"专车"确实分走了传统出租车行业一部分市场，而且在法律适用技术层面还能找到制裁"专车"行为的条文，但我们也应该理性地看待"专车"问题。毕竟，"专车"与出租车是两种不同性质的经营模式之间的错位与互补性的行为。当然，也应当看到"专车"的暂时性和分散性等固有的缺陷所带来的社会问题，比如其平台滥用补贴排挤其他竞争对手、不正当利用平台收集的信息、偷税漏税、逃避承担社会责任等，必须建立法律监管机制解决这些问题。因此，地方政府在规制"专车"这类共享经济时应当以不危及社会整体利益为前提，充分尊重市场创新，限制权力滥用。

第三，不利于保护消费者利益和信息安全。目前和传统出租车比，"专车"公司掌握着大量的个人信息、具体地理信息、特定人员活动信息、经济信息和其他信息，如果被不法利用，将可能侵犯个人隐私甚至危及国家安全和经济安全等。因此，各界普遍质疑"专车"公司的信息安全问题。此外，由于其运行机制是单方面决定交易价格和交易模式，供需双方被动接受合同，这可能导致强制交易、强制搭售、价格同盟等违法行为，从而导致消费者和专车司机的权益都受到极大损害，并可能最终毁掉整个市场。这些问题是共享公司的内部法律结构与其外部结构中存在的问题共同造成的，政府应该积极通过立法建立合作监管制度，以便动态实时地实施过程监管。

二、共享经济中市场支配地位的认定

在本书第三章，笔者已经指出互联网经济中支配地位的一般形成模式为：由于网络效应而形成支配地位，由于锁定效应而巩固支配地位，由于兼容性和标准化而强化支配地位。而对于支配地位的认定上，一般采取的步骤为：首先确定其市场力量，并通过分析其是否满足"滥用行为"的构成要件，以及进行正负效果的比较，判断其是否满足"控制商品价格、数量或其他交易条件"以及"阻碍、影响其他经营者进入相关市场的能力"，即最终考察其是否使得消费者别无选择，而判断该经营者是否实施了滥用市场支配地位的行为。

同样以网约车软件为例。第一，应当考察该企业是否具有很高的市场份额。目前中国市场上，占市场份额较大的两家公司是滴滴打车和 Uber，其他公司如易到已基本退出竞争[1]，所以可以通过考察这两家企业的市场份额占有率来作为认定其市场力量的开端。

---

[1]　参见新闻："易到资金链危机导致提现难要靠秒杀 司机已不愿接单"，http://finance.sina.com.cn/chanjing/gsnews/2017-04-21/doc-ifyepsea9945773.shtml，最后访问日期：2018 年 5 月 15 日。

同时由于网约车软件的用户都是在线注册的，网约车交易也是通过在线支付完成，所以在市场份额的认定上提供了相对便捷的统计方式，这也是互联网经济相对于传统经济的一大优势。

第二，应当考察在相关市场上有无出现"现有竞争者无力充分扩大产出"。此时应当对于网约车软件涉及的两个相关产品市场分别考察。其一是考察同类软件市场中，其余的网约车软件是否有扩大产出的能力；其二是考察用车服务市场中，传统出租车与现在的私家车提供的用车服务之间的竞争中，出租车经营者是否也无力充分扩大产出。

第三，还需要考察有无出现"潜在竞争者无力及时进入现有市场"。此时同样需要区分两个相关市场分别考察。其一，在考察同类软件市场时，由于目前网约车软件的开发成本非常低廉，不存在技术障碍，所以仅从软件开发的角度而言，潜在竞争者是比较容易进入的，但是由于锁定效应的影响，现有的网约车软件市场基本已被滴滴软件和 Uber 所瓜分，新的打车软件要想进入就只能依靠资本力量重新进行大规模的补贴终端消费者，而新的竞争者是否有这样的资本实力就成为其是否能进入市场的关键。其二，在考察与传统出租车行业的竞争时，显然出租车本身进入市场是有一定障碍的，需要取得经营许可以及昂贵的出租车租赁或购买费用，而私家车通过网约车注册并取得运营资格则是相对容易的事情。然而，由于目前许多城市都出台了网约车的相关准入规定，对于网约车司机的资质进行了一定限制，所以在这一点上，可以说出租车与网约车都有了一定准入困难，旗鼓相当。

第四，还需要考察"买方是否有对抗能力"。此时不论是同类软件竞争市场还是传统的出租车行业竞争市场，所针对的买方都是终端消费者。因此只需要考察终端消费者是否有对抗能力即可，即考察终端消费者是否别无选择。

当然还需再次强调的是，此时四个条件必须同时具备才可以认定某网约车软件具备市场支配地位。

三、共享经济中掠夺性定价行为考察

在本书第五章，笔者对于互联网经济中几种典型的滥用市场支配地位行为进行了分析，在此以网约车为例，再次考察其中具体行为的表现。

早在 2016 年 11 月，旧金山历史最为悠久的出租车公司 Flywheel 就向联邦法院递交诉状，指控 Uber 公司采用"掠夺性定价策略"，导致了打车行业引发"逐底竞争"。在起诉书中，Flywheel 公司从多方面对 Uber 坐乘服务大加指控。Flywheel 指责 Uber 在其坐乘服务的实用性、价格以及安全性能方面存在不实宣传，涉嫌欺诈；同时涉嫌欺诈司机，谎称他们可以获取更多的收入；Uber 在对待残疾人，以及基于乘客性别、种族方面存在歧视性服务；另外，在出行高峰时段，Uber 还非法向用户收取拥堵费。[1]

那么 Uber 公司是否构成了被指控的"掠夺性定价"呢？如前所述，掠夺性定价属于长期策略性行为，其手段是通过压低价格、减少盈利甚至亏损的经营方式将竞争对手挤出市场或吓退潜在的竞争对手，是一种典型的"伤敌一千自损八百"的行为，而行为人之所以如此，当然不是为了真的"自损八百"，而是希望通过以"价格战"的形式将竞争对手排挤出竞争市场，然后再提高价格获取垄断利润。也就是说，掠夺性定价的行为一定包括一组"降价再提价"的双向价格行为。仅仅单纯的"低于成本的定价"并不会损害竞争，只有先以低于成本价的形式"亏本销售"，拖垮竞争者，之后又恢复原价甚至提高价格才称为掠夺性定价，该行为的实质是

---

〔1〕 参见新闻："Uber 被控实施'掠夺性定价'，遭出租车公司索赔超 500 万美元"，http://cn.technode.com/post/2016-11-03/uber-was-charged-by-taxi-company/，最后访问日期：2018 年 5 月 1 日。

将同类竞争对手排挤出市场。

与传统的掠夺性定价行为的不同在于，传统的掠夺性定价的实施者，其本身就是交易相对人，而共享经济中实施该行为的是第三方平台，但由于所有交易都是在该平台上发生的，所以打车软件也应当被视为实质上的交易当事人。其次，传统的掠夺性定价行为，在认定时应当以当事人占有支配地位为前提，而在共享经济中，使用掠夺性定价行为反而成为获取支配地位的一种手段。具体而言，在滴滴打车这个案例中，该公司使用掠夺性定价的行为目的就在于通过此举打败竞争对手、抢占市场份额、将竞争对手挤出相关市场，从而达到寡头垄断、制定市场规则、获取超额垄断利润的目的。同时需要注意的是，滴滴打车这一案例的核心不仅是汽车出租服务领域的竞争，更包含了深层的含义：即移动互联网支付端领域的阵地战，也就是微信支付和支付宝支付的争夺战。两家背后有巨头的支付软件（滴滴是微信支付，Uber是支付宝支付），不计亏损地投入巨额资金打商业战，目的即在于通过亏损价格抢占市场份额，可以预测，最终将会形成"老大"占领70%以上，"老二"占10%，其他的林林总总的打车软件占20%的市场份额的局面。而当其中的一个打车软件成为市场老大后，它就会开始利用各种方式赚钱盈利，一改其之前低价的面目，事实上现在无论是滴滴打车还是Uber的用车服务价格，都远高于之前抢夺用户时期的价格。

同时，传统出租车市场的常规商业形态就是出租车公司控制出租车数量和司机，而打车软件的最终目的不仅仅是控制出租车司机数量，它还要掌握打车的终端顾客资源。当它左手握着司机资源，右手握着顾客资源的时候，出租车公司就会彻底沦为最底层的管道，打车软件会把出租车司机和顾客圈在自己的利益链中，建立壁垒，把出租车公司和其他打车软件都隔离在外。

与之类似的是微信的竞争模式。就像微信把移动、联通、电信的短信业务基本排挤出市场后，再借助各种在线充值方式和微信支付，让用户不必再跑去营业厅充值，于是微信把用户和运营商彻底隔离开来。运营商在这一块的业务就沦为了单纯的管道，一方面要与微信（通信服务）竞争，另一方面又得依赖微信，利用流量和话费盈利。但这就意味着运营商无法再与终端用户直接接触，无法面对面地了解用户需求，并且同时丧失了向用户推广新通信业务的机会。打车软件同样如此，这大抵就是打车软件疯狂烧钱背后的商业逻辑。

然而随着打车软件目前的提价行为，以及类似的支付宝、微信支付等电子支付软件的付费提现行为，可以看出互联网经济最早的双边市场"免费性"会随着竞争压力的消除而消失，当这些企业由于双边市场的免费性而获得足够多的用户时，就会开始进行提价来获取垄断利润。如果反垄断法不能与时俱进地看到这一变化并进行规制，就会发生无数类似上述企业提价并最终损害消费者利益的事件。这一恶果已经显现，如果放任自流显然会损害共享经济发展的积极性，更会损害整个市场的竞争秩序。

第三节　完善私人救济制度来保障
互联网经济中的有效竞争

一、反垄断法的私人救济之可能性和必要性

反垄断法作为典型的社会本位法，其根本价值与目标在于通过规范交易行为促进经济效率，最终维护社会整体利益。以欧盟为例，"其竞争政策不仅起着维护市场有效竞争的根本作用，更承担着推动实现欧共体整体市场的重大任务"，[1] 而实现这种目标的最

---

[1]　王晓晔：《欧共体竞争法》，中国法制出版社 2001 年版，第 22 页。

理想模式肯定是经济活动主体自觉遵守反垄断法，如此一来所消耗的法律成本最低，但是执法效果却会最佳。然而，在实际生活中我们无法期待人人自觉守法且人人可以完善地守法，更多情况反而是经营者利用反竞争行为来获取更大的经济利益，所以此时反垄断法的确定实施（执行）就显得尤其重要，只有通过反垄断法的具体执行，才可以停止违法行为并防止限制、损害竞争后果的发生。

而法律执行的核心应当是制裁，包括刑事处罚、民事责任承担或行政处罚以及私人诉讼损害赔偿，从而达到惩罚违法行为的同时实现预防违法行为的目的。然而，我国《反垄断法》目前的法律责任体系（第七章），包括了刑事处罚、民事责任、行政处罚，却没有对于如何赔偿、如何补偿受害者（此时应当不限于消费者，还应当包括因为反竞争行为受损的其他竞争者）而作出的相关规定，这就使得反垄断法的根本目标（保护竞争与效率，维护社会整体利益）难以得到真正的实现。而反垄断法的实施与执行应当包括公共执行和私人执行两方面，前者是指通过公共财政和权力资源来对反竞争行为采取规制活动，后者则指由私人市场参与者发动对于反竞争行为的抵制行为，只有综合两种制度，才是对于反垄断法的彻底实施。

通常而言，私人对于法律的实施，是基于其利润最大化的理性选择来决定其行为的程度、范围和强度的，私人执行（private enforcement）的主要目的最初是保护个体利益，但如果有一套完整合理的制度作为保障，私人执行同样可以起到维护公共利益的作用。王健老师在其专著中曾提出应当将私人实施作广义和狭义的区分，广义的私人实施指的是"因私人个体的当事人倡导或介入而进行的竞争法执行"，而狭义的私人实施则指的是"在诉讼程序中私人当事人基于竞争法的规定而提起的独立民事诉讼或民事反诉"。而本书认为这种分类只是基于学理上的划分，对于反垄断法的确定执行并无实际意义，所以需要先将本书所指的"私人执行"或称为

"私人实施"的范畴限定于"一切由私人发动的对于反竞争行为的规制的行为",包括私人提起的诉讼、监督、和解和仲裁程序,而其中各个程序的架构将在下文详细分析。

（一）私人执行的可能性

反垄断法上的私人执行是否可行,这个命题应当包括法理基础和实证基础两方面,在此方面之前的学者们已经作出了大量的表述,比如,从"公法是否可以被私人执行"的角度讨论,提出"有必要用法律的私人执行来取代或弥补法律的公共执行,从而克服'政府失灵、缺位'对法律实施造成的扭曲"。同时,基于司法实践的角度来考虑,许多国家的公法已经明确规定了私人执行的内容,或者该国的私人执行在公法的执行中已经发挥了实际且积极有效的作用。以加拿大最高法院的解释为例,"在刑法领域允许私人个人自诉可起到提高公诉人责任心的功能"。与此同时,我国的《刑事诉讼法》中也规定了某些特殊案件的受害人可以直接提起刑事自诉。还有一些国家如美国,则在公法中建立了特殊的私人诉讼制度,以补充和促进公法的政策目标的实现。由此可见,既然传统的公法可以被私人实施,那么天生具有社会本位属性的反垄断法,更可以也更应当引入私人救济执行制度。

从实证的角度来分析,无论是反垄断法的起源国美国,还是在欧洲经济社会中起到极大作用的欧共体合约中的竞争法内容,抑或是我国颁布《反垄断法》以来的司法实践经验,都表明在现实生活中,私人之间的举报、告发、申请、诉讼的案件数量远多于反垄断公共执法机关自上而下所发起的调查案件,并且不论中美两国体制差异如何,首先发生的诉讼类反垄断案件都是私人诉讼案件。早在1890年美国《谢尔曼法》通过后,美国反托拉斯法的私人执行就产生了爆炸性的增长。美国于1914年5月6日生效的 The Clayton Antitrust Act1914（《克莱顿法》）,其主要目的即在于作为《谢尔曼法》的补充来预防垄断行为的发生，并在其第 4 条明文规定了美国联邦反托拉斯法中非常著名的"三倍损害赔偿制度"，也从成文法的角度确定了私人可以作为原告向他人损害其正当利益的违法垄断行为提起告诉的制度。此外，澳大利亚也有大量的私人实施反垄断法的案件，从 1975 年到 1994 年，澳大利亚共有 79 件私人执行案件，而同期公共执行的案件只有 61 件。至于欧盟，虽然私人执行反垄断法的案件数量比之美国、澳大利亚较少，但也认同对于反垄断法的执行而言仅仅由公共权力发起或主导是不够的。之后，欧盟、英国、加拿大和日本等主要反垄断体制国家和地区均对其程序法和实体法进行了广泛而深入的改革，其目的均在于推广反垄断法的私人执行。2004 年 5 月，英国出现了首例支持反垄断的私人诉讼，在 *Crehan v. Inntrpreneur* 案中首次"判决赔偿损失"。日本则在 1998 年的一个卡特尔案件中，首次判决被告赔偿原告 40 多万美金的损失，之后越来越多的原告作为私人发起了垄断纠纷诉讼从而获得赔偿或补偿其损失。综上所述，尽管各个国家关于私人诉讼的具体规定和实施细则各异，而且各国的法律传统和具体国情都不一样，但都高度重视私人诉讼制度在反垄断法的执行所应当发挥的作用，这既符合国际惯例，更是大势所趋。

（二）私人执行的必要性

私人执行是否需要存在其实就是私人执行相对于公共执行会有哪些益处，以及如果缺失私人执行会发生怎样的后果。如前所分析，私人诉讼的好处毫无疑问，其一，私人执行制度的补充，可以节约政府支出与预算成本，并且起到案件分流的作用，大大提高司法效率；同时私人反垄断诉讼也可以作为一种监督机制而实现对反垄断主管机构的制衡。其二，由于反垄断案件往往涉案资金数目巨大，同时案件繁杂又旷日持久，对办案人员的专业素质要求也相应较高，那么此时私人的力量对于反垄断执行机关的补充作用就显得尤为重要，并且会与公权力的执行形成一定的互动甚至良性的竞争，从而改善公权执法的整体水平。其三，这也是最重要的一点益处，在于通过私人救济制度，可以对利益受损者提供一定的赔偿或补偿。这里的利益受损者，不仅仅限于消费者，也包括因为不正当竞争导致损失的竞争者。如果仅靠反垄断执法机构主动去启动执法程序，则很难直接保证受害方的经济利益。最后，将私人利益与反垄断法直接相关联，更有助于《反垄断法》本身的普及和被接受，同时对于企业本身而言也是一种事前的指导，避免由于误读法律而出现损害竞争的行为。

而中国的《反垄断法》自 2008 年颁布以来，第一起私人发起的诉讼案件为 2013 年的"锐邦诉强生"案。在该起案件中，上海高院对"锐邦诉强生案"作出了终审判决，这是我国首例纵向垄断协议纠纷案，更是我国第一例在终审生效判决中判决原告方为胜诉方的反垄断案件，因此对于反垄断学界和司法界都有极强的探讨和指导价值。这一案件的基本案情是：原告锐邦公司是两被告（强生上海公司和强生中国公司）在北京地区的医疗器械分销商，双方作为上下游企业有 15 年的合作关系。2008 年，原告在一次医疗器械招标活动中为竞标而主动降价，由此被强生公司视为违约（违反了合同中的"限制转售价格的条款"）而遭受处罚（取消原告的分销权，并且停止为其供货），原告就此遭受的重大经济损失以及认为两被告违反了《反垄断法》第 14 条第 1 款"固定向第三人转售商品的价格"而向法院提起了诉讼，要求判决两被告赔偿因其垄断行为而造成的巨大经济损失。强生公司作为被告则对于该案的诉讼时效问题、原告适格问题、法律适用问题以及本案中双方关于"限制最低转售价格的协议"是否构成垄断协议等问题存在异议，就此提出抗辩。上海一中院作为初审法院，经查明后认为"本案中的原告所提交的证据，无法如实且充分地反映出被告实施了损害其利益的垄断行为"[1]，而且原告所遭受的损失，是因为二者的合同纠纷而导致，并非由于原告所提的"价格限制条款"所致，所以对于原告的诉讼请求全部驳回，不予支持。

原告锐邦公司不服一审判决而提出了上诉，强生公司则要求上诉法院维持原判，认为双方之间的购销合同事实只构成纵向垄断协议，原告仍然没有充分证据证明该协议实质达到了"排除、限制竞争"的效果，并且提出了新的异议即"是否应当支持上诉人损失赔偿的主张"。二审法院在查明事实后一一回应了被上诉人的异议诉求，作出终审判决，认为：其一，本案应当适用《反垄断法》，因为该法虽然生效于双方签订购销合同之后，但是双方的合同有效期一直延续到了该法生效后且一直继续履行，在此期间，被告事实上实施了垄断行为，所以法律适用是毫无争议的；其二，上诉人符合本案的原告资格。双方的纠纷起于"购销合同的内容是否违反了反垄断法"，且上诉人诉称的经济损失是因为被上诉人的垄断行为所导致（即属于《反垄断法》第50条所规定的"因垄断行为而遭受损失的民事主体"），因此上诉人依法可被认定为本案的原告[2]。

由本案可以看出，私人对于反垄断法的执行相比于公权力机构的主动发起，显得更加具体直接，但是由于整个诉讼过程中涉及的反垄断法问题繁多且复杂，即便执法者也不能保证百分之百地准确适用，私人力量在调查取证和分析方面肯定更加薄弱，难以承担有效的举证责任，所以原告很难胜诉，这也是之后我国由私人发起的诉讼数量愈加减少的主要原因。但是好在本案的终审判决为反垄断法的私人诉讼提出了一个很好的指导模板，传递了私人诉讼是可行的，由此受到的损害更是可以获得赔偿。也就是说，私人诉讼肯定是可行且必需的，但是只有明确了启动私人诉讼程序的操作标准

---

[1]　参见上海市第一人民法院（2014）浦民二（商）初字第399号民事判决书。
[2]　参见上海市高级人民法院（2012）沪高民三（知）终字第63号民事判决书。

与方法，以及明确因此导致的损害赔偿标准，才能鼓励发起更多的私人诉讼，最终起到补充公权执法的效果。

二、反垄断法中私人救济制度的构成

综上，本书认为反垄断法的私人救济制度（即私人执行、实施制度），包括但不仅限于私人诉讼，而应当是由私人诉讼、自力救济、私人监督、私人仲裁四个方面共同构成的一项综合性、立体性的制度体系，且这四种方法应当由当事人自主选择。

（一）私人诉讼制度

私人诉讼制度可谓是私人救济中效果最直接最明显的模式，也可以看作是私人救济体制的代表制度。然而反垄断的私人诉讼模式又同时存在很多的特殊问题，比如如何解决私人专业力量薄弱的问题，如何确定适格原告，如何分担举证责任等，因此在实践中提出了许多现实操作的难题。只有相应地设计一些具体的规则与细则来保障私人诉讼能够最终顺利实施，并且使私人发起者可以得到一定的损害赔偿，同时还需要能够避免和阻止过度诉讼而导致的滥诉现象，才能使私人诉讼制度更加合理和完善。

1. 原告资格问题。原告资格如何认定，应当是反垄断私人诉讼里首先应当解决的一个重要问题。反垄断案件天然地会与公共利益相关，如此就一定会涉及数量众多、层级不一的受害方，甚至还会同时存在直接的受害方与"被转嫁的受害方"，后者常常指的是那些直接的受害方（往往是同一相关市场中的竞争者）为了减轻己方的损失从而通过进一步的垄断行为（如转售）而将损害转移给最终的消费者。因此如何确定适格的原告，也就是说在实践中到底谁有权提起诉讼来维权，就是整个反垄断私人诉讼的出发点和关键所在。认定范围过于宽泛则会加大司法成本、不利于反垄断执法机构的有效执法，而如果认定范围过于狭窄则可能导致真正的受害者无法获得相应的赔偿，与反垄断法的根本目标背道而驰。目前世界上其他国家的立法，在确定反垄断法私人诉讼中的原告资格时，基本还是从宽规定的。比如欧盟国家在《罗马条约》的第101、102条涉及竞争法的条文中都没有明确地规定私人诉讼的原告资格，而是由学者提出认为"最易于借鉴美国的利益区域标准"[1]，体现出欧盟成员国希望通过鼓励反垄断法私人诉讼来促进欧盟内竞争法的推行和实施。

与此同时，美国通过《谢尔曼法》概括地规定了原告应是"任何因本法所禁止的事项而遭受财产或经营损害的人"[2]，但却没有制定进一步的细则来明确具体的"造成损害"的判断标准。不过，之后美国通过判例的形式确定了几个损害判断标准，以此来初步限定反垄断私人诉讼的原告界限[3]，但此后的美国各级法院在判断何为适当的原告资格时，仍然缺乏一个通用且具备可复制性的统一标准，而是由法官个人发挥自由裁量权来进行个案判断。虽然说有的学者认为这种"原则规定、综合考量"的方法有一定价值，对于个案的处理非常有帮助，但笔者认为这种过于笼统的原则性规定并不适合中国司法环境，在我们的法律体系里，法官没有英美法系国家那样灵活的自由裁量权，加上《反垄断法》在我国非常年轻，即便是三大反垄断法执法机构对于现实中的许多问题仍然欠缺足够的专业知识，如果再将判断损害的标准交给法院自由裁量，那么难免会出现如"锐邦诉强生案"一样的判决，即一审判决与二审判决大相径庭，这非常不利于普及和推广反垄断法的实施。

那么究竟应当如何认定原告资格呢？依据目前我国的法律（如《民法通则》），在认定原告资格时，根本原则应当是识别被损害的

---

〔1〕 李俊峰：《反垄断法的私人实施》，中国法制出版社2009年版，第149页。

〔2〕 参见美国《谢尔曼法》第7条的规定。

〔3〕 "直接损害标准；目标区域标准；利益区域标准；事实发源地标准；多因素标准等"，参见时建中："私人诉讼与我国反垄断法目标的实现"，载《中国发展观察》2006年第6期。

法律利益，不同案件中受损的法益不同，肯定也会有不同的适格原告。如在中国互联网反垄断第一案——"奇虎360诉腾讯公司"一案中，腾讯公司的即时通信软件用户吕某就认为腾讯公司为了对抗360公司而逼迫自己必须"二选一"的行为就侵害了其用户的自由选择商品或服务的权利[1]，因而对腾讯公司另行提起诉讼，要求腾讯公司为其恢复即时通信账号的正常使用以及赔偿此行为造成的消费者损失。然而，吕某提出的这种"禁令（不作为）"诉请如果被法院支持，则被告腾讯公司就等于需要为原告一个人而调整系统以保障其账号的正常使用，这个结果显然既缺乏实际操作性又不符合法经济学的司法成本理论；同时，如果这个诉请被法院受理且支持，是因为"被告应整体调整QQ即时通信系统，继续保持包括原告在内的所有用户的QQ号码在安装360安全卫士软件的情况下正常使用"[2]，那么原告的上述诉请显然是"越权"的，因为原告所提出的"消费者利益受损"是作为一个群体去提诉，但是吕某一人显然无法得到腾讯其他诸多用户的授权，更无法取得法定的授权从而使其具有代表性，即便是吕某因此发起腾讯用户的签名授权而取得了其中1亿、2亿甚至3亿用户的签名授权，也不一定可以作为适格的原告而提起诉讼，因为按照《布莱克法律大词典》的解释，"原告"指的是"某人在一桩具体的司法纠纷中所拥有的可以将这一纠纷诉诸司法程序的足够法益"[3]，也就是说，是否有权提出诉求，是由原告的身份而决定的，而非由原告的数量来确定。因而这种涉及损害公共利益的诉讼，原告资格的认定应当借鉴民法上的"公益诉讼"来确定。

---

〔1〕　参见《消费者权益保护法》第7条与《消费者权益保护法》第9条。
〔2〕　白依可："奇虎360诉腾讯垄断案最高院终审判决之启示"，载《天津法学》2015年第1期。
〔3〕　参见《布莱克法律大词典》。

2. 原告的举证责任。反垄断纠纷案件往往具备极高的专业技术含量，因而在举证责任由谁承担的问题上有其特殊的规定。我国的《反垄断法》第50条虽然规定了如果经营者的垄断行为的确给其他人造成了事实损害，依法应当承担民事责任。但这条规定过于概括，并没有进一步地具体规定什么是"反垄断法的民事责任构成"，以及在提起损害赔偿的诉讼时具体如何分配举证责任。因此目前我们只能通过一些已发生的案例和在分析其他国家的经验基础上来进行具体分析。

在"刘大华诉湖南华源公司、东风汽车公司案"[1] 中，湖南省高院就适用了《反垄断法》第3条、第5条、第17条和第50条作出判决，并在判决中集中讨论了实践中如何界定垄断案件中的"相关市场"。本案的大致案情为：原告刘大华作为东风日产公司出品的轿车的车主，其在东风公司指定的4S店（湖南华源公司）维修车辆的过程中，与4S店发生关于维修费用的纠纷，双方争议的焦点在于原告认为两被告通过要求消费者必须使用"原厂配件"而产生了高额的汽车维修费用，进而获得高额利润，属于反垄断法所禁止的"滥用市场支配地位"而使得消费者别无选择，从而损害了消费者利益，原告因此提起诉讼，然而一审法院判决驳回其诉讼请求，原告不服又向湖南省高院提起上诉。之后，上诉法院查明事实审理后认为，原告所提出的汽车维修费用产生于原厂门锁的维修期间，但是依据反垄断法上"相关市场"的界定方法，本案的"相关市场"应当被界定为"所有适用于该车型汽车的门锁配件市场"，那么原告就应当承担"东风汽车公司及其4S维修店在该相关市场内具备市场支配地位"的举证责任。然而原告既然无法提交足够的证据证明，那么就应当承担相应的法律后果，因而上诉法院驳

---

〔1〕 参见湖南省高级人民法院（2012）湘高法民三终字第22号民事判决书。

回上诉，维持了原判。在这一案件中，法院明确提出在垄断纠纷的私人诉讼中，原告应当承担举证责任，也就是说，在目前中国的反垄断法体系中，一般的举证步骤是：首先证明被告存在垄断协议的事实，再判断其他行为是否会损害效率。但是现实中原告的力量往往不足以调查清楚庞杂的垄断事实，更无法宏观地对效率是否损害作出对比判断。所以，若原告可以证明被告的垄断行为的目的即在于提高其产品价格，就可以认定垄断事实的存在；反之若被告无提高价格的能力，则不构成垄断。同时，当被告的市场份额达到一定程度时，则可推定垄断成立从而倒置举证责任。

　　然而这一举证责任制度显然在实践中存在适用困难，因为往往在反垄断法的适用中，准确且充分地界定相关市场显然不是一件容易的事情，它需要非常专业且充分的经济学和法律背景知识来进行证据相关性的排除与证明工作，而且个人主体甚至中小竞争者根本难以获得足够的分析数据和行业统计，但如果将明确且确定涉案相关市场的责任完全归属于人民法院显然也是不合适的，既无法可依，也会极大地浪费司法成本，降低司法效率，同时还会因此引发经营者滥诉来对抗甚至打击其竞争对手，那么最终一定会损害良好的市场竞争秩序，这显然是有违垄断法的立法目的和价值追求的。所以本书认为，如果是私人提起的"滥用市场支配地位"诉讼，尤其是消费者启动的诉讼程序，应当允许一定程度上的举证责任倒置，由占有市场支配地位的经营者证明其并未滥用该支配地位造成损害，或运用"效率原则"证明其造成的损害小于该行为所带来的社会整体经济效率。

　　3. 关于前置行政程序。私人诉讼制度里还有一个很重要的问题是"是否需要前置行政程序"。"前置行政程序"也被许多国家称为"审决前置程序"，即"在实施审决前置的国家，私人不能直接执行反垄断法，法律为私人执行设置了前置的行政程序"，日本即以其反垄断法的第 26 条确立了这一制度[1]。这项制度的好处在于由于反垄断案件的复杂性和专业性，通过前置程序可以避免错误的主张和滥诉，但是这点利处仍无法掩盖这项制度对于私人救济作用的抹杀，如果实施了此种前置行政程序，等于给与了有权行政机关完全消灭私人执行的权力，其结果只能是切断对受害人的救济之路，从而架空了反垄断法中的私人执行作用。至于说如何遏制私人诉讼中的"滥诉"现象，这完全可以通过完善提起诉讼的制度来控制滥诉的出现，也就是说，只要设计出合适、合理，最主要是兼顾经济成本与司法正义的诉讼程序以及赔偿制度，就可以使得反垄断私人诉讼的价值获得最大化。

4. 关于三倍损害赔偿制度。私人诉讼在美国反垄断法实践中非常活跃的一个重要原因即在于美国所实施的是惩罚性的损害赔偿制度，即"三倍赔偿制度"（*Trible Damages*）。"三倍赔偿制度"由美国的《克莱顿法》所确立，该法第 4 条明确作出规定，"任何人因为本法所禁止的事项（或行为）所遭受的经营上或者财产上的事实损害，可以向行使了这一禁止行为的经营者或其代理人所在的美国联邦地区法院提起诉讼。不论诉讼双方发生纠纷的损害大小如何，受害人均可获得因此所受损失的三倍损害赔偿，并且该赔偿还应当包括诉讼成本和合理律师费用"[2]。《克莱顿法》整体的设计是以补偿和威慑为其双重制度目标，但是其中具体的这一损害赔偿制度，还是以威慑（预防）为主要目的，正如著名反垄断法学者 Jaynie Randall 所言，"设立三倍损害赔偿制度之初的目的必然是双重的，即同时赔偿受害方与鼓励私人救济的执行；然而无可否认的

---

[1] 王东宇："美日反垄断法执行制度比较研究及其对我国的启示"，云南财经大学 2010 年硕士学位论文。

[2] 美国司法部反托拉斯局编：《美国反托拉斯手册》，文学国、黄晋等译，知识产权出版社 2012 年版，第 13 页。

是，其鼓励目标中必然含有震慑之效果"[1]，结果是大大调动了私人参与反垄断法实施的积极性，利用企业的逐利性强化了反垄断法的实施效果，但是这一制度导致了滥诉现象非常严重，事实上干扰了正常的经济行为，结合我国当前的经济现实，简单移植这种制度显然并不是一个很好的选择。

（二）自力救济制度

在"腾讯公司诉360公司案"中，虽然法院已判决，但事实上腾讯公司为了对抗360软件公司的侵权行为而做出的逼迫用户必须"二选一"的行为在当时的情境下应当是一种迫不得已的私力救济行为，本书认为这一行为本身不应当被视为违反了反垄断法。此时腾讯公司的行为非常类似于刑法中的"正当防卫"，由于360公司的不正当竞争行为使得腾讯公司的客户在短时间内大量流失，而客户的使用率恰恰是腾讯公司赖以生存的根本，为了应对360公司的侵害行为，腾讯公司所做出的不得已的"制止对方侵害"的行为应当被视为合理的自力救济。但在实施这种自力救济的时候，必须明确规定自力救济在何种情况下可以发起，以及可以实施到何种程度，如果对方的侵害已经停止或已被消除，必须立即停止这种救济行为，否则超出的部分会被视为违反《反垄断法》的竞争行为。

（三）私人监督制度

私人监督制度在其他部门法中尤其是公法中盛行已久，是促进和推动公法执行的有效补充手段。我国的《反垄断法》中，虽然没有明确提出建立该制度，但是在第38条中提到了"任何单位和个人有权向反垄断的执法机构举报涉嫌垄断行为"，而且要求"反垄断的执法机构在依法调查时应当为举报人保密"，也就是说在我国，私人主体或其他相关经营者，对于涉嫌垄断的行为，举报是一种权

---

[1]　Jaynie Randal, "*Does De-Trebling Sacrifice Recoverability Of Antitrust Awards?*" 23 *Yale J. on Reg.* 311, 313 (2006).

利而不是一种"告发义务",并且享有这种举报权利的主体非常广泛,是"任何单位和个人",且这种举报权利有法可依,依法受保护。尤其是依法"为举报人保密"的规定具有很大的现实意义。这种为"举报者"守秘的法律规定在我国其他法律中并不多见,在各国的类似法律中也很少见,但这项规定对于减少举报人的顾虑、鼓励私人主体更多地参与反垄断法的执行起着极其重要的保障和促进作用。

同时依照中国当前的法律规定,举报人若"采用书面形式并提供了相关事实和证据的",反垄断执法机构应当进行必要的调查,也就是说,在中国目前的私人监督制度中,提起举报的方式不限于书面形式,但只要有书面告发且有事实证据的,则执法机构必须就此作出回应并展开调查。但此处规定也有一个漏洞,就是如果举报人并未采取书面形式,或采取了书面形式但没能提供充分的证据时,执法机构该如何回应?目前的法律并没有如此细致的规定,这就有可能导致现实中由于执法机构没有回复而挫伤部分举报人的积极性,笔者认为此处应作细则规定,可以要求执法机构凡接到举报就应当作出答复(可以不限答复的内容和程度),这对于促进私人参与大有裨益。此时应当注意,如果一个企业实施了垄断行为(如与其他企业订立垄断协议),那么其作为个体而向反垄断法执法机构检举揭发相关违法垄断行为的做法,可视为之后反垄断法执法机关作出惩罚决定时的从轻情节,这就是反垄断法上的"宽大制度",也可视为私人监督制度的一个具体表现。

私人监督制度对于一国反垄断法公权执法机关的补充作用是毋庸置疑的,执法机构在司法实践中进行反垄断执法时,必然会涉及大量的调查、取证、认定工作,同时因为涉嫌垄断行为往往具有隐蔽性,因此在证据的搜集和认定方面也比较困难,此时私人力量的介入和协助就会起到很好的查漏补缺、提供信息的作用。同时,私人的告发与举报行为既可以促进公权执法行为的启动，又不至于对执法机构产生必然的约束力，这就为双方的协助、互助和制约提供了一个很好的平衡点。由此可见，私人可以通过自己的主动行为而启动反垄断执法机关的执法行为，这既是其参与反垄断法公权执法的手段，同时也是私人参与反垄断法执法的一部分成果。私人主体作为市场的直接参与者，其直接性、目的性强的优势，对于反垄断执法机关在调查相关涉嫌垄断行为对市场经济秩序的影响方面是有非常有意义的，毕竟仅靠反垄断公共执法机关难以深入全面地获得所有的违法信息。因此，通过私人主体的举报、告发、申请或抗告程序的直接行为来启动反垄断的公法执行程序，并由此促进反垄断公共执法机关采取积极行动对反垄断违法行为进行纠偏，这显然是一套符合效率且节约法律成本的制度，尤其适合现在全民参与的互联网时代。

（四）私人仲裁制度

在美国的 *Mitsubishi Motors Corp. v. Soleer Cheysler – Plymouth*[1] 案件之前，如果合同中有当事人约定了"将反垄断纠纷请求提交仲裁"的条款，美国的法院将拒绝执行。而在 *Mitsubishi v. Soleer* 案中美国最高法院对于"一个国际合同中含有将反托拉斯争议提交仲裁的义务"的条款进行了执行；美国的下级法院于此之后认为"没有理由将同样的国内争议区别对待"，所以美国自此"对于约定将反托拉斯请求提交仲裁的国内合同条款，多数法院都予以执行，只要不涉及第三人的权利或责任"[2]。

事实上，这种解决方法完全是借鉴了民法中解决民事纠纷的机

---

〔1〕 473 U. S. 614, 105 S. Ct. 3346（1985）. See 2 Antitrust Law II 311e（2d ed. 2000）.

〔2〕 ［美］赫伯特·霍温坎普：《联邦反托拉斯政策——竞争法律及其实践》，许光耀、江山、王晨译，法律出版社 2009 年版，第 713 页。

制，即将仲裁视为与诉讼一样的解决机制由当事人自主选择适用，但是若想进行反垄断相关的仲裁，一定以双方有事先协议为前提。既然反垄断法自始至终都是一部社会本位的法律，兼具公法和私法的双重性质，并且事无巨细地体现着强烈的社会公益性与经济政策性，那么通过仲裁这种自治、独立、公平的方式私人实施反垄断法，则"天然具备现实性与可行性"[1]，所以尽早建立起反垄断法的私人仲裁制度也是大势所趋。

三、中国反垄断法私人实施的制度构建

（一）当前《反垄断法》中的相关法律条文分析

《反垄断法》第 50 条明确提出："经营者实施垄断行为，给他人造成损失的，依法承担民事责任。"本条作为对实施垄断行为给他人造成损失的民事责任的规定，实际上在法条层面确立了反垄断法私人实施的合法性。然而此条规定只有原则概括而缺乏细则指导，因此难免因过于笼统而缺乏可操作性，这就使得在实践中，反垄断法的私人执行困难重重，缺乏法律的引导和预见功能。

反观我国当前的反垄断法私人执行制度，显然存在如下问题：其一，没有清晰确定的实施模式。既然公共执行和私人执行这两种制度本身都各有利弊，所以如果想要二者各自发挥所长且避免互相牵制，并能达到互为补充的效果，就应当在执行的时候确立模式选择的优先性，以此避免重复实施或冲突实施，也减少社会资源的浪费，降低司法成本。其二，程序不明确，救济方式不充分。《反垄断法》第 50 条虽然给私人实施制度确立了合法性的基础，然而"徒法不足以自行"，与普通的民事诉讼甚至行政诉讼相比，涉嫌垄断的行为往往具有专业性与隐蔽性而难以调查取证，相应的，反垄

---

〔1〕 丁国峰："美国反垄断法可仲裁性及其对我国的启示"，载《中国工商管理研究》2010 年第 11 期。

断相关的诉讼也会变得更为复杂和繁琐，倘若缺乏细致、确定的程序性规定与可量化的违法性判断标准，这条法律本身显然难以发挥其真正的作用。如果想要使私人力量真正在反垄断法的适用和执行中发挥作用，不论私人是以哪种方式参与反垄断法的执法之中，都应该制定更为详尽的细则，至少对于民事责任的承担方式、有权提起损害赔偿的主体范围、损失额度的量化规则、赔偿额度的范围与限定等具体问题作出相对统一的规定，如此才能保障反垄断法实施的统一性与确定性。

（二）我国反垄断法私人实施的制度完善

综合前文的分析，本书在最后试图对我国反垄断的私人救济体系（或称之为私人执行、私人实施制度）提出几点浅见：

1. 执行模式的选择。在司法实践中能否协调公共执行与私人执行，从而使得二者可以扬长避短地发挥作用而非互为绊脚石甚至发生冲突，与优先选择哪种执行模式息息相关。当前国际上私人执行得较为成功的模式，主要就是以美国为代表的"直接执行模式"和以日本为代表的"审决前置模式"。"直接执行模式"指的是"私人的反垄断法实施完全独立于反垄断法的执行机构。私人主体作为当事人在发起执行程序前无需获得反垄断主管机关的同意，反垄断主管机关的调查和处理决定也并非私人反垄断诉讼的必要前置程序，即私人可以绕过反垄断法执法机构而直接到法院提起诉讼"[1]，这种制度一方面非常能够促进私人发起反垄断执行的积极性，另一方面还很有助于简化私人执行的程序，能够同时兼顾私人执行的独立性与公权司法执行的公正性，当然也更强调和依赖受害人主动性的发挥，那么最终的执行效果难免受被害人专业水平甚至经济能力的影响。

---

[1] 王健：《反垄断法的私人执行——基本原理与外国法制》，法律出版社 2008 年版，第 48 页。

而日本的"审决前置"则要求"受害人向法院所主张的具备可诉性的权利必须建立于其公正交易委员会已对涉嫌垄断的违法事实作出违法性审决的基础之上"[1]，这种方式的主要特点在于受害人对于损害的申诉可以依附于公权执法的推进而进行，更有利于私人提起诉讼后获得胜诉。然而这也就意味着，日本的这种审决前置模式难免会压缩和限制私人执行的作用，使得私人执行丧失了其独立性，因而也就失去了私人执行对于公共执行的监督作用，从实际效果而言沦为公共执行的附属品。

综合比较而言，笔者认为当前中国的现状和现有法律的架构显然更适合借鉴美国的直接执行模式而对其进行改良适用，因为美国的模式可以较为有效地发挥私人实施的能动性，最重要的是有利于保证私人实施的独立性从而充分发挥其监督和补充作用，这显然更符合我国当前活跃的市场经济国情，更有利于激发国民的市场竞争意识和公平有序竞争理念，所以更值得当前中国加以借鉴。

2. 程序和救济方式的完善。只有尽快通过反垄断法实施细则和司法解释甚至指导性案例，对私人实施的程序进行完善才可以保障实体法律的真正贯彻实施。同时，应当通过制度设计激发私人实施的积极性，促进私人执行在反垄断法执法过程中发挥极大的能动作用，具体而言，应当通过细则和指导案例进一步明确适格的原告资格，不应当对这种资格进行过多的限制，如前所述的"刘大华诉湖南华源、东风汽车公司案"中，杭州市西湖区法院以管辖权异议没有受理该案，但依据笔者个人意见，此案还是效仿公益诉讼提起对腾讯公司诉讼更为合适，毕竟腾讯公司的即时通讯软件的确在当前的通信市场上占有支配地位，不仅是消费者，与其竞争的竞争者相较而言力量也是十分薄弱的，如果设立过于严苛的原告资格审查

---

〔1〕 戴龙：《日本反垄断法研究》，中国政法大学出版社 2014 年版，第 245 页。

制度，难免会让与其力量对比悬殊的消费者与竞争者望而却步，并不能很好的维护市场竞争秩序。

　　所以在之后的司法实践中，我国完全可以借鉴美国的执法经验，即只要是受到违法垄断行为损害的（违法性的判断可以由原告根据法条进行初步的评价），不论是经营者还是消费者都可以以"公共利益的受损"为理由而成为私人诉讼的原告。当然，同样由于市场力量的失衡，私人原告对于专业证据的收集能力有限，此时则可以借鉴美国的"审前证据公开制度"[1]来进行平衡；此外，在司法实践中还应当借鉴公益诉讼的经验，重视集团诉讼的价值，这种诉讼在中国的司法中并不常见但并非不存在，在英美国家的公益诉讼中则非常普遍，显然这种诉讼的威慑和指导性作用是非常显著的，因此若大力推广此种诉讼，对于那些受害人范围广泛的垄断侵权案件来说，肯定会使被害者权利得到最大程度的伸张与实现。

　　　　————————

　　〔1〕"审前证据公开制度"是美国民事诉讼的一种常见的审前程序，主要指的是一方当事人可以根据该制度从对方的当事人处获得与该案有关的事实，以助于双方准备庭审。这一程序起源于英国衡平法的实践，它通过允许当事人在审前阶段向对方当事人索要相关证据信息，来弥补由于普通法中当事人在审前阶段毋须作证而导致的对方无法获得证据的不足。

结　论

　　互联网产业的繁荣与发展，对于人们日常生活的改变无疑是深刻且全面的，互联网经济作为一种颇具特点的经济现象，除了影响到人们的生活方式以外，自然也对各个部门法的法律适用提出了新的挑战。本书在对互联网经济及其具体行业的经营模式进行全面分析的基础上，结合反垄断法的一般原理与各国尤其是欧盟的成熟立法例及司法经验，梳理了互联网经济的经济学特点以及其中给反垄断法带来挑战与适用困境的特征，并具体到互联网经济语境下，提出经营者滥用其支配地位的反垄断法调整与规制方式。

　　然而反垄断法是基于行为主义的立法，针对的是行为本身，预防的是对竞争造成的损害。所以当新的行为模式和行为特点出现时，本书的首要立场即在于：首先通过分析新行为的特征，看是否可以套用现有的法律制度；如果不能直接适用，则根据其特点进行修正的适用，尽量发挥司法的能动性和纠偏作用，而不是一味催促修订法律、甚至重新立法，因为这对于法律整体的稳定性和逻辑性而言肯定弊大于利，同时也不利于行为人根据法律指引自己的行为。

　　所以本书通过对互联网经济特点的挖掘、相关市场界定的一般规则与特殊适用、滥用支配地位的一般规制与特殊调整以及经营者在互联网环境中涉嫌垄断的具体行为的考察，最终得出这样的结论：互联网经济本身并非全新的经济形态，而只是所有依托互联网技术与信息技术的经济形态的综合，是一种基于互联网产业和信息技术发展的经济现象。即便同时被称为"新经济"，但是并非整个互联网经济都需要全新的法律规则去配套调整，在具体的案例分析中，应当区分该行业的本质特征，有的领域如果只是依托互联网技术而"新瓶装旧酒"，则仍然优先适用传统的反垄断法规则对其进行调整。

互联网经济给反垄断法的适用带来适用困境的根本原因在于其中的"双边市场"和"网络效应"这两个特征。只有同时具备双边市场和网络效应两个特征的互联网经济行为才会给传统反垄断法的适用带来适用困境，只具有其中一个特点或根本不具备两个特点的互联网经济现象，其只不过是带有互联网元素的商业行为而已，并不在本书讨论的范围内。对于上述特殊困境的应对，也不需要将传统法律推翻重建，而只需要加强司法手段、对现有法律进行细化的司法解释，以及加强司法审判中的具体分析即可。盲目地强调需要修法改法，其实是一种非常浪费法治资源的行为，并不可取。此时还需要注意的是，日常人们提到的"司法调整"，不限于法官的司法审判，还应当包括司法解释制度。在如此的语境下我们才可以作出"司法调整可以解决新困境"的论断。

中国的反垄断法条文设置虽然借鉴了大量的美国和欧盟的成功经验，也颇具自己的创新可取之处，但是在实践应用中，由于保护竞争的文化的观念尚未深入人心，反垄断法本身的分析方法也较为复杂、专业，所以导致普通民众对于反垄断法的适用敬而远之，中小企业也不会利用反垄断法来保护竞争，大型企业更是无法利用反垄断进行风险的预防与规避。竞争诉讼在欧美国家已有上百年的历史并已经逐渐发展出相对成熟的适用模式，相比而言，中国的反垄断法文化不仅起步晚，更是缺乏深入的研究与适用实践。

　　然而，随着互联网技术对于社会生活、法律环境的全面渗透，互联网经济同时也凭借着高增长、高效益、快回报、低消耗、低污染的优势成为现代第三产业中发展最快、最活跃的新的经济增长点，但是显然对其带来的问题，法律的回应是滞后和迟缓的。尤其是作为社会本位法的反垄断法，对此的回应显然既不积极也不深刻。互联网行业的垄断结构及其涉嫌垄断的行为也无法及时受到司法的及时纠偏，尤其是互联网企业的滥用支配地位规制更加缺乏确定有效的法律指导。这也是本书的写作初衷，希望通过深刻剖析双边市场与平台企业、网络效应与锁定效应这些根本性的特征，对互联网经济的滥用市场支配地位行为进行进一步的经济学与法学的理论研究，并由此修正反垄断的政策与规则，从而最终实现对互联网经济的有效反垄断法规制。

　　最后，本书认为私人救济制度和民事赔偿制度的有效建立，是真正促使反垄断法得以实现的关键。私人救济制度，作为公法调整无能的有效补充，既节省司法成本，又有助于保护竞争文化的普及；而合理的民事赔偿制度的建立，显然会极大地调动经营者参与反垄断的积极性，从而整体推动反垄断法的实施与发展。当然，这种民事赔偿制度必须合理且设计精巧，不能生搬硬套国际经验，必须对于反垄断各方参与人的利益进行平衡的保护，以避免反垄断的滥诉。

参考文献

一、中文著作

[1] 戴龙：《日本反垄断法研究》，中国政法大学出版社 2014 年版。

[2] 国家工商行政管理局条法司：《现代竞争法的理论与实践》，法律出版社 1993 年版。

[3] 何之迈：《公平交易法专论》，中国政法大学出版社 2004 年版。

[4] 赖源河编：《公平交易法新论》，中国政法大学出版社 2002 年版。

[5] 李俊峰：《反垄断法的私人实施》，中国法制出版社 2009 年版。

[6] 刘文富：《网络政治——网络社会与国家治理》，商务印书馆 2002 年版。

[7] 刘志彪等：《现代产业经济分析》，南京大学出版社 2001 年版。

[8] 尚明：《对企业滥用市场支配地位的反垄断法规制》，法律出版社 2007 年版。

[9] 盛晓白：《网络经济通论》，东南大学出版社 2003 年版。

[10] 陶长琪等：《经济新概念》，江西人民出版社 2004 年版。

[11] 工业和信息化部电信研究院政策与经济研究所、腾讯互联网与社会研究院：《中国互联网法律与政策研究报告》，电子工业出版社 2014 年版。

[12] 佟柔：《中国民法》，法律出版社 1990 年版。

[13] 王健：《反垄断法的私人执行——基本原理与外国法制》，法律出版社 2008 年版。

[14] 王晓晔：《竞争法研究》，中国法制出版社 2000 年版。

[15] 王晓晔：《欧共体竞争法》，中国法制出版社 2001 年版。

[16] 王晓晔：《中华人民共和国反垄断法详解》，知识产权出版社 2008 年版。

[17] 文学国：《滥用与规制——反垄断法对企业滥用市场优势地位行为之规制》，法律出版社 2003 年版。

[18] 林新：《企业并购与竞争规制》，中国社会科学出版社 2001 年版。

[19] 薛伟贤：《网络经济效应及测度研究》，经济科学出版社 2004 年版。

[20] 于敏：《日本侵权行为法》，法律出版社 2015 年版。

[21] 张平、马晓：《标准化与知识产权战略》，知识产权出版社 2005 年版。

[22] 张小强：《网络经济的反垄断法规制》，法律出版社 2007 年版。

[23] 赵玉林：《创新经济学》，中国经济出版社 2006 年版。

[24] 朱宏文、王健：《反垄断法：转变中的法律》，社会科学文献出版社 2006 年版。

[25] 许光耀：《欧共体竞争立法》，武汉大学出版社 2006 年版。

[26] 许光耀：《欧共体竞争法经典判例研究》，武汉大学出版社 2006 年版。

[27] 许光耀：《欧共体竞争法通论》，武汉大学出版社 2006 年版。

二、中文译著

[1] [美] 赫伯特·霍温坎普：《联邦反托拉斯政策——竞争法律及其实践》，许光耀、江山、王晨译，法律出版社 2009 年版。

[2] [美] 克里斯蒂娜·博翰楠、赫伯特·霍温坎普：《创造无羁限：促进创新中的自由与竞争》，兰磊译，法律出版社 2015 年版。

[3] [美] 理查德·A. 波斯纳：《反托拉斯法》，孙秋宁译，中国政法大学出版社 2003 年版。

[4] 美国司法部反托拉斯局编：《美国反托拉斯手册》，文学国等译，

知识产权出版社 2012 年版。

［5］［德］K. F. 齐默尔曼主编:《经济学前沿问题》,申其辉等译,中国发展出版社 2004 年版。

［6］［美］曼昆:《经济学原理》,梁小民译,北京大学出版社 1999 年版。

［7］［美］罗斯科·庞德:《法理学》,Roscoe Pound、邓正来译,中国政法大学出版社 2004 年版。

［8］［美］德雷特勒:《知识产权许可 (下)》,王春燕等译,清华大学出版社 2003 年版。

三、中文论文

［1］白依可:"奇虎 360 诉腾讯垄断案最高院终审判决之启示",载《天津法学》2015 年第 1 期。

［2］曹韫建、高汝熹:"存在网络外部性下的两阶段圆周模型",载《中国管理科学》2001 年第 4 期。

［3］丁国峰:"美国反垄断法可仲裁性及其对我国的启示",载《中国工商管理研究》2010 年第 11 期。

［4］程名望、石峡:"加入 WTO 后网络经济对我国经济的影响及其对策分析",载《世界经济研究》2002 年第 6 期。

［5］程宗璋:"我国民法本位的取向论析",载《西安电子科技大学学报 (社会科学版)》2001 年第 1 期。

［6］傅瑜:"网络规模、多元化与双边市场战略——网络效应下平台竞争策略研究综述",载《科技管理研究》2013 年第 6 期。

［7］韩赤风:"对 DVD 事件中知识产权滥用的法律思考",载《法商研究》2005 年第 3 期。

［8］何怀文、吴成剑:"Intel 的软肋——从软件许可协议的法律适用看'Intel 诉东进案'",载《电子知识产权》2005 年第 8 期。

［9］胡巨:"浅议创新对于我国经济持续发展的重要意义",载《科技经济市场》2006 年第 7 期。

[10] 黄民礼："双边市场与市场形态的演进"，载《首都经济贸易大学学报》2007 年第 3 期。

[11] 蒋泓峰："论互联网经济与实体经济的均衡管理"，载《新商务周刊》2015 年第 6 期。

[12] 蒋岩波："互联网产业中相关市场界定的司法困境与出路——基于双边市场条件"，载《法学家》2012 年第 6 期。

[13] 金朝武："论相关市场的界定原则和方法"，载《中国法学》2001 年第 4 期。

[14] 李晨清："行政诉讼原告资格的利害关系要件分析"，载《行政法学研究》2004 年第 1 期。

[15] 李剑："双边市场下的反垄断法相关市场界定——'百度案'中的法与经济学"，载《法商研究》2010 年第 5 期。

[16] 刘和平："欧美并购控制法实体标准比较研究"，载《法律科学》2005 年第 1 期。

[17] 刘继峰："论我国反垄断法中竞争政策与产业政策的协调"，载《宏观经济研究》2004 年第 4 期。

[18] 刘启、李明志："双边市场与平台理论研究综述"，载《经济问题》2008 年第 7 期。

[19] 孟雁北："反垄断法视野中的行业协会"，载《云南大学学报（法学版）》2004 年第 3 期。

[20] 潘勇："论电子商务市场中的'价格歧视'"，载《商业经济与管理》2003 年第 1 期。

[21] H. J. 皮蓬布罗克、F. 舒斯特等："对立、分立抑或并立——评德国《反垄断法》与《电信法》"，载《比较法研究》2005 年第 1 期。

[22] 任剑新："美国反垄断思想的新发展：芝加哥学派与后芝加哥学派的比较"，载《环球法律评论》2004 年第 2 期。

[23] 邵秋涛："从美国在线收购时代华纳看网络产业与网络股"，载

《证券市场导报》2000 年第 2 期。

[24] 史际春、王先林："必要的监控手法——中国反垄断法应规定的限制竞争暨垄断行为"，载《国际贸易》1998 年第 12 期。

[25] 史际春、肖竹："反垄断法与行业立法反垄断机构与行业监管机构的关系之比较研究及立法建议"，载《政法论丛》2005 年第 4 期。

[26] 时建中："私人诉讼与我国反垄断法目标的实现"，载《中国发展观察》2006 年第 6 期。

[27] 时建中："反垄断法草案应进一步完善法律责任规定"，载《新华文摘》2007 年第 21 期。

[28] 佟姝："百度被诉垄断案背后的思考——唐山市人人信息服务有限公司诉北京百度网讯科技有限公司垄断纠纷案评析"，载《中国专利与商标》2010 年第 1 期。

[29] 王健："搭售法律问题研究——兼评美国微软公司的搭售行为"，载《法学评论》2003 年第 2 期。

[30] 王先林："论反垄断法实施中的相关市场界定"，载《法律科学（西北政法学院学报）》2008 年第 1 期。

[31] 王晓晔："举足轻重的前提——反垄断法中相关市场的界定"，载《国际贸易》2004 年第 2 期。

[32] 王晓晔："本身违法的卡特尔类型及法律后果"，载《国际贸易》2004 年第 8 期。

[33] 吴振国："反垄断法对企业兼并的控制"，载季晓南主编：《中国反垄断法研究》，人民法院出版社 2001 年版。

[34] 王源扩："美国反托拉斯法对知识产权许可的控制"，载《外国法译评》1998 年第 2 期。

[35] 魏琼："企业集中（或合并）法律控制的程序规定——兼议 2004 年反垄断法（送审稿）"，载《法学》2004 年第 11 期。

[36] 乌家培："关于网络经济与经济治理的若干问题"，载《当代财

经》2001 年第 7 期。

[37] 忻林："布坎南的政府失败理论及其对我国政府改革的启示"，载《政治学研究》2000 年第 3 期。

[38] 许光耀："'合理原则'及其立法模式比较"，载《法学评论》2005 年第 2 期。

[39] 许光耀："知识产权因素在反垄断法上的特殊性"，载《电子知识产权》2011 年第 3 期。

[40] 余东华："反垄断法实施中相关市场界定的 SSNIP 方法研究——局限性其及改进"，载《经济评论》2010 年第 2 期。

[41] 张素伦："互联网背景下反垄断法实施理念研究"，载《河南师范大学学报（哲学社会科学版）》2016 年第 4 期。

[42] 张志奇："相关市场界定的方法及其缺陷"，载《北京行政学院学报》2009 年第 4 期。

[43] 朱理："《关于审理因垄断行为引发的民事纠纷案件应用法律若干问题的规定》的理解与适用"，载《人民司法》2012 年第 15 期。

[44] 朱振中、吕廷杰："双边市场理论研究综述"，载《经济学动态》2006 年第 2 期。

四、学位论文

[1] 白艳："欧美竞争法比较研究"，中国政法大学 2004 年博士学位论文。

[2] 蒋潇君："互联网企业滥用市场支配地位行为的反垄断法规制研究"，对外经济贸易大学 2014 年博士学位论文。

[3] 李小明："反垄断法中滥用市场支配地位法律问题研究"，中国政法大学 2005 年博士学位论文。

[4] 尚芹："互联网企业滥用市场支配地位的反垄断法规制研究"，辽宁大学 2014 年博士学位论文。

[5] 王东宇："美日反垄断法执行制度比较研究及其对我国的启示——以公共执行与私人执行制度为视角"，云南财经大学 2010 年硕士

学位论文。

[6] 吴君杨："网络经济研究——网络对经济活动影响的规律性探析"，中共中央党校 2002 年博士学位论文。

[7] 辛向前："网络经济若干理论问题研究"，中共中央党校 2002 年博士学位论文。

[8] 张坤："互联网行业反垄断研究"，湖南大学 2016 年博士学位论文。

[9] 王学良："反垄断法法律责任制度研究"，山西大学 2004 年硕士学位论文。

五、中文报告

[1] 互联网实验室："中国互联网行业垄断状况调查及对策研究报告"，http：//wenku. baidu. com/link？url＝ECt31A8B26gnZmTpOKQKn1VgY2O3u88ut0CZCPv－0deqh5ADVbcTsw4WokTlVSDeo9gk－zSWKItI-OlyMqftko3cr6l MSw6fG1EJZeBh5Bn3.

[2] 联合国贸发会议秘书处："竞争政策与知识产权行使"，http：//www. unctad. org/en/docs/c2clpd68_ en. pdf.

六、中文电子资源

[1] 和讯科技："谷歌股价首破 1000 美元大关，市值达 3379 亿美元"，http：//tech. hexun. com/2013-10-19/158878172. html.

[2] 新浪科技："美参议院通过法案禁止在网上销售酒类"，http：//tech. sin. com. cn /internet /international /2000 －10-12 /38803. sht-ml.

[3] 美国律师公会反托拉斯法部、国际法及惯例部共同对于中华人民共和国所拟议的反垄断法提供的意见和建议，www. aba. net.

[4] 王晓晔："专家称反垄断法草案尚需跨越四重障碍"，http：//news. sina. com. cn/c/2006-10-29/093011361189. shtml.

[5] 网易科技："阿里巴巴吞并雅虎中国——中国互联网爆 10 亿合并案"，http：//tech. 163. com/05/0809/08/1QN07C8T000915BD. html.

[6] 新浪财经新闻： "李克强详解'新经济'内涵"，http：// finance. sina. com. cn/roll/2016-03-16/doc-ifxqhnev6203666. shtml.

七、英文著作

[1] Carl Shapiro, *Competition Policy In the Information Economy*, Einar Hope, editor, *Foundations of Competition Policy Analysis*, volume 25. London：Routledge, 2000.

[2] Carl Shapiro, "*The FTC's Challenge to Intel's Cross-Licensing Practices*", in John E. Kwoka and Lawrence J. White, eds. , *The Antitrust Revolution. New York*, Oxford University Press, 2004.

[3] Nicholas Economides . Competition Policy In Network Industries An Introduction// Dennis W. Jansen, *The New Economy and Beyond*：*Past*, *Present andFuture*, Cheltenham, UK；Northampton, MA：Edward Elgar, c2006.

[4] Robert P Merges, Peter S. Menell, Mark A. Lemley, *Intellectual Property in the New Technological Age*, . Newyork：Aspen Publishers, 1999.

[5] Robert W. Hahn, *High-Stakes Antitrust The Last Hurrah*, Washington, D. C. ：AEI-Brookings Joint Center for Regulatory Studies, 2003.

八、英文论文

[1] Ariel Katz, "*A NETWORK EFFECTS PERSPECTIVE ON SOFTWARE PIRACY*", Univ. of Toronto L. J, Spring, 2005, 55：p. 155.

[2] Armstrong M, J Wright, "*Two-Sided Markets, Competitive Bottlenecks and Exclusive Contracts*", Economic Theory, 2007 (32)：pp. 353~380.

[3] BAAKE P, BOOMY A. Vertical Product Differentiation, "*Network Externalities and Compatibility Decisions*", International Journal of Industrial Organization, 2001, 19：pp. 267~284.

[4] Bruce Abramson, "*Are 'Online Markets' Real and Relevant? From the*

Monster-Hotjobs Merger to the Google-DoubleclickMerger", Journal of Competition Law & Economics, Vol. 4, No. 3, (2008), pp. 655-662.

[5] Caillaud B, B Jullien, "Chicken &Egg: Competition Among Intermediation Service Providers", RAND Journal of Economics, 2003 (34): pp. 309~328.

[6] Carl Shapiro, "EXCLUSIVITY IN NETWORK INDUSTRIES", GEO. MASONL. REV, 1999, 7 (3): pp. 1~11.

[7] Chakravorti S, W R Emmons, " Who Pays for Credit Cards", Journal of Consumer Affairs, 2003 (4): pp. 120~126.

[8] Charles Carson Eblen, "Defining the Geographic Market in Modern Commerce: the Effect of Globalization and E-Commerce on Tempa Electric and its Progeny", Baylor Law Review, Vol. 56, No. 1 (2004), pp. 49~88.

[9] Daniel L. Rubenfeld, Hal J, "Singer. Open Access To Broadband Networks A Case Study Of The AOL/Time Warner Merger", Berkeley Technology law journal, 2001, 16, pp. 631~675.

[10] David A Balto, "Emerging antitrust issues in electronic commerce", Journal of Public Policy & Marketing, Fall 2000, 19 (2): p. 277.

[11] David A, "Balto. Antitrust Analysis of B2B Ventures (Part 1) ", Jmy E-Commerce Law, 2001, 7 (1): pp. 1~11.

[12] David S. Evans, "The Analysis of Mergers that Involve Multisided Platform Businesses", Journal of Competition Law & Economics, Vol. 4, No. 3, (2008), pp. 663~695.

[13] ECONOMIDES N, "The economics of networks", International Journal of Industrial Organization, 1996, 16: pp. 675~699.

[14] Gabriel Hertzberg, "Antitrust Enforcement in Electronic B2B Marketplaces: An Application of Oligopoly Theory and Modern Evidence Law", Rutgers Computer & Tech. L. J. 2002, 28: pp. 463~484.

[15] Herbert Hovenkamp, "*EXCLUSIVE JOINT VENTURES AND ANTI-TRUST POLICY*", COLUM. BUS. L. REV, 1995, 1: pp. 3~125.

[16] Howard H. Chang, David S. Evans, Richard Schmalensee, "*SOME ECONOMIC PRINCIPLES FOR GUIDING ANTITRUST POLICY TO-WARDS JOINT VENTURES*", COLUM BUS L REV, 1998, 223: pp. 227~327.

[17] Jaynie Randal, "*Does De-Trebling Sacrifice Recoverability Of Antitrust Awards?*", 23 Yale J. on Reg. 311, 313 (2006).

[18] Jonathan B. Baker, "*Market Definition: an Analytical Overview*", Antitrust Law Journal, Vol. 74, Issue 1, (2007), pp. 129~174.

[19] Julian Wright, "*One-sided Logic in Two-sided Markets*", Review of Network Econoics, Vol. 3, Issue 1, 2004 .

[20] Mark A. Lemley, "*Intellectual Property Rights and Standard Setting Organizations*", California Law Review, 2002, 90: p. 1889.

[21] Max Schanzenbach, "*Network Effects and Antitrust Law: Predation, Affirmative Defenses, and the Case of U. S. v. Microsoft*", Stan. Tech. L. Rev. , 2002, 4.

[22] Katz, M. L. , SHAPIRO C, "*Network Externalities, Competition and Compatibility*", American Economic Review, 1985, 75 (3): pp. 424~440.

[23] Nicholas Economide, "*Commentary on antitrust issues in payment networks*", Review, NOVEMBER/DECEMBER 1995: pp. 60~63.

[24] Scheffman D. T. , M. B. Coate, L. Silvia. , "*Twenty Years of Merger Guidelines Enforcement at the FTC: An Economic Perspective*", Antitrust Law Journal, 2003, 71: pp. 277~318.

[25] Thomas J. Horton, Dr. Stefan Schmitz. , "*THE LESSONS OF COV-ISINT: REGULATING B2BS UNDER EUROPEAN AND AMERICAN COMPETITION LAWS*", Wayne L. Rev. Winter, 2001 / Spring,

2002, 47: 1231.

[26] William H. Rooey & David K. Park, "*The Two -sided Market Litera-ture Enriches Traditional Antitrust Analysis*", Competition Policy In-ternational, Vol. 3, No. 1, 2007.

[27] William M. Landes & Richard A, "*Posner, Market Power in Antitrust Cases*", Harvard Law Review, Vol. 94, Issue 5 (March 1981), pp. 937~996.

九、英文报告

[1] Federal Trade Commission, Entering the 21st Century: Competition Policy in the World of B2B Electronic Marketplaces. www. ftc. gov.

[2] Oecd. Glossary Of Industrial Organisation Economics And Competition Law. www. oecd. org/dataoecd/8/61/2376087. pdf.

十、英文电子资源

[1] Aurelio Pappalardo, Huang Yong, Exemptions in Competition Policy: Evolution of the EU System and Prospects for China. http://cplaw. cupl. edu. cn/upload/temp-0804072131103-2. pdf.

[2] CARL SHAPIRO. ANTITRUST IN NETWORK INDUSTRIES. www. usdoj. gov/atr/public/speeches/0593. htm.

[3] Case No IV/M. 1407 - BERTELSMANN/MONDADORI. http://ec. europa. eu /competition /mergers /cases /decisions /m1407_ en. pdf.

[4] CONSTANCE K. ROBINSON, Network Effects in Telecommunications Mergers MCI World Com Merger: Protecting the Future of the Internet. http://www. usdoj. gov/atr/public/speeches/3889. htm.

[5] Federal Trade Commission V. Staples, Inc. and Office Depot, Inc. Civ. no. 97-701. http://www. ftc. gov/os /1997/04/pubbrief. pdf.

[6] FTC Closing Letter to Ford, General Motors, Daimler Chrysler, Nis-san and Renault. http//www. ftc. gov/os/2000/09/covisintchrysler. htm.

[7] Jeffrey K. Mac Kie-Mason, An AOL / Time Warner Merger Will Harm

Competition in Internet Online Services. http：//www - personal. umich. edu/ ~ jmm/.

[8] John H. Beisner and Charles E. Borden, Expanding Private Causes of Action：Lessons from the U. S. Litigation Experience. http：//www. instituteforlegalreform. com/resources/ExpandingPrivateCausesofAction FINAL. doc.

[9] OECD. Application of Competition Policy to High Tech Markets (1996). http：//www. oecd. org /dataoecd /34 /24 /1920091. pdf.

[10] OECD. DAFFE/CLP (2000) 32. COMPETITION ISSUES IN ELECTRONIC COMMERCE [R/OL]. http：//www. oecd. org/daf/clp.

[11] OECD. General Distribution OCDE/GD (97) 44. APPLICATION OF COMPETITION POLICY TO HIGH TECH MARKETS. http：// www. oecd. org/dataoecd/34/24/1920091. pdf.

[12] Steven C. Salop, Opening Statement to the AMC. http：//www. doj. gov.

[13] 1992 Horizontal Merger Guidelines. http：// www. ftc. gov /bc /docs /horizmer. shtm.

十一、其他

[1] Anderson S P, S Coate. Market Provision of Broadcasting, A Welfare Analysis, Working Paper, University of Virginia, 2003.

[2] COMMISSION DECISION of 9 November 1994 relating to a proceeding pursuant to Council Regulation, （EEC）No 4064/89（IV/M. 469 - MSG Media Service）（Only the German text is authentic）（94/922/EC）

[3] Evans S D, A Hagiu, R Schmalensee, A Survey of The Economic Role of Software Platforms in Computer - Based Industries, CESifo Working Paper, 2004.

[4] Evans S D, R Schmalensee, The Industrial Organizaiton of Markets with Two -Sided Platforms, NBER Working Paper, 2009.

[5] Kenneth G. Elzinga & Thomas F. Hogarty, The Problem of Geographic

Market Delineation in Antimerger Suits, 18 AntitrustBull. 45, (1973).

[6] Mathias Dewatripont, Patrick Legros, Mergers in Emerging Markets with Network Externalities: The Case of Telecomm, Discussion Paper FS IV 00-23, Wissenschaftszentrum Berlin, 2000.

[7] Michael L. Katz, Carl Shapiro, ANTITRUST IN SOFTWARE MAR-KETS, Progress and Freedom Foundation conference, Competition, Convergence and the Microsoft Monopoly, February 5, 1998.

[8] Richard A. Posner, ANTITRUST IN THE NEW ECONOMY, ALI-ABA COURSE OF STUDY MATERIALS, COURSE NUMBER: SF63, August 23, 2000.

后　记

本书初稿完成于 2017 年的春天，最初的版本只有 17 万字，初稿是我当时的博士毕业论文。由于本人硕士阶段的专业为海商法和国际商法，对于反垄断法与竞争政策的了解寥寥无几，所以博士三年的学习可谓又辛苦又欣喜。一方是面对全新领域的好奇与激动，一方面自然也是由于不了解而带来的研究苦读。此时幸而我的博士生导师许光耀教授是国内反垄断法领域首屈一指的专家，给予了我无私且极为辛苦的指导，一手带着我进入了反垄断法与竞争政策的研究领域。一晃三年，时间如潺潺流水，虽无声无形却遵循自己的轨迹，以无可阻挡的趋势奔涌向前，从刚入学时的欣喜与期盼到毕业前的不舍与感恩，这段我无比珍惜与感恩的日子带给我的是满满的收获与成长，更是人生下一个新篇章的储备与开始。而当时那本薄薄的毕业论文，承载的不仅是三年的博士研读时光，更是各位老师、同窗好友以及家人的指导、帮助、关怀与奉献。停笔之际，难免百感交集：正所谓三年汗水，三年苦作，为伊消得人憔悴了。

最早的论文从搜集资料到成文、反复修改、直到最后的定稿，历时半年时间，期间经历了不断的修正、推翻、删改、调整，可以说是一个绝佳的整合所学的机会，借此逼迫自己对于博士三年期间的学习进行一个系统且细致的梳理，整个过程虽然足可称得上心力交瘁，但是也充满了系统整理知识后大脑清晰通透的愉悦感。2018

年我进入中国政法大学做博后期间，更有幸得到合作导师来小鹏教授的鼓励和指导，将最初的这篇论文不断完善和充实，在我毕业一年后重于将其改为了一本勉强合格的书稿，其中增加了这一年多来新修订的法律内容、国内外最新案例以及学者们的最新论述，希望可以对中国反垄断法十年的实践做一个具体方面的小结。

在此过程期间，首先要将我最诚挚的感谢献与我的恩师许光耀教授。许老师对我堪称知遇之恩，从当初入学前机缘巧合下的一些问题请教开始，许老师就以他的耐心与不厌其烦的指导为我奠定了攻读博士学位的基础与决心。入校以后，许老师更是以其精益求精的学术理想、大气严谨的治学之道、宽厚仁慈的胸怀以及积极乐观的生活态度，为我树立起值得终生学习的典范。许老师引导我一步步走进反垄断法的领域，并不断地给予我严格教诲和规范习惯，最重要的是一直非常注意对我进行研究方法论上的指引与培养，真正授我以"渔"的谋生之道，这必将会使我在未来的学术道路上受益终生。

来小鹏教授则是这本书得以出炉的另一位贵人。来教授是我在中国政法大学做博士后的指导老师，他本人主要研究的方向是知识产权法和民法学，这两个领域与反垄断法都有紧密的联系，但也恰好是本人求学多年较为薄弱的部分。所以有幸得到来老师的悉心指导，几乎是手把手、不厌其烦的将其所学倾囊相授，丝毫没有因我跨专业的薄弱基础而有所嫌弃，有时候还会为我解答极其基本的方法论问题。在科研态度上更是我的榜样。来老师与我的往来邮件常常发生在清晨时分，而他办公室的灯光也总是学校那栋小旧楼最后一个熄灭，老师年岁渐长依然刻苦勤奋，作为学生往往观之汗颜，唯有奋起直追、努力跟上老师的研究步伐。这本书之所以能够付诸印刷，也跟来老师对我的鼓励支持和全面指导密不可分。这是我写作的第一本书，书籍的创作和论文的撰写无论是写作风格、行文结构都差别巨大，写论文方面还算受过多年训练，但是如何进行专著的写作对我而言完全不知该如何下手，幸得来老师不嫌弃我的愚钝和晚启，耐心教导方法甚至写作技巧，才能促使本书按期交稿，在此不胜感激。

当然我还要感谢我的父母对我一直以来的信赖与支持，他们虽然不太了解我的专业，平日与我也分隔两地，但是一直对我所从事的研究报以最大的信心与善意，这种无条件的支持与信任更是我坚持走下去的精神力量，在此祝愿他们身体健康，永远开心，希望自己可以尽快出版更多书籍，让父母不断有引以为傲的资本。

我还要感谢我的丈夫郝冠揆博士，在读博期间我们两地分居，他每周不辞辛苦的奔波于京津两座城市之间照顾家庭和帮我分担家务，尤其是博士论文的最后写作阶段，由于我临近生产、孕期身体各种不适、压力巨大，每当屡屡萌生放弃的念头时，都是我的丈夫鼓励支持我坚持完成了博士论文的写作，并在跨专业的现实困难中帮助我完成了大量的资料搜集和格式修改工作。而在本书的后期修改中，他也承担了大量的家务琐事，为我的专心写作做出了极大的牺牲和绝佳的后勤保障，他的鼓励支持和我们日常的交流漫谈，以及我们携手走过的漫长岁月，是支撑我在学术道路上前行更远的重要动力。

最后，我希望把本书献给我的小女儿——柒柒。我很感激她在腹中就非常安静懂事，从始至终都没有为我带来太多的身体不适，客观上保证了我的文章写作。修改书稿的日子里，小小年纪的她依旧乖巧善解人意，几乎没有给我带来任何干扰和麻烦，充分保障了我的研究和写作时间。同时更是由于她的出生，使我走向成熟，扛起了为人母的责任与刚强，在未来的学术道路上，她的可爱笑容会是我每进一步的努力动力，也是促使我可以坚守书斋一隅、潜心科研的温柔力量。

　　总之，于我本人而言，有诸位师长有教无类的悉心指导，有同僚好友热情无私的分享帮助，有父母家人不计回报的付出支持，还有爱人伴侣琴瑟和鸣的深情陪伴，以及来自于新生命天真热切注视和期待，我的学术探索路上从不孤单。至于本书，虽然在付梓之际仍有诸多不如意之处，常常期待可以获得更多时间使其得到更全面的完善，但是思前想后还是让它先出版吧，唯此才有机会得到更多更立体的评价及修改建议，同时本书得能付梓问世，也算一宗陈年老账终于了结，内心深处也颇有如释重负之感。只要其中零星文字能够为读者带来一二用处，也足以让我心生安慰、鼓励我在学术研究的道路上更进一步了，

裴　轶

2019 年 12 月北京蓟门桥下、小月河边